Barbara Klein
Vom Sekretariat zum Office Management

Barbara Klein

Vom Sekretariat zum Office Management

Geschichte — Gegenwart — Zukunft

DUV DeutscherUniversitätsVerlag
GABLER·VIEWEG·WESTDEUTSCHER VERLAG

Die Deutsche Bibliothek — CIP-Einheitsaufnahme

Klein, Barbara:
Vom Sekretariat zum Office-Management : Geschichte —
Gegenwart — Zukunft / Barbara Klein. — Wiesbaden : DUV, Dt.
Univ.-Verl., 1996
    Zugl.: Frankfurt (Main), Univ., Diss., 1995
    ISBN 978-3-8244-0280-9

D 30

Der Deutsche Universitäts-Verlag ist ein Unternehmen
der Bertelsmann Fachinformation.

© Deutscher Universitäts-Verlag GmbH, Wiesbaden 1996
Lektorat: Monika Mülhausen

ISBN 978-3-8244-0280-9   ISBN 978-3-322-91379-1 (eBook)
DOI 10.1007/978-3-322-91379-1

Meinen Eltern,
Andreas, Paula und Philipp

Geleitwort

In den letzten Jahren wurden für die bundesdeutschen Unternehmen umwälzende Veränderungen prophezeit – Stichworte sind u. a.: Lean Management, Business Reengineering, Total Quality Management. Wechselwirkungen kündigen sich an zwischen Management- und Organisationskonzepten, den zur Verfügung stehenden Technologien und den daraus resultierenden Qualifikationsanforderungen. Doch sind solche Einflüsse auf die Unternehmensorganisation so neu nicht. Schon seit der Jahrhundertwende übt insbesondere die "wissenschaftliche Betriebsführung" neben neuen Technologien einen nicht zu vernachlässigenden Einfluß auf die Organisationsstrukturen der Unternehmen aus. Klein weist diese wechselseitigen Verflechtungen und deren Auswirkungen durch dieses Jahrhundert am Mikrokosmos Sekretariat nach.

Mit zunehmender Frauenerwerbstätigkeit um die Jahrhundertwende dringen die ersten Kontoristinnen, Stenotypistinnen und u.a. Sekretärinnen in die Büros ein - zeitgleich mit der Einführung der Schreibmaschine. Klein ist es gelungen, diese geschichtliche Entwicklung in diesem Jahrhundert und über das Auf und Ab der beiden Weltkriege sehr anschaulich nachzuzeichnen.

Von der Sekretärin zum Office Management, so kann der zukünftige Trend aussehen, wenn man die neuen Berufsbilder in der Personalentwicklung betrachtet. Hier werden Gestaltungsfelder für neue Sekretariatsformen sichtbar, Resultate neuer Managementkonzepte und des Einsatzes moderner Technologien.

Klein trägt mit ihrer vorliegenden Arbeit dazu bei, dieses weitgehend unbeachtete und klischeebelastete Feld der Frauenerwerbstätigkeit zu beleuchten und Einflußfaktoren für Entwicklungstendenzen aufzuzeigen. Grundlagen sind historische Analyse und umfangreiche Untersuchungen, die zum Teil im Forschungsprojekt "Sekretariat der Zukunft" durchgeführt wurden und vom Bundesministerium für Forschung und Technologie im Rahmen der Projektträgerschaften "Arbeit und Technik" gefördert wurden.

Mit der vorliegenden Schrift ist es gelungen, die engen Verbindungen zwischen Technikeinsatz und Organisationsgestaltung transparent zu machen und deren Auswirkungen auf die Qualifizierung aufzuzeigen. Die Arbeit vermittelt dem interessierten Experten zahlreiche neue Einsichten und dem Einsteiger eine fundierte Einführung in diese Thematik.

Frankfurt, im Dezember 1995   Prof. Dr. Klaus Allerbeck
                                                Prof. Dr. Gerhard Hofmann

Vorwort

"Das Sekretariat ist tot! Es lebe das Sekretariat...?" war der Titel meines ersten Bei-
trags, der sich mit der Zukunft des Sekretariates auseinandersetzte und auf Ergebnissen des Forschungsprojektes "Sekretariat der Zukunft" basierte, das im Rahmen der
Projektträgerschaften "Arbeit und Technik" vom Bundesministerium für Forschung
und Technologie gefördert wurde. Hier wurde der Anstoß gegeben, sich mit dem dif-
fusen Berufsbild "Sekretärin" auseinanderzusetzen. Dieses Berufsbild präsentiert sich
einerseits mythenumwittert und andererseits trist und farblos. Alle Bestandsaufnah-
men und Diskussionen machten deutlich, daß es ein guter Indikator für Unternehmensentwicklung ist. Dazu ist es notwendig, es in seiner geschichtlichen Entwicklung dar-
zustellen.

Das Anliegen der vorliegenden Arbeit ist es, die Wechselwirkungen zwischen Ma-
nagementkonzepten und dem Einsatz moderner Technologien auf die Organisationsgestaltung aufzuzeigen und daraus resultierende Qualifikationsanforderungen abzu-
leiten. Dieses wird anhand der geschichtlichen Entwicklung des Sekretariates dargestellt, wobei hier ein Beitrag zur Entmystifizierung des Berufsbildes geleistet wird.
Erst dadurch ist es möglich, Laufbahnen zu charakterisieren und Berufsbilder zu defi-
nieren.

Es ist mir ein besonderes Anliegen, Hern Prof. Dr. Gerhard Hofmann und Herrn Prof.
Dr. Klaus Allerbeck, Professoren am Fachbereich Gesellschaftswissenschaften der Jo-
hann Wolfgang Goethe-Universität in Frankfurt, für die Förderung der Arbeit und für
ihre persönliche Betreuung und Unterstützung sehr herzlich zu danken.

Auch möchte ich Herrn Prof. Dr.-Ing. habil. Dr. h. c. Hans Jörg Bullinger, Leiter des
Fraunhofer-Instituts für Arbeitswirtschaft und Organisation, und Direktor des Instituts
für Technologiemanagement (IAT) an der Universität Stuttgart meinen herzlichsten
Dank aussprechen. Insbesondere durch die mir im Rahmen meiner langjährigen Tätigkeit am Fraunhofer-Institut gebotene Gelegenheit, Projekte im Büro- und Sekretariatsbereich eigenverantwortlich zu bearbeiten, war ich in der Lage, jene Erfahrungen zu
sammeln, die mir diese Arbeit ermöglichten.

Schließlich gilt mein Dank allen Kollegen, insbesondere Herrn Dr. Niemeier, der mich
immer ermunterte, meine Ideen auch in Taten umzusetzen.

Ganz besonderen Dank gilt Petra Bonnet, Heinz Scharrer, Ulrike Schneider, Hans-
Dieter Hahn, Maren Rehpennig und Anja Dowidat: der Projektgruppe "Sekretariat der
Zukunft". Ihr Enthusiasmus, ihre Motivation und Diskussionsbereitschaft haben mir
den immer wieder notwendigen Ansporn gegeben.

Stuttgart, im Dezember 1995   Barbara Klein

Inhaltsverzeichnis

Abbildungsverzeichnis

1

1 Einführung

"Nicht nur Eure Firmen sind nach dem Prinzip des Taylorismus aufgebaut, sondern – und das ist viel schlimmer – auch Eure Köpfe." (K. Matsushita, Matsushita Industries)

Die Welt der Industrie erlebt gegenwärtig die revolutionärste Änderung seit Henry Fords Fließband. Ähnlich wie die Massenproduktion die handwerkliche Fertigung verdrängte, so läßt jetzt eine neue Art der Güterherstellung – die sogenannte Massenproduktion schnell veralten. Sie wird sich unweigerlich über die Automobilindustrie hinaus durchsetzen, und damit fast jede Industrie verändern und folglich auch unsere Arbeits- und Lebensweise." (Womack, Jones, Roos 1990)

Die Arbeitswelt der letzten hundert Jahre ist von den herrschenden Management- und Organisationskonzepten geprägt worden, die eine Arbeitsteilung – Stichworte sind Taylorismus, Fordismus – zur effektiveren und effizienteren Bewältigung der Arbeit propagiert haben. Diese Konzepte hatten und haben einen tiefgreifenden Einfluß auf die Strukturen in den Unternehmen. Sie blieben dabei nicht auf den Produktionsbereich beschränkt, sondern wirkten sich auf alle anderen Unternehmensbereiche aus. Dabei zeigte sich ein starkes Wechselwirkungsverhältnis zwischen Management- und Organisationskonzepten, den zur Verfügung stehenden Technologien und den resultierenden Qualifikationsanforderungen.

In der vorliegenden Arbeit wird der Frage nachgegangen, welche Auswirkungen Management- und Organisationskonzepte sowie der Einsatz von Technik auf den Mikrokosmos "Sekretariat" haben und wie sich diese Rahmenbedingungen auf die Qualifikationsanforderungen auswirken.

Ausgangspunkt der Darstellung sind die empirischen Ergebnisse des Forschungsprojekts "Sekretariat der Zukunft", das ich verantwortlich am Fraunhofer-Institut für Arbeitswirtschaft und Organisation (IAO) von 1990 bis 1992 durchgeführt und geleitet habe. Hier wurde eine Reihe von Begrifflichkeiten geschaffen, die sich durch die Arbeit hindurchziehen. Im Anschluß an die empirischen Ergebnisse wird eine Entwicklungsgeschichte von ausgewählten Management- und Organisationskonzepten und ihre Spiegelung in Sekretariatskonzepten bzw. der empirischen Umsetzung aufgezeigt.

Sekretariate gelten als die Informationszentren in den Unternehmungen. In den letzten Jahren zeichnete sich der Sekretariatsbereich dabei durch zunehmende Veränderungen aus:

- Moderne Bürokommunikationsmittel beeinflußten Aufgabenstrukturen und Aufgabenfelder. Die zunehmende Verbreitung dieser Technologien auf allen Beschäftigungsebenen und ihre zunehmende Nutzung wirkten sich massiv auf die Nachfrage von Serviceleistungen in den Sekretariaten aus.

- Mit der Neuordnung der Büroberufe im Ausbildungsbereich, die 1991 in Kraft trat, wurde einer Entwicklung Rechnung getragen, die viele Großunternehmen zum Teil schon längst vollzogen hatten. Die Ausbildung wurde der betrieblichen Wirklichkeit angenähert. Mit der dreijährigen Ausbildung zum bzw. zur Kaufmann / Kauffrau für Bürokommunikation wurde ein Ausbildungsberuf für den Sekretariatsbereich geschaffen, der sowohl zum Sekretariatswesen als auch zur computer-unterstützten Sachbearbeitung befähigt.

• Die bislang verfügbare Fortbildungsmöglichkeit im Sekretariatsbereich die "Geprüfte Sekretärin / Geprüfter Sekretär" entspricht nicht mehr den durch moderne Bürokommunikationstechnologien induzierten veränderten Anforderungen im Beruf, was sich u. a. auch in einem starken Nachfragerückgang bei den Prüfungen zur "Geprüften Sekretärin / Geprüfter Sekretär" bemerkbar machte. Da der neue Büroberuf "Kaufmann / Kauffrau für Bürokommunikation im wesentlichen (bis auf die Schreibtechnik) die Inhalte der Fortbildung "Geprüfte Sekretärin / Geprüfter Sekretär" vermittelt, steht für die Absolventen des neuen Büroberufes keine Fortbildung im Sekretariatsbereich zur Verfügung.

Diese Hintergründe waren Auslöser, daß ein Forschungsprojekt zum Sekretariatsbereich zustande kam und vom Bundesministerium für Forschung und Technologie unter der Projektträgerschaft "Arbeit und Technik". gefördert wurde[1]. Zielsetzungen des Forschungsprojektes "Sekretariat der Zukunft" waren

• die Entwicklung organisatorischer Gestaltungsempfehlungen und
• die Entwicklung von Weiterbildungskonzepten im Sekretariatsbereich sowie
• das Erhalten von Hinweisen für eine Überarbeitung der Rechtsverordnung "Geprüfte Sekretärin / Geprüfter Sekretär"

Die Ergebnisse des empirischen Teils dieser Arbeit basieren auf den Untersuchungen, die im Rahmen des Forschungsprojektes "Sekretariat der Zukunft" durchgeführt wurden.

1.1 Die Sekretärin – das unbekannte Wesen? Wer ist eine Sekretärin oder was war das Untersuchungsfeld?

Gleich zu Beginn der Untersuchung stellte sich die Frage: "Was zeichnet eine Sekretärin aus? Was ist eine richtige Sekretärin?" forderten die Sekretärinnenverbände im Projektbeirat doch, ausschließlich "richtige" Sekretärinnen zu untersuchen.

Sekretärin ist keine geschützte Berufsbezeichnung. Jede im Büro arbeitende Frau kann sich so nennen, wenn sie sekretariatsähnliche Arbeiten ausübt. Lediglich der Begriff "Geprüfte Sekretärin / Geprüfter Sekretär" ist den Absolventinnen und Absolventen, die nach der Rechtsverordnung "Geprüfte Sekretärin / Geprüfter Sekretär" geprüft wurden, vorbehalten. Eine Annäherung an eine Definition der Bezeichnung

---

[1] Projektbegleitend gab es einen Beirat, der sich aus Vertretern und Vertreterinnen der beiden Sekretärinnenverbände (Bund Deutscher Sekretärinnen, BDS; Deutscher Sekretärinnen Verband, DSV), der Arbeitnehmerseite (Deutsche Angestellten Gewerkschaft, DAG, Deutscher Gewerkschaftsbund, DGB), der Arbeitgeberseite (Deutscher Industrie und Handelstag, DIHT, Kuratorium der Deutschen Wirtschaft für Berufsbildung) und dem Bundesinstitut für Berufsbildung zusammensetzte. Funktionen dieses Beirates waren die fachliche Steuerung des Modellprojektes vor allem unter Umsetzungsgesichtspunkten. Dabei sollten die Umsetzungsträger die sie interessierenden Fragen einbringen.

3

"Sekretärin" kann über

- die Aus- und Fortbildung,
- das Aufgabenfeld und die Funktionen,
- die hierarchische Einbindung,
- über die Bezeichnung bzw. Eigendefinition

erfolgen.

Eingrenzung des Untersuchungsfeldes über Aus- und Fortbildung
Der Zugang zum Sekretariat ist über kaufmännische Berufsausbildungen, berufsfremd oder auch ohne Ausbildung möglich. Die zweijährige Ausbildung "Bürogehilfin", die es von 1941 bis 1991 gab, vermittelte vor allem schreibtechnische Kenntnisse im Maschinenschnellschreiben und Stenographie, hatte aber nicht den Anspruch eine Sekretariatsausbildung zu sein.

Die "Bürogehilfin" wurde im August 1991 von dem dreijährigen Ausbildungsberuf "Kaufmann/Kauffrau für Bürokommunikation" abgelöst, der zur computerunterstützten Sachbearbeitung und dem Sekretariatswesen befähigt. Er kann heute als Erstausbildung im Sekretariatsbereich angesehen werden; die Inhalte der Fortbildung "Geprüfte Sekretärin / Geprüfter Sekretär" sind bis auf die schreibtechnischen Anforderungen in diese Ausbildung übernommen worden. Mit diesem neuen Ausbildungsberuf stehen viele Unternehmen vor der Frage, wie sie die Arbeitsplätze für die Absolventinnen und Absolventen der neuen Ausbildung gestalten sollen. Hier ist zukünftig eine Evaluation notwendig, um die gewünschte Umsetzung der neuen Ausbildung zu gewährleisten.

Seit 1975 gibt es die über eine Rechtsverordnung geregelte Fortbildung zur "Geprüften Sekretärin / Geprüfter Sekretär". Diese bundeseinheitlich geregelte Fortbildung spielt eine Außenseiterrolle unter den Fortbildungen. Zum einen dient dieser Abschluß als "Geprüfte Sekretärin / Geprüfter Sekretär" für viele Sekretärinnen als ein erster Ausbildungsnachweis. Zum anderen ist er keine Aufstiegsfortbildung, denn er ist weder den fachkaufmännischen bzw. den Fachwirt Fortbildungen zuzuordnen noch eröffnet er den Zugang zu diesen Fortbildungen. Zulassungsvoraussetzungen für "Geprüfte Sekretärinnen / Geprüfte Sekretäre" zu fachkaufmännischen oder Fachwirt-Fortbildungen sind der Nachweis ausreichend langer Erfahrungen in dem entsprechenden Sachbearbeitungsgebiet. Doch selbst dann handhaben die einzelnen IHKs die Zulassungen für Sekretärinnen nach ihrem eigenen Ermessen, was stellenweise sehr restriktiv erfolgen kann (vgl. Klein et al. (Materialienband) 1992).

Der Abschluß "Geprüfte Sekretärin / Geprüfter Sekretär" legt die betrieblichen Aufgabenfelder nicht fest. Sekretärinnen ohne diesen Abschluß können die gleichen anspruchsvollen Aufgaben erledigen wie Sekretärinnen, die diese Prüfung absolviert haben. Umgekehrt können und werden Sekretärinnen mit diesem Abschluß oft unter ihrer Qualifikation eingesetzt. In den Führungsetagen ist das Wissen um diese Fortbildung und die vermittelten Inhalte kaum bekannt (vgl. Klein et al. (Materialienband) 1992). Das ist sicherlich mit ein Grund, daß die vielfach vorhandenen Qualifikationen zu wenig oder gar nicht genutzt werden.

4

Eingrenzung des Untersuchungsfeldes durch die Aufgaben, Funktionen und hierarchischen Status

Der Ansatz, über die Aufgaben und Tätigkeiten eine Definition vorzunehmen, ist gleichfalls nicht unumstritten, wurde aber im Forschungsprojekt (vgl. Kap. 3) verfolgt. Heute kann man in der Regel noch davon ausgehen, daß es bestimmte Basisaufgaben im Sekretariatsbereich gibt. Diese können sich allerdings in der quantitativen Ausprägung und / oder den qualitativen Anforderungen stark unterscheiden. Die jeweiligen Anforderungen können interessanterweise auf allen hierarchischen Ebenen anfallen. Die ursprüngliche (und auch von den Sekretärinnenverbänden genährte) Vermutung, daß gerade die herausfordernsten und qualitativ anspruchsvollsten Aufgaben vor allem in den Vorstands- und Geschäftsführungssekretariaten anzutreffen sind, konnte nicht aufrecht erhalten werden. Die Befragungen zeigten, daß diese Aufgaben auf allen Ebenen, also genauso gut in den Abteilungssekretariaten, auftreten können.

Kritik an dieser Definition wurde vor allem von den Sekretärinnenverbänden geübt[2]. Festzuhalten ist jedoch:

- Das Aufgabenfeld von Sekretärinnen wird nicht unbedingt von der hierarchischen Position der Führungskraft, der zugearbeitet wird, festgelegt.

- Je höher der Vorgesetzte auf der Hierarchieebene angesiedelt ist, um so eher ist die Kooperationsform "eine Sekretärin : ein Servicenehmer" vorzufinden.

- Allerdings konnte die Annahme, daß die Kooperationsform durch den hierarchischen Status des Vorgesetzten festgelegt wird, nicht aufrecht erhalten werden. Auch auf Vorstandsebene sind Kooperationsformen vorzufinden, bei denen die Anzahl der Sekretärinnen pro Vorstand kleiner ist als die Anzahl der Vorstandsmitglieder.

Eingrenzung des Untersuchungsfeldes über die Berufsbezeichnung

Als problematisch erweist sich eine Eingrenzung des Untersuchungsfeldes über die Berufsbezeichnung, denn das hätte den Ausschluß des gesamten öffentlichen Dienstes bedeutet. Qua definitonem gibt es hier keine Sekretärinnen, sondern ausschließlich Verwaltungsangestellte. Weiterhin zeigte sich im Verlauf der Untersuchungen, daß es Unternehmen gibt, die andere Begriffe anstelle des Begriffes "Sekretärin" gebrauchen, um darüber vor allem das Aufgaben- und das Berufsbild intern und extern aufzuwerten.

---

2 Hier herrscht eine starke Differenzierung zwischen Schreibkräften und Sekretärinnen vor, wobei die Unterscheidungsmerkmale vor allem am hierarchischen Status festgemacht werden und weniger am realen Tätigkeitsfeld. Die Widersprüche und das Hinterfragen sind dabei vom eigenen Erleben und den eigenen Erfahrungen geprägt. Resultate der Untersuchung wie z. B. daß im Vorstandssekretariat das Aufgabenfeld oft eintöniger ist als im Abteilungssekretariat oder daß "wirkliche" Führungskräfte einen PC benutzen, können dabei oft nur eingeschränkt nachvollzogen werden.

5

Während die Sekretärinnenverbände vor allem die "richtigen" Sekretärinnen[3] in die Untersuchung mit einbinden wollten, war eine Forderung des Projektträgers, möglichst viele Einsatzfelder von Sekretärinnen zu berücksichtigen. Ein Industriebias sollte vermieden und die öffentliche Verwaltung auf alle Fälle in die Untersuchung einbezogen werden.

So wurde in Abstimmung mit dem Projektbeirat beschlossen, sich dem Untersuchungsfeld offen zu nähern. Jede Person, die sich als Sekretär[4] oder Sekretärin verstand und teilnehmen wollte, sollte mit in die Untersuchung aufgenommen werden.

Dieses Vorgehen hatte sich im Verlauf der Untersuchungen bewährt, denn durch diese Offenheit konnte ein breites Spektrum an Sekretariatsarbeitsplätzen untersucht werden. Dabei sind die unterschiedlichsten Bezeichnungen für vergleichbare Funktionen anzutreffen: "Assistentin der Geschäftsleitung, Teamassistentin, Fachkraft für Communications Engineering, Service-Sekretärin"... und und und. Die Liste der neuen Begriffe in den Stellenanzeigen und in den Unternehmen für Aufgaben im Sekretariatsbereich ist lang und der Phantasie scheinen keine Grenzen gesetzt.

Auch die historische Analyse zeigte, daß es in der Vergangenheit offensichtlich keine klaren Abgrenzungen in diesem Bereich gegeben hat. Von der Kontoristin, Stenotypistin, Stenographin, Korrespondentin bis hin zur Privatsekretärin reichen die Begriffe, während die Aufgabenfelder eher vage umrissen waren und in den einzelnen Betrieben offensichtlich keine eindeutigen Abgrenzungen vorherrschten. Deshalb wird im historischen Teil auch nicht versucht "das Sekretariat" abzudecken, sondern es wird auf die Vielfalt der dort herrschenden Formen der Sekretariatsunterstützung eingegangen.

---

3 Geht man davon aus, daß in den Berufsverbänden nur "richtige" Sekretärinnen als ordentliche Mitglieder aufgenommen werden, so definiert sich das "richtige" Sekretärinnensein in erster Linie über den Bereich Aus- und Fortbildung sowie über ausreichende Praxiserfahrungen. Voraussetzung, um als ordentliches Mitglied in den Berufsverband aufgenommen werden zu können, sind für den BDS (Bund Deutscher Sekretärinnen e. V.):
"Ordentliches Mitglied kann auf schriftliche Anfrage werden, wer den Nachweis der Befähigung als Sekretärin/Sekretär erbringt, d. h.
• nach der Verordnung über die Prüfung zum anerkannten Abschluß "Geprüfte Sekretärin / Geprüfter Sekretär" vom 17.01.1975 mit Erfolg geprüft worden ist oder
• wer vor Inkrafttreten der Verordnung eine vom BDS anerkannte Sekretärinnen Prüfung mit Erfolg bestanden hat oder
• mindestens 7 Jahre Sekretariatspraxis nachweisen kann." (aus: Satzung des BDS).

für den DSV (Deutscher Sekretärinnen-Verband EV):
"Ordentliche Mitglieder des DSV können werden:
• Sekretärinnen oder Assistentinnen mit Prüfungen des DSV oder vergleichbaren Prüfungen anderer anerkannter Institutionen.
• Sekretärinnen und Assistentinnen, die noch keine Prüfung abgelegt haben, aber mindestens 30 Jahre alt und nachweisbar seit 6 Jahren in diesem Beruf tätig sind." (aus. Karriere nach Maß, Faltblatt des DSV)

4 Leider konnten keine männlichen Sekretäre miteinbezogen werden, sie waren schier unauffindbar. Deshalb wird ausschließlich die weibliche Form verwandt.

Technik hat das Sekretariat bzw. das Berufsbild der Sekretärin in seiner Entwicklungsgeschichte von jeher geprägt. Frauen traten parallel mit dem Aufkommen der Schreibmaschine in einem größeren Ausmaß in die Büros ein. Technische Hilfsmittel prägten und prägen nicht nur ihre Aufgaben, sondern auch die Strukturen wie Kooperationsverhältnisse, organisatorische Einbindung und die räumliche Gestaltung.

Kapitel 2 beschreibt das methodische Vorgehen dieser Arbeit und zeigt den Methodeneinsatz im Forschungsprojekt "Sekretariat der Zukunft" auf. Im Anschluß wird die Methode "AFAS" vorgestellt, die eine ganzheitliche Orientierung in Bezug auf das Einbeziehen zentraler Bereiche aufweist, und mit der Sekretariatsarbeitsplätze und ihr Umfeld, in das sie eingebettet sind, analysiert werden können. Diese Methode liefert Informationen für eine Reorganisation von Sekretariatsarbeitsplätzen und über die erforderlichen Qualifikationsanforderungen. In einem Exkurs werden einige Erhebungsprobleme besprochen, die zweierlei Ralitäten in den Unternehmen beförderten.

Kapitel 3 bringt einen Versuch zur "Entmystifizierung" des Sekretariatsbereiches. Von der "Tippse" bis zur Superfrau "Top-Sekretärin" reichen die Sekretärinnenbilder. Nach der Analyse dieser unterschiedlichen Sekretärinnenbilder wird der Stand im Sekretariatsbereich Anfang der 90er Jahre beschrieben und die Ergebnisse der Untersuchung "Sekretariat der Zukunft" hinsichtlich der Aufgaben, Auswirkungen des Technikeinsatzes, den Kooperationsbeziehungen, der organisatorischen Einbindung und den Qualifikationsprofilen dargestellt.

Kapitel 4 bringt einen Überblick über die geschichtliche Entwicklung der Frauenarbeit im Angestelltenbereich und zeigt die neueren zahlenmäßigen Entwicklungen im Sekretariatsbereichs auf.

Anhand der Basisaufgaben im Sekretariatsbereich wird in Kapitel 5 die Rolle der Technik aufgezeigt.

In Kapitel 6 wird der Einfluß von Management- und Organisationskonzepten auf Sekretariatskonzepte im Laufe dieses Jahrhunderts untersucht und mit der empirischen Umsetzung verglichen.

Kapitel 7 zeigt die Entwicklung und Institutionalisierung des Bildungsmöglichkeiten im Sekretariatsbereich auf.

In Kapitel 8 werden die Grundzüge heutiger Managementkonzepte beschrieben und die Möglichkeiten zukünftiger Sekretariatsgestaltung im Wechselspiel der organisatorischen, technischen und qualifkatorischen Einflüsse und Anforderungen aufgezeigt. Mögliche Berufsperspektiven und die dazu notwendigen Qualifikationsanforderungen werden abgeleitet. Anhand des Bereiches der Personalberatung werden Aufgabenfelder und Entwicklungsmöglichkeiten im Sekretariatsbereich aufgezeigt.

Kapitel 9 stellt das Ergebnis dieser Arbeit noch einmal im Überblick dar.

2 Methodischer Ansatz

Ziel dieser Arbeit ist es, die Zusammenhänge zwischen Management- und Organisationskonzepten einerseits und Technikeinsatz anderseits auf den Sekretariatsbereich zu untersuchen. Um die Entwicklungszusammenhänge transparent zu machen, wurde eine Literaturanalyse durchgeführt. Anhand der geschichtlichen Entwicklung wird

- die Technikentwicklung und ihre Auswirkungen auf die Basisaufgaben der Sekretärin untersucht,
- der Einfluß bedeutender Management- und Organisationskonzepte auf den Sekretariatsbereich aufgezeigt und
- die Entwicklung der Aus- und Fortbildung für den Sekretariatsbereich dargestellt
- anhand des Beispiels Personalberatung Entwicklungsmöglichkeiten für Sekretärinnen aufgezeigt.

Auf der Basis dieser Entwicklungen und der Ergebnisse des Forschungsprojektes "Sekretariat der Zukunft" werden Möglichkeiten der Sekretariatsgestaltung in ihrem Wechselwirkungsverhältnis – Organisationskonzepte – Technik – Qualifikation – aufgezeigt

2.1 Methodeneinsatz im Forschungsprojekt "Sekretariat der Zukunft"

Zu dem Untersuchungsfeld lagen bislang kaum aktuelle Forschungsarbeiten vor. In dem Forschungsprojekt "Sekretariat der Zukunft" wurde deshalb eine Vielzahl von Methoden eingesetzt, um dem schwer eingrenzbaren Untersuchungsgegenstand gerecht zu werden. Bei der Methodenauswahl wurde mit einer Exploration des Untersuchungsfeldes über den Einsatz qualitativer Interviews hin zu quantitativen Methoden wie strukturierte, teil-standardisierte Fragebögen versucht, eine möglichst große Vielfalt und Breite abzudecken, um dem nicht eindeutig bestimmbaren Untersuchungsgegenstand gerecht zu werden. Die eingesetzten Leitfäden und Fragebogen wurden im Rahmen der Projektarbeit erarbeitet und mit jeder Erhebungsrunde weiterentwickelt und verfeinert (vgl. Eingesetzte Instrumentarien 1991, 1992) Mit einem vielfältigen Methodeneinsatz, bei dem qualitative und quantitative sowie evaluative Verfahren eingesetzt wurden, wurde in diesem Projekt versucht, sich der Wirklichkeit in den bundesdeutschen Sekretariaten zu nähern. Um einer "Betriebsblindheit" zu entgehen, wurde nach dem ersten Vierteljahr beschlossen, eine projektbegleitende Informationszeitschrift herauszugeben (*projektnachrichten* "Sekretariat der Zukunft"), die in einem lockeren Stil vorläufige Projektergebnisse einem breitgefächertem Interessentenkreis vorstellte. Erhofft hatte man sich ein regelmäßiges Feedback auf die Ergebnisse. Die gleiche Intention wurde auch mit diversen Veröffentlichungen in den entsprechenden Sekretariatszeitschriften verfolgt[5]. Allerdings war die Re-

---

5 Klein, B.: Gibt es in Zukunft noch Sekretärinnen? in: SEKRETARIAT 1/91, S. 10-11
Klein, B.: Sekretariat der Zukunft. In: CHEFBÜRO 1/91; S. 54-66
Klein, B.: Organisational Design for Secretaries; in: H.-J. Bullinger (ed.); Human Aspects in Computing, Proceedings of the Fourth International Conference on Human-Computer

8

sonanz sowohl auf die projektnachrichten (außer einer stetig ansteigenden Nachfrage: Ausgabe 5 hatte eine Auflage von 1500 Exemplaren) als auch auf die übrigen Publikationen eher gering.

Fragestellungen, die im Forschungsprojekt "Sekretariat der Zukunft" untersucht wurden und deren Zielgruppe Sekretärinnen waren, umfaßten die Bereiche:

*   Welche Aufgaben und Tätigkeiten üben Sekretärinnen aus?
*   Wie sehen die Kooperationsstrukturen im Sekretariatsbereich aus?
*   Wie sind Sekretärinnen organisatorisch in das Unternehmen eingebunden?
*   Wie beurteilen Sekretärinnen ihre Arbeitssituation?
*   Wie sehen die Qualifikationshintergründe im Sekretariatsbereich aus?
*   Wie sehen Sekretärinnen ihre berufliche Zukunft?

Sekretariate und ihr Umfeld
Das ursprüngliche Untersuchungsdesign beinhaltete neben der Befragung von Sekretärinnen auch die Befragung von Führungskräften, um deren Perspektiven, Erfahrungen mit und Erwartungen an die Sekretariatsarbeit zu erheben. Es wurden davon vor allem vertiefende Aussagen zu den Kooperationsformen und organisatorischen Strukturen erwartet.

Sehr schnell stellte sich heraus, daß Führungskräfte nicht die einzigen waren, die Serviceleistungen des Sekretariates bezogen, sondern in der Regel eine Reihe weiterer Mitarbeiter, sog. Servicenehmer[6]. Sie wurden bei den Fallstudien miteinbezogen. Folgende Fragestellungen wurden abgedeckt:

Interaction, Stuttgart, Sept. 1-6, 1991, Vol. 2: Design and Use of Interactive Systems and Information Management, Amsterdam u. a.: Elsevier: 1991 S. 1085-1089
Klein, B.: Neue Technologien und Weiterbildung. in: Workshop: "Arbeitsplatz Hochschule", Dokumentation, 1991
Klein, B.: Das Sekretariat ist tot! – Es lebe das Sekretariat?! in: ASSISTENZ, 2/1992, S. 38
Klein, B.: Reine Texterfassung geht immer mehr zurück, Forschungsprojekt "Sekretariat der Zukunft". in: SEKRETARIAT, 3/92, S. 22-26
Klein, Barbara: Sekretariate im Wandel. in: Bruhn-Jade, Christa (Hg.): Chefentlastung durch die qualifizierte Sekretärin; Loseblatt-Sammlung; Weka-Verlag 1992
Klein, Barbara: Telearbeit – eine Arbeitsform für alle Bürobeschäftigten? in: Der Büro-Kommunikationsberater; Loseblatt-Sammlung; März 1992
Klein, Barbara: Organisationsgestaltung und Qualifizierung, Forschungsprojekt "Sekretariat der Zukunft". in: Mitteilungen des Fachausschusses 2.3 "Ergonomie in der Informatik"; Nr. 15; März 1992
Klein, Barbara: Office Management – Organisationsgestaltung und Qualifizierung im Sekretariats- und Assistenzbereich. in ASSISTENZ 3/1993; S. 30-32
Klein Barbara: Von der klassischen Sekretärin hin zur Office Managerin. in EDV & Kommunikation 2/1993; S. 8-10
Klein, Barbara: Technik-Vision 2000. Sekretariat der Zukunft. in: SEKRETARIAT Special; S. 6 - 15; Mai 1993
Klein Barbara: Verfrühte Euphorie um das mobile Büro. in: Die Furche, Nr. 22/3. Juni 1993, 49. Jg. S.11
Klein Barbara: Office Managerin – ein Modebegriff? Editorial in: ORGADATA 8/93; S. 3
Klein Barbara: Managerin für das Büro gesucht. in: ORGADATA 8/93 S. 28-29

6   Zu Beginn der Untersuchung wurde dafür der Begriff "Auftraggeber" verwandt. Mit dem neuen Begriff "Servicenehmer" soll auch der aktive Part des Sekretariates verdeutlicht werden.

- Welche Aufgaben werden an das Sekretariat gegeben und nachgefragt?
- Wie sehen Kooperationsstrukturen aus?
- Welche Erwartungen haben Führungskräfte und Servicenehmer an das Sekretariat?
- Was ist über die Aus-, Fort- und Weiterbildungshintergründe des Sekretariatsbereiches bekannt?
- Wie wird die Zukunft des Sekretariats beurteilt?

Weitere Personenkreise, die in den Unternehmen miteinbezogen wurden, waren, *Organisationsfachleute*, *Personalfachleute* und *Personen aus dem Aus- und Weiterbildungsbereich*. Durch das Einbeziehen all dieser Positionen konnte ein guter Einblick in die Unternehmen, den dort vorhandenen Kooperationsbeziehungen und organisatorischen Strukturen sowie den Qualifizierungsbemühungen im Sekretariatsbereich gewonnen werden. Untersuchte Fragestellungen waren:

- Wie sieht die organisatorische Einbindung des Sekretariates aus?
- Wie sehen Aufgabenstrukturen aus und wie verändern sie sich?
- Welche Rolle spielt der Technikeinsatz?
- Wie sehen die Qualifikationsstrukturen im Sekretariatsbereich aus?
- Welche Angebote und Maßnahmen gibt es im Aus- und Weiterbildungsbereich?
- Wie wird sich der Sekretariatsbereich zukünftig weiterentwickeln?

Außerhalb der Unternehmen wurden *Vertreter von Aus- und Weiterbildungsinstitutionen* für Sekretärinnen befragt, um einen Einblick zu gewinnen, welche Inhalte vermittelt werden und wie sich die Institutionen auf die veränderten Anforderungen im Sekretariatsbereich einstellen. Weiterhin wurden *Verbandsvertreter* befragt, wie ihre Organisationen die heutige und zukünftige Situation im Sekretariatsbereich einschätzen.

Die geplante Vorgehensweise wurde während des laufenden Projektes modifiziert und erweitert. Ursprünglich sah sie folgendermaßen aus:

- Durchführung eines *State of the Art* mit einer detaillierten Literaturanalyse, einer Bestandsaufnahme und Schwachstellenanalyse institutionalisierter Aus- und Weiterbildungsrichtlinien und einer Aufbereitung der aktuellen und alternativen Konzepte im Aus- und Weiterbildungsbereich. Ziel war es, die notwendigen Grundlagen für die qualitativen Untersuchungen zu erarbeiten.

- Durchführung einer *qualitativen Bestandsaufnahme der aktuellen Situation und der zukünftigen Entwicklung im Sekretariatsbereich*
  Eine Exploration des Untersuchungsfeldes sollte anhand von 50 bis 100 qualitativen Interviews mit Sekretärinnen und 20 bis 50 qualitativen Interviews mit Führungskräften erreicht werden. Über die Auswahl der Untersuchungspersonen sollten insbesondere innovative Einsatzkonzepte mit z. B. neuen arbeitsorganisatorischen Formen berücksichtigt werden.

- Die Durchführung einer *arbeitswissenschaftliche Analyse der Tätigkeiten im Sekretariatsbereich* sollte eine detaillierte Analyse der Betriebsmittel (Informationstechnologien), Aufgaben, Arbeitsorganisation, Anforderungen und Tätigkeitsgestaltungen erbringen und Indikatoren für die weiteren Anforderungen an den Qualifikationsbedarf und Input für die Gestaltungsempfehlungen liefern.

- Die Durchführung einer *quantitativen Bestandsaufnahme der aktuellen Situation und zukünftigen Entwicklung im Sekretariatsbereich* sollte anhand einer empirischen Untersuchung die Ist-Situation von Sekretärinnen aufzeigen, um damit eine Defizitanalyse und Potentialabschätzung für neuartige arbeitsorganisatorische Gestaltungsmuster durchführen zu können. Geplant war eine repräsentative Stichprobe anhand des Adressenbestandes der IHKs und eine Stichprobe über die Zeitschrift "Sekretariat".

- Die *Auswertungen und Erstellung von Empfehlungen* sollten basierend auf dem Datenmaterial in Workshops evaluiert werden.

Folgende Abbildungen geben einen Überblick über die verschiedenen Erhebungsarten, den eingesetzten Methoden, der Stichprobenauswahl und der Zielsetzung der Erhebungen.

Schwerpunkt: Aufgaben, Kooperations- und Organisationsstrukturen im Sekretariatsbereich

Art der Erhebung Übersicht über die qualitativen Erhebungen	Anzahl der durchgeführten Interviews	Gesprächspartner/Methoden					Zielsetzung der Erhebung
Literaturanalyse	-	Aufbau einer projektbezogenen Datenbank					Bestandsaufnahme ab ca. Mitte 19. Jahrhundert
qualitative Interviews mit Sekretärinnen und Servicenehmer	Σ 22	10 Vertreterinnen der Berufsverbände, 8 VHS-Absolventinnen und 4 Servicenehmer					explorative Bestandsaufnahme
Fallstudien in 23 Unternehmen - 13 Großunternehmen - 4 Mittelständische Unternehmen - 1 Kleinunternehmen - 5 Verwaltungen des öffentlichen Dienstes	Σ 202	Sek.	Servicen.	Aus-/Weiterbild.	Org./Pers.	Gesamt	Aufzeigen der unterschiedlichen Einflußfaktoren auf Sekretariate aus verschiedenen Perspektiven
		94	9	7	7	117	
		10	11	2	2	25	
		1	1			2	
		43	7	2	6	58	
		Σ 148	28	11	15	202	
Summe	**Σ 224**						

Abb. 1: Übersicht über die qualitativen Erhebungen

Schwerpunkt: Aufgaben, Kooperations- und Organisationsstrukturen im Sekretariatsbereich

Art der Erhebung Quantitative Erhebungen	Stichprobenauswahl	Rücklauf	Zielsetzung der Erhebung
computerunterstützter Fragebogen auf der "Sekretärin '91"	willkürliche Stichprobe; Messebesucherinnen	176 Teilnehmerinnen	Bestandsaufnahme und Erhebung von Datenmaterial
AFAS – Arbeitswissenschaftliche Analyse	200 repräsentativ ausgewählte Sekretärinnen eines Großunternehmens der chemischen Industrie 98 BDS. bzw. DSV-Sekretärinnen	83 Sekretärinnen des Großunternehmens/ Rücklaufquote: 42 % 52 der organisierten Sekretärinnen; Rücklaufquote: 53 %	Untersuchung von Struktur und Vielfalt der Aufgaben und Tätigkeiten im Sekretariat
Sekretärinnen in Europa	48 Vertreter/innen verschiedener Institutionen (z.B. ausländische IHKs und Sekretärinnenverbände)	7 direkte Antworten, ansonsten Informationsmaterial und Werbebroschüren	Erhebung der Aus- und Weiterbildungssituation, der Tätigkeitsfelder im Sekretariat und die beruflichen Chancen in Europa
Fragebogen für Sekretärinnen 2 Stichproben	**1. Repräsentative Stichprobe** 2000 Unternehmen: geschichtete Stichprobe über 1500 Adressen aller im Handelsregister eingetragenen Unternehmen, 500 Behörden bzw. Ämter des öffentlichen Dienstes **2. Befragung über eine Zeitschriftenbeilage** 123 Leserinnen der Sekretariatszeitschriften Assistenz und Sekretariat forderten einen Fragebogen an	**90** Fragebögen; Rücklaufquote: **4,5 %** **62** Fragebögen; Rücklaufquote: **50 %**	Erhebung des Tätigkeitsspektrums, der organisatorischen Einbindung, Beurteilung der Arbeit, Aus- und Weiterbildung sowie statistische Fragen s.o.
Fragebogen für Führungskräfte	**Repräsentative Stichprobe** 2000 Unternehmen: geschichtete Stichprobe über 1500 Adressen aller im Handelsregister eingetragenen Unternehmen, 500 Behörden bzw. Ämter d.öffentl. Dienstes	**64** Fragebögen; Rücklaufquote: **3 %**	s.o., zusätzlich Aspekte wie z.B. Entwicklung und Zukunft des Sekretariats
Summe :		Σ **534**	

Abb. 2: Übersicht über die quantitativen Erhebungen

Schwerpunkt: Aus- und Weiterbildung im Sekretariatsbereich

Art der Erhebung Qualitative Erhebungen	Stichprobenauswahl	Gesprächspartner	Zielsetzung der Erhebung
Expertengespräche mit	Zugänglichkeit, Schneeballverfahren		Bestandsaufnahme der Aus- und Weiterbildungssituation im Sekretariatsbereich
- Schulen		13 Leiter/innen und Dozenten/innen von 10 Aus- und Weiterbildungsinstitutionen	
- Unternehmen		7 Personen aus dem Aus- und Weiterbildungsbereich	
- Gewerkschaftsvertreter/innen		4 Gewerkschaftsvertreter/innen	
- Arbeits- und Personalvermittlungen		5 Personal- und Arbeitsvermittler/innen	
- Verbandsvertreter/innen		2 Verbandsvertreter/innen	
Quantitative Erhebungen		**Rücklauf**	
Delphi-Befragung			Ergebnisse der Expertengespräche im Bereich Aus- und Weiterbildung auf eine breitere Basis zu stellen, Validierung der Ergebnisse
- IHKs	78 (Vollerhebung der IHKs in den alten Bundesländern)	7 IHKs (geringer Rücklauf, da der DIHT, Fragebögen einbehielt. vgl. Klein et al. 1992)	
- Unternehmen	37 alle Unternehmen, die sich über ihre IHK bereit erklärten, mitzuwirken)	21 Unternehmen	
- Schulen	100 - alle in der Assistenz aufgelisteten Schulen - **Klumpenauswahl anhand des Adressenbestandes eines Handbuchs** - Vollerhebung des Adressenbestandes eines Handbuchs von Fernunterrichtanbietern im Sekretariatsbereich	28 Schulen	
Summe :		Σ 87	

Abb. 3: Übersicht über die Erhebungen im Bereich Aus- und Weiterbildung

Schwerpunkt: Die Situation in den neuen Bundesländern

Art der Erhebung	Stichprobenauswahl	Gesprächspartner	Zielsetzung der Erhebung
Expertengespräche im Bereich Aus- und Weiterbildung	Zugänglichkeit,	1 IHK-Vertreter einer neu gegründeten IHK 1 Dozentin für die Ausbildung "Facharbeiter für Schreibtechnik" 2 Vertreter der früheren VHS 2 westdeutsche Trainer/innen, die ostdeutsche Sekretärinnen weiterqualifizieren	Bestandsaufnahme der Aus- Fort-, und Weiterbildungssituation im Sekretariatsbereich
Teilnahme an einer Fortbildungsveranstaltung zur Prüfungsvorbereitungen "Geprüfte Sekretärin/ Geprüfter Sekretär" Teilnehmerinnen: ostdeutsche Sekretärinnen	Zugänglichkeit	8 Interviews mit Sekretärinnen	Einschätzung der Situation vor und nach der Wende, berufliche Perspektiven
schriftliche Befragung von Teilnehmerinnen einer Weiterbildungsveranstaltung im kaufmännischen Bereich	Zugänglichkeit	19 Sekretärinnen	Bestandsaufnahme der Qualifikation, beruflichen Werdegangs und der Aufgaben
Befragung von Sekretärinnen und Führungskräften	(Repräsentative) Stichprobe von 500 Betrieben der neuen Bundesländer	14 Sekretärinnen: Rücklauf 3% 7 Führungskräfte : Rücklauf 1%	Erhebung des Tätigkeitsspektrums, der organisatorischen Einbindung, Beurteilung der Arbeit, Aus- und Weiterbildung sowie statistische Fragen
Summe :		∑ 54	

Abb. 4: Erhebungen in den neuen Bundesländern

Schwerpunkt: Fortschreibung der Ist-Situation und Evaluation der Ergebnisse

Methode	Instrumentarien	Gesprächspartner	Zielsetzung der Erhebung
Szenariotechnik	Ergebnisse des Forschungsprojektesefende Literaturanalysen EDV-gestütztes Fortschreibungsverfahren	(IAO-interne) Expertendiskussion	Prognosen über die weitere Entwicklung im Sekretariatsbereich
Evaluation der Ergebnisse			
Experten-Workshop "Organisationsformen und Berufsperspektiven im Sekretariat"	vorab verteiltes Ergebnispapier, Kurzbefragung der Experten, anschließende Gruppendiskussion	**23** Teilnehmer aus den Bereichen: Sekretariat, Organisations- und Personachleute, Wissenschaft und Forschung, Verbandsvertreter	Evaluation der Projektergebnisse
Experten-Workshop "Weiterbildung im Sekretariatsbereich"	vorab verteiltes Ergebnispapier, Kurzbefragung der Experten, anschließende Gruppendiskussion	**22** Teilnehmer aus den Bereichen: Sekretariat, Aus- und Weiterbildung, Wissenschaft und Forschung, Verbandsvertreter	Evaluation der Projektergebnisse
Summe :		Σ **45**	

Abb. 5: Fortschreibung der Ist-Situation und Evaluation der Ergebnisse

Insgesamt wurden im Rahmen des Forschungsprojektes "Sekretariat der Zukunft" 944 Befragungen durchgeführt, die sich auf folgende Personenkreise aufteilen:

- 670 Sekretärinnen,
- 103 Führungskräfte und Servicenehmer,
- 93 Fachleute aus dem Bereich Aus- und Weiterbildung,
- 18 Verbandsvertreter,
- 15 Organisations- und Personalfachleute.,
- 45 Teilnehmer der Experten-Workshops zur Evaluation der Ergebnisse.

Weiterhin wurden Telefoninterviews im Bereich der Personalberatung durchgeführt, und zwar mit

- dem Geschäftsführer des Bundesverbandes Deutscher Unternehmensberater,
- zwei Beratern und
- zwei Searchern. Die Ergebnisse dieser Befragungen sind in Kapitel 8.3 dargestellt.

Eine Beschreibung der Vorgehensweisen und Auswertungen der Erhebungen im Rahmen des Forschungsprojektes "Sekretariat der Zukunft" im Einzelnen sind in folgenden Berichten dargestellt:

- Literaturanalysen sowie der Aufbau einer projektbezogen Literaturdatenbank in: Klein et al. (Zwischenbericht) 1991
- Expertengespräche mit Vertretern von Aus- und Weiterbildungsinstitutionen sowie Vertretern der Sozialpartner in: Klein et al. (Zwischenbericht) 1991
- im Anschluß wurde in Form einer Delphi-Befragung ein Ergebnispapier mit Fragebogen an alle IHKs, ausgewählten Unternehmen und Weiterbildungseinrichtungen versandt in: Klein et al. (Materialienband) 1992
- eine explorative Bestandsaufnahme über offene Interviews mit Sekretärinnen in: Klein et al. (Zwischenbericht) 1991
- Fallstudien, in denen Sekretärinnen und Führungskräfte, Vertretern von Aus- und Weiterbildungsabteilungen und Personen, die im Bereich Organisationsgestaltung arbeiten über offene Interviews befragt wurden in: Klein et al. (Fallstudien) 1991
- eine arbeitswissenschaftliche Analyse der Aufgaben und Tätigkeiten im Sekretariat anhand von Selbstaufschreibungen und einem Fragebogen Klein et al. (AFAS) AFAS – Arbeitsfeldanalyse für Sekretariatsarbeitsplätze 1992
- eine schriftliche Befragung aller europäischen Vertretungen der Industrie- und Handelskammern sowie von europäischen Sekretärinnenverbänden in: Klein et al. (Materialienband) 1992
- eine repräsentative Befragung von Sekretärinnen und Führungskräften in 2500 ausgewählten Unternehmen in: Klein et al. (Materialienband) 1992 und in: Klein et al. (Empfehlungen b) 1992
- Szenarien, mit denen für eine mittelfristige Periode die weitere Entwicklung im Sekretariatsbereich prognostiziert und entsprechende Empfehlungen für die Organisationsgestaltung und Qualifizierung abgeleitet werden in: Klein et al. (Empfehlungen a) 1992
- zwei Workshops zu den Themen "Organisationsformen und Berufsperspektiven im Sekretariat" und "Weiterbildungskonzepte im Sekretariatsbereich" mit Experten aus Wissenschaft und Forschung, Unternehmen, Verbände und Sekretärinnen, in denen die Ergebnisse evaluiert wurden in: Klein et al. (Evaluation durch Experten-Workshops) 1992

Die Gründe für die geänderte Vorgehensweise sind im folgenden aufgelistet:

- **die Wiedervereinigung -> Ausweitung des Untersuchungsfeldes**
Das methodische Vorgehen mußte aufgrund der veränderten politischen Situation, die während der Antragsphase noch nicht vorhersehbar war, angepaßt werden. Das Forschungsprojekt wurde im Juli 1990 bewilligt. Die Wiedervereinigung fand im Herbst 1990 statt, was zu einer erheblichen Ausdehnung des Untersuchungsfeldes führte. Die Erhebungen dazu sind in der Tabelle 4 dargestellt. Die Analyse der Situation der Sekretärinnen in den neuen Bundesländern und der dort vorhandenen Aus- und Weiterbildungsmöglichkeiten war aufgrund der sich ständig verändernden Situation in den dortigen Betrieben und Aus- und Weiterbildungsinstitutionen nur in eingeschränktem Maß möglich.

- **"dürftige" Resultate bei den qualitativen Interviews**
Recht schnell wurde deutlich, daß die qualitativen Interviews mit Sekretärinnen und Führungskräften aber auch mit den Experten aus dem Bereich Aus- und Weiterbildung von ihrem Ansatz zu eingeschränkt für das Untersuchungsfeld zu sein schienen. Folgende Probleme tauchten auf:

- Abhängigkeit der Ergebnisse von der jeweiligen Stichprobe
Bei relativ ähnlichen Hintergründen, was Qualifikation, Arbeitsumfeld, Aufgaben und Tätigkeitsfeld betraf, waren die im Berufsverband organisierten Sekretärinnen "glücklicher" und zufriedener mit ihrem Beruf als die nicht im Berufsverband organisierten Sekretärinnen.

- "Subjektivität" der Ergebnisse
Während die Methode sehr gut die persönliche Sicht der Sekretärin und ihrer persönlichen Situation wiedergibt, bleibt das betriebliche Umfeld mit seinen Einflußfaktoren nebulös. Aber gerade hier wurden wesentliche Einflußfaktoren vermutet, die das Aufgabenfeld, die organisatorische Einbindung und Qualifizierung betrafen.

- "Mehr als 20 Interviews bringen nichts Neues..."
Jedes dieser qualitativen Interviews war für sich allein interessant, trotzdem zeigte sich etwa ab dem 10. Interview das kaum noch neue Aspekte hinzukamen.

- "Leider keine Zeit..."
Auf der Führungskräfteseite stellte sich das Problem, überhaupt Ansprechpartner zu finden, die willens waren und Zeit hatten, sich zu diesem Themenkomplex interviewen zu lassen.

- nichts Neues bei den Experten...
Im Bereich Aus- und Weiterbildung zeichneten sich ähnliche Probleme wie bei den qualitativen Interviews mit den Sekretärinnen ab. Die Expertengespräche mit den Schulen im Sekretariatsbereich zeigten, daß umwälzende Innovationen nicht zu erwarten waren.

Das Weiterbildungsangebot der Schulen (vgl. Klein et al. (Zwischenbericht) 1991) war im Bereich der (veralteten) rechtlichen Regelung angesiedelt. Schwerpunkte im betriebswirtschaftlichen Bereich und die Hinzunahme von Sozialkompetenzen wurden als zukunftsträchtige Qualifikation angepriesen. Die Sekretärinneninterviews und die Fallstudien verdeutlichten jedoch, daß neben Sozialkompetenzen eine Reihe neuer und anderer Anforderungen an die Sekretärinnen herantreten, die von den befragten Schulen kaum diskutiert und berücksichtigt wurden.

Das Unbehagen an den "dürftigen" Ergebnissen, führte zu einem "wilden Aktionismus" bezüglich weiterführender Erhebungen und Evaluationen der gewonnenen Ergebnisse. Neu aufgenommen in den Untersuchungsverlauf wurden:

• **Fallstudien, um andere Perspektiven zum Sekretariatsbereich zu erhalten**
Die "isolierten" Interviews mit Sekretärinnen und Führungskräften wurden nach einem Beschluß auf der ersten Projektbeiratssitzung zugunsten von umfassenden Fallstudien aufgegeben, bei denen all die Personenkreise miteinbezogen werden sollten, die im Unternehmen mit dem Sekretariatsbereich zu tun haben. Zielsetzung war, den Sekretariatsbereich aus den unterschiedlichen Perspektiven zu beleuchten, um Indikatoren für die organisatorische Gestaltung zu erhalten.

• **Fragebogen für Führungskräfte**
Auf der Führungskräfteseite war es ein generelles Problem, überhaupt Ansprechpartner zu finden, die willens waren und Zeit hatten, sich zu diesem Themenkomplex interviewen zu lassen. Diese Erfahrung war übrigens ganz im Widerspruch zu dem von den Sekretärinnenverbänden prognostizierten Interesse auf dieser Seite. Da die Führungskräfte jedoch zu den wichtigsten Kooperationspartnern im Sekretariat gehören und ihre Wünsche und Bedürfnisse als wesentlich für die zukünftige Sekretariatsgestaltung erachtet wurde, wurde beschlossen, auf der Messe "Marketing und Management Services" am Stand der Sekretärinnenverbände einen Fragebogen für Führungskräfte zu verteilen. Wiederum war die Resonanz sehr gering. Daraufhin wurde entschieden bei der repräsentativen Befragung von 2.500 Unternehmen und Verwaltungen einen Fragebogen für Führungskräfte mitzuverschicken. Hier war die Resonanz mit 3% Rücklauf nur unwesentlich geringer als bei den Sekretärinnen.

• **Europa '92**
Die qualitativen Untersuchungen zeigten, daß der Blick auf die Bundesrepublik alleine nicht ausreichend zu sein schien, vor allem im Hinblick auf die damals diskutierten Auswirkungen des vollendeten EG-Binnenmarktes. Deshalb wurde anhand eines kurzen englischsprachigen Fragebogens versucht, einen Einblick in die Arbeitssituation und in den Aus- und Weiterbildungsbereich der Sekretärinnen in Europa zu bekommen. Bei dieser Befragung wurde eine Gesamterhebung aller deutschen Vertretungen des Industrie- und Handelstages vorgenommen. Weiterhin wurden – soweit die Adressen zugänglich waren – die europäischen Sekretärinnenverbände befragt. Der Rücklauf und Einblick kam lediglich aus sieben Ländern.

• **Delphi-Befragung bei den Experten im Aus- und Weiterbildungsbereich**
Da nicht zu eruieren war, warum die Ergebnisse im Aus- und Weiterbildungsbereich so unbefriedigend waren[7], wurde eine Delphi-Befragung durchgeführt (vgl. Klein et

---

7 Ein Teil der Schulen waren uns von Experten als fortschrittlich und engagiert empfohlen worden. Weitere Auswahlkriterien für die Schulen waren:

al. (Materialienband) 1992). Alle im Rahmen der Expertengespräche Befragten und zusätzliche Institutionen (vgl. Abb. 1) einschließlich aller Industrie- und Handelskammern in den alten Bundesländern wurden befragt. Die Ergebnisse bestätigten die Erfahrungen der qualitative Interviews mit den Schulen und zeigten, daß es die Unternehmen sind, die bei den innovativen Konzepten eine Vorreiterrolle spielen und diese auch z. T. in der betrieblichen Praxis schon umsetzen.

Folgende Abbildung zeigt, inwieweit die Erhebungen zur jeweiligen Fragestellung beitrugen.

	Aufgaben	Koopera-tions-strukturen	Organisa-tions-strukturen	Aus- und Weiter-bildung	Berufsbild
Literaturanalyse	☺	☺	☺	☺	☺
Qualitative Interviews	☺	=	=	☺	☺
Messebefragung	=	=	☹	☺	=
AFAS	☺	☺	=	☺	☺
Sekretärinnen in Europa	☹	=	=	=	=
Fragebogen: Sekretariat	☺	=	=	☺	☺
Fragebogen: Führungskräfte	☺	=	=	☹	☺
Fallstudien	☺	☺	☺	☺	☺
Experten: Bildungsbereich	=	☹	☹	☺	☺
Delphi-Befragung	☹	☹	☹	☺	=
Experten-Workshops	☺	☺	☺	☺	☺

Abb. 6: Eignung der Methode in Bezug auf die Fragestellung

- das Angebot einer breiten Palette von Qualifizierungsmaßnahmen für Sekretärinnen,
- die Auswahl sollte einen Querschnitt des Weiterbildungsmarktes für Sekretärinnen darstellen,
- mehrjährige Erfahrungen im Bereich Qualifizierung von Sekretärinnen.

Die Auswahl der Vertreter von Verbänden und Gewerkschaften erfolgte nach dem Schneeballverfahren. Es wurde z. B. bei den Landes- und /oder Bundesverwaltungen der jeweiligen Verbände oder Gewerkschaften telefonisch um die Benennung von Experten in diesem Bereich angefragt. Folgende Probleme traten dabei auf:

- langwierige und zeitfressende Vorgehensweise,
- Experten sind innerhalb ihrer Organisationen nicht in dem Maße bekannt, daß Telefonistinnen ebenso wie weitervermittelnde Sachbearbeiter Bescheid wissen, (Sekretariat ist kein Thema) (vgl. Klein et al. (Zwischenbericht) 1991)

Die Auswahl der Vertreter von Arbeits- und Personalvermittlungen erfolgte nach Zugänglichkeit.

Zusammenfassend kann gesagt werden, daß die Erhebungen aus subjektiver, singulärer Sicht (wie die qualitativen Interviews mit Sekretärinnen, die Fragebogenaktionen z. B. computerunterstützte Messebefragung, repräsentative Befragung etc.) vor allem Aussagen zu den Mikrostrukturen erbrachten. Hierbei konnte ein guter Einblick in das Aufgabenfeld, Qualifikationshintergründe sowie die weiteren beruflichen und familiären Pläne gewonnen werden.

Einblick in die Mesoebene wurde in der Regel erst dann erreicht, wenn mit weiteren Personen aus dem gleichen Unternehmen gesprochen wurde. Erst dann kristallisierte sich ein Gesamtbild des Sekretariatsbereiches heraus mitsamt den sich aufgrund der Strukturveränderungen entstehenden Problemen.

2.2 Einblick in die Mikroebene: Einzelbefragungen

Einblick in die Arbeitsplatzstrukturen, Aufgaben und Tätigkeiten wurden dank folgender Instrumentarien erlangt:

- Leitfäden für qualitative Interviews im Sekretariatsbereich,
- die verschiedenen Kurzfragebögen für den Sekretariatsbereich,
- einem computerunterstützten Fragebogen, der auf der ersten Sekretärinnenmesse eingesetzt wurde,
- AFAS (Arbeitsfeldanalyse im Sekretariatsbereich) mit dem arbeitswissenschaftliche Analysen durchgeführt wurden und
- dem Fragebogen für Sekretärinnen und dem Fragebogen für Führungskräfte, die u. a. bei der repräsentativen Stichprobe eingesetzt wurden.

Die Ergebnisse erlauben Aussagen zu folgenden Themen:

- Aufgaben und Tätigkeiten,
- Anforderungen an die Aufgabenerfüllung,
- technische Ausstattung und damit verbundene Fragen zur Bildschirmarbeit,
- die organisatorische Einbindung,
- die Beurteilung der Arbeit,
- Aus- und Weiterbildung sowie
- statistische Fragen.

Die Instrumentarien bauen dabei sukzessive aufeinander auf. Anhand des Beispiels "Aufgaben und Tätigkeiten im Sekretariatsbereich" soll die Entwicklung des Instrumentariums aufgezeigt werden.

Für die qualitativen Interviews wurde ein Leitfadenkonzept mit offenen Fragen entwickelt (vgl. Übersicht über eingesetzte Instrumentarien 1991). Bei der Frage

"Bitte umreißen Sie kurz Ihr Tätigkeitsfeld."

zeigte sich, daß u. a. ein Aufgabenbereich von Sekretärinnen die Betreuung und Bewirtung von Besuchern ist. Unklar war jedoch, welche Tätigkeiten damit verbunden sind. Eine arbeitswissenschaftliche Untersuchung sollte dazu weitere Erkenntnisse bringen. Wie in Klein et al. ((AFAS) 1992) gezeigt, sind die dargestellten arbeitswissenschaftlichen Verfahren lediglich ansatzweise geeignet, Anwendung auf die untersuchten Fragestellungen zu finden. Doch konnten über die Analyse dieser Verfahren Anhaltspunkte für die projektbezogene Analyse gewonnen werden, die bei der Entwicklung eines eigenen Instrumentariums Berücksichtigung fanden. Speziell für das Projekt wurde also das Instrumentarium AFAS (Arbeitsfeld-Analyse für Sekretariatsarbeitsplätze) entwickelt, das aus folgenden zwei Bausteinen[8] besteht:

- einem Formblatt für Selbstaufschreibungen:
  Hiermit werden Tätigkeiten, ihre durchschnittlichen Zeitanteile, ihre technische Unterstützung und ihre Beurteilung abgefragt. Die Selbstaufschreibungen sollten über einen Zeitraum von bis zu fünf Tagen durchgeführt werden,

und

- einem umfangreichen Fragebogen
  Die überwiegend quantitativen Angaben zu den Tätigkeiten sollen mit Hilfe des Fragebogens in einen qualitativen Kontext gestellt werden.

Mit AFAS wurden mehrere Pretests[9] durchgeführt, was zu einer kontinuierlichen Verbesserung und Überarbeitung führte[10]. AFAS wurde anhand zweier unterschiedlicher Stichproben eingesetzt.

Die Ergebnisse dieser Stichproben verhalfen zu neuen Erkenntnissen hinsichtlich der Kategorisierung. Mit AFAS wurden zwei Fragen zur Besucherbetreuung gestellt:

---

8 Das Formblatt für die Selbstaufschreibungen und der Fragebogen sind in Klein et al. (Eingesetzte Instrumentarien) 1992, dargestellt.

9 • Stichprobe 1 "im Berufsverband organisierte Sekretärinnen"
   Der Zugang zu dieser Stichprobe erfolgte über die Berufsverbände (Bund Deutscher Sekretärinnen, BDS und Deutscher Sekretärinnen Verband E. V.), die über ihre Ortsgruppen einen Kurzfragebogen verteilten. Über diesen erklärten sich 98 Sekretärinnen bereit, an der arbeitswissenschaftlichen Analyse teilzunehmen. 52 Sekretärinnen schickten die Fragebögen und Formblätter zurück, was einer Rücklaufquote von 53% entspricht.

   • Stichprobe 2 "Großunternehmen in der chemischen Industrie"
   Zum anderen bot sich die Gelegenheit, in einem Großunternehmen der chemischen Industrie mit einem an die Gegebenheiten des Unternehmens angepaßten Fragebogen eine Vergleichsstudie durchzuführen. Das heißt, hier konnte einer heterogenen willkürlichen Stichprobe eine homogene Stichprobe gegenübergestellt werden. In diesem Unternehmen, in dem an die 1000 Sekretariatskräfte arbeiten, wurde eine repräsentative Stichprobe von 200 Sekretärinnen gezogen. Davon antworteten 86, was einer Rücklaufquote von 42% entspricht.

10 So war ursprünglich geplant, die Selbstaufschreibungen eher unstrukturiert und über einen Zeitraum von 14 Tagen durchzuführen. Die ersten Pretests zeigten jedoch, daß diese Vorgehensweise im Sekretariatsbereich nicht praktikabel ist. In der Regel wurden die Sekretärinnen in ihren Tätigkeiten so oft unterbrochen, daß das Formblatt nicht nebenher ausgefüllt werden konnte, sondern dafür Phasen des ungestörten Arbeitens benötigt wurden (Mittagspause, Dienstende). Hierbei konnten allerdings die einzelnen Tätigkeiten nicht mehr rekapituliert werden, so daß ein strukturiertes Formblatt entwickelt wurde.

Besucherbetreuung

8.1 Empfangen und betreuen Sie Besucher?

täglich .... ①
wöchentlich .... ②
monatlich .... ③
weniger als einmal im Monat .... ④
nie .... ⑤

8.2 Welche Aufgaben und Tätigkeiten sind hiermit üblicherweise verbunden?

....

....

....

Abb. 7: Beispiel aus AFAS

Aufgrund der Antworten (vgl. Klein et al. (AFAS) 1992) wurde folgende Kategorisierung vorgenommen, die in dem Fragebogen für die Befragung von 2500 repräsentativ ausgewählten Unternehmen und der Leserinnen von ASSISTENZ und SEKRETARIAT eingesetzt wurden.

1.23 Empfangen und betreuen Sie Besucher?

nie ⬚0 täglich ⬚1 wöchentlich ⬚2 seltener ⬚3 *(Wenn nie, weiter mit 1.25)*

1.24 Welche Aufgaben und Tätigkeiten sind hiermit üblicherweise verbunden?

	ja	nein
Bewirtung	1	0
Organisation der Unterbringung	1	0
Vorbereitung der Unterlagen für die Gespräche	1	0
Anfertigung von Gesprächsnotizen/Protokollen	1	0
Organisation von Rahmenprogrammen	1	0
Eigenverantwortliche Gesprächsführung	1	0
	1	0

Sonstiges ....

Abb. 8: Beispiel aus dem überarbeiteten AFAS-Instrument

Die Vorgehensweise der zunehmenden Kategorisierung führte dazu, daß in Bezug auf die Aufgaben und Tätigkeiten standardisierte Fragen erhalten wurden. Sie eignen sich dazu, einen Einblick in die Aufgabenstruktur eines bestimmten Sekretariatsarbeitsplatzes zu erhalten.

2.3 Einblick in die Mesoebene: Fallstudien

Die eher ganzheitlich orientierte Vorgehensweise bei den Fallstudien erlaubte einen Einblick in die Mesoebene der Organisationsstrukturen. Verschiedene Personen, im Idealfall Sekretärin, Führungskräfte bzw. Servicenehmer, Organisationsfachleute und Aus- und Weiterbildungsverantwortliche des Unternehmens, wurden zu Fragestellungen des Sekretariatsbereiches befragt. Dabei wurden in der Regel die gleichen Instrumentarien wie bei den qualitativen Interviews eingesetzt: Leitfäden, die den unterschiedlichen Personenkreisen angepaßt waren (vgl. Klein et al. (Eingesetzte Instrumentarien) 1991 und 1992). Darüber hinaus wurde in der jeweiligen Interviewsituation versucht, flexibel auf die dortige Unternehmenssituation einzugehen[11].

Die Ergebnisse der Interviews wurden stichwortartig notiert und im Anschluß an die Interviews wurden Interviewprotokolle verfaßt. Diese Interviewprotokolle bildeten dann die Basis für Fallstudienbeschreibungen, die anhand eines einheitlichen Beschreibungsrahmens erfolgten (vgl. Klein et al. (Fallstudien) 1992).

Mit diesem Vorgehen sollte ein Sachverhalt aus verschiedenen Perspektiven beleuchtet und die verschiedenen Faktoren, die ein Sekretariat und seine Gestaltung beeinflussen, transparent gemacht werden. Bei der Auswahl der Unternehmen sollten große, mittlere und kleine Unternehmen sowie die öffentliche Verwaltung gleichermaßen berücksichtigt werden[12]. Bei den Großunternehmen wurden diejenigen miteinbezogen, die sich auf den Aufruf gemeldet hatten. Darüber hinaus wurde versucht, Unternehmen mit innovativen Einsatzkonzepten zu finden, da vermutet wurde, daß sich solche Konzepte auch im Sekretariatsbereich niederschlagen würde. Hier wurde einmal das Schneeballverfahren angewendet. Daneben wurde über die Zeitschriftenanalyse Unternehmen angesprochen, die sich mit innovativen Konzepten darstellten.

Im Unterschied zu den isolierten Befragungen wird durch diese Vorgehensweise ein besserer Einblick in das Unternehmen und seine Strukturen gewonnen, da die Darstellung verschiedener Perspektiven z. Teil in sehr unterschiedlichen Sichtweisen des Sekretariates resultiert, was die Strukturen und Probleme transparent macht. Die Widersprüchlichkeiten in den Aussagen werden schneller offensichtlich und können gezielter angegangen werden. Im Vergleich zu den qualitativen Interviews war der "saturating effect" (vgl. Strauss et al.; 1990) nach den 23 Fallstudien nicht gegeben.

Aufgrund der vielfältigen Erhebungsmethoden und der entwickelten Leitfäden und Fragebogen war es möglich die Methode "AFAS – ArbeitsFeldAnalyse für den Sekretariatsbereich" zu entwickeln. Die Ergebnisse der Befragungen machten deutlich, daß

---

11 So war es beispielsweise in einigen Unternehmen nur möglich bestimmte Personengruppen gemeinsam zu interviewen, was natürlich andere Anforderungen an die Interviewsituation stellt als das Einzelinterview. In einer öffentlichen Verwaltung konnte beispielsweise die Befragung des Sekretariatsbereiches nur über Kurzfragebögen erfolgen (vgl. Eingesetzte Instrumentarien 1992). Vorteil dieser Vorgehensweise war eine größere mengenmäßige Abdeckung (vgl. Klein et al (Fallstudien) 1992: ÖD 3)

12 Allerdings waren kleine Unternehmen unterrepräsentiert, da sich hier lediglich ein Unternehmen bereit erklärte an der Fallstudie teilzunehmen (zu den Gründen s. auch Klein et al. (Fallstudien) 1992, S. 8).

eine ganzheitliche orientierte Vorgehensweise notwendig ist, um die Sekretariatsbereiche in den Unternehmen zu erfassen. Die eingesetzten Instrumentarien wurden hinsichtlich ihrer Brauchbarkeit überprüft. Daraufhin wurde ein Basismodell entwickelt, das eine Vorgehensweise ermöglicht, um Organisations-, Kooperations- und Aufgabenstrukturen sowie die vorhandenen Qualifikationen im Sekretariatsbereich zu analysieren. Die Stärken und Schwachstellen dieser Strukturen und der tatsächliche Bedarf an Sekretariatsunterstützung kann mit dieser Vorgehensweise ermittelt werden.

AFAS geht davon aus, daß organisatorische Strukturen in den Unternehmen in Rahmenbedingungen eingebettet und dadurch oft sehr komplex gestaltet sind. Sie sind von einer Vielzahl von Parametern beeinflußt, die es zu erfassen gilt. AFAS bietet durch die Kombination "strukturiertes Vorgehen und Einsatz von erprobten Instrumentarien" die Möglichkeit – spezifisch auf die Belange des untersuchten Unternehmens oder der untersuchten Verwaltung abgestimmt – eine effektive und effiziente Sekretariatsunterstützung aufzuzeigen. Sie umfaßt dabei sowohl die Mesoebene mit Kooperationsbeziehungen und Organisationsstrukturen als auch die Mikroebene der Aufgabenstrukturen. Ebenfalls ist es damit möglich, den Qualifizierungsbedarf aufzuzeigen, um die Effektivität und Effizienz in der Praxis zu gewährleisten. Der Vorteil von AFAS ist, daß nicht nur der Sekretariatsbereich alleine betrachtet wird, sondern auch die Umfeldbedingungen, sowie die Anforderungen und der Bedarf der Servicenehmer.

Vorgehensweise
Organisationsgestaltung im Sekretariatsbereich sollte die Module Planung, Bedarfserhebung, Erarbeiten eines Maßnahmenkataloges und Umsetzung sowie die projektbegleitende Evaluation umfassen. Das nachfolgende Bild umreißt die Vorgehensweise.

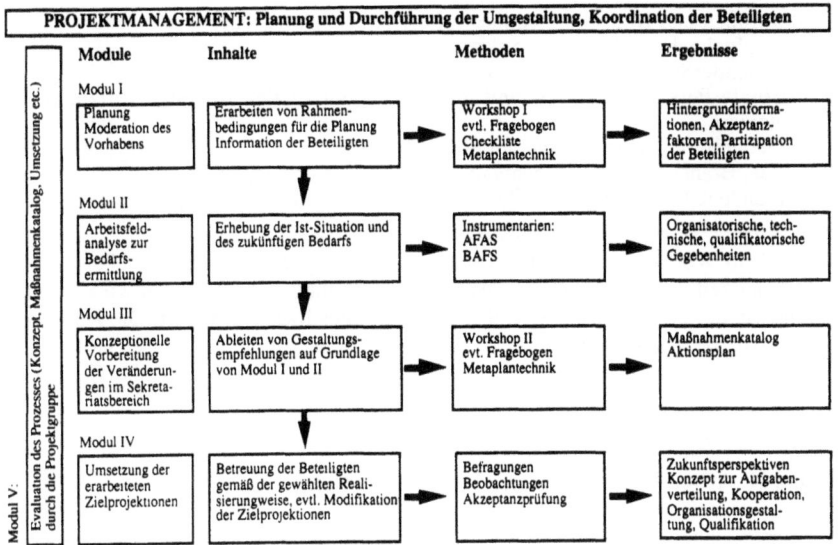

		PROJEKTMANAGEMENT: Planung und Durchführung der Umgestaltung, Koordination der Beteiligten		
	Module	Inhalte	Methoden	Ergebnisse
Modul V: Evaluation des Prozesses (Konzept, Maßnahmenkatalog, Umsetzung etc.) durch die Projektgruppe	Modul I Planung Moderation des Vorhabens	Erarbeiten von Rahmen- bedingungen für die Planung Information der Beteiligten	Workshop I evtl. Fragebogen Checkliste Metaplantechnik	Hintergrundinforma- tionen, Akzeptanz- faktoren, Partizipation der Beteiligten
	Modul II Arbeitsfeld- analyse zur Bedarfs- ermittlung	Erhebung der Ist-Situation und des zukünftigen Bedarfs	Instrumentarien: AFAS BAFS	Organisatorische, tech- nische, qualifikatorische Gegebenheiten
	Modul III Konzeptionelle Vorbereitung der Veränderun- gen im Sekreta- riatsbereich	Ableiten von Gestaltungs- empfehlungen auf Grundlage von Modul I und II	Workshop II evt. Fragebogen Metaplantechnik	Maßnahmenkatalog Aktionsplan
	Modul IV Umsetzung der erarbeiteten Zielprojektionen	Betreuung der Beteiligten gemäß der gewählten Reali- sierungweise, evtl. Modifikation der Zielprojektionen	Befragungen Beobachtungen Akzeptanzprüfung	Zukunftsperspektiven Konzept zur Aufgaben- verteilung, Kooperation, Organisationsgestal- tung, Qualifikation

Abb. 9: Vorgehensweise bei der Organisationsgestaltung im Sekretariat

Modul I: Planungsphase

Die Planungsphase wird in erster Linie über einen Workshop initiiert, an dem sich Sekretärinnen, Führungskräfte, betroffene Fach- und Sachbearbeiter, Betriebs- bzw. Personalratsmitglieder und interne bzw. externe Organisatoren beteiligen. Dadurch, daß alle Betroffenen in den Workshop miteinbezogen werden, soll ein partizipativer Planungsansatz verwirklicht und eine größtmögliche Akzeptanz gewährleistet werden.

In dem Workshop werden unter dem Blickwinkel der Verbesserung der betrieblichen Sekretariatsstrukturen die Gestaltungsmöglichkeiten von Sekretariatsarbeitsplätzen in einem Überblicksvortrag vorgestellt. Im Anschluß daran werden über den Einsatz von Metaplantechnik diverse Hintergrundfaktoren geklärt und die Wünsche der Betroffenen aufgenommen. Neben einer frühzeitigen Informierung bietet sich hier die Chance, alle Betroffenen in die Planung aktiv einzubeziehen und ihnen die Möglichkeit zu offerieren, eigene Wünsche zu formulieren.

Der Workshop verfolgt auch die Klärung verschiedener Hintergrundfaktoren bzw. -informationen, die für das weitere Vorgehen und auch für das gemeinsame Planen unabdingbar sind. Darunter fallen Informationen über die einzelnen Arbeitsplätze sowie über umfeldbedingten und unternehmensspezifischen Einflußfaktoren z. B.

- Störgrößen und Konfliktpotentiale auf der Arbeitsplatzebene,
- die Aufgabenbereiche in den Sekretariaten,
- bestehende Sekretariats- und Kooperationsstrukturen,
- verfolgte Personalplanungs- und -entwicklungsstrategien sowie Qualifizierungsstrategien,
- die technische Unterstützung auf allen Ebenen,
- Größe, Branche und Aufgabenbereich des Unternehmens,
- vorhandene Qualifikationen, Berufsverläufe und Laufbahnmodelle.

Aus diesem Workshop heraus kann sich eine Arbeitsgruppe bilden, die über die gesamte Laufzeit in den Prozeß der Sekretariatsgestaltung miteinbezogen wird und die Ergebnisse der einzelnen Module über ein mögliches Raster evaluiert. Die Aufgaben dieses Arbeitskreises liegen in der Evaluierung sowie Prüfung der Umsetzbarkeit des voranschreitenden Projektverlaufs und dessen Ergebnisse und damit der Qualitätssicherung.

Modul II: Arbeitsfeld-Analyse zur Bedarfsermittlung

Mit dem methodischen Instrument AFAS (Arbeitsfeld-Analyse für Sekretariatsarbeitsplätze) wird eine Erhebung der Ist-Situation sowie möglicher Konfliktpotentiale und Reibungspunkte im Sekretariatsbereich durchgeführt. AFAS liefert Aussagen

- zum Aufgaben- und Tätigkeitsfeld,
- zur Technikausstattung und -nutzung,
- zur organisatorischen Einbindung,
- zur Arbeitszufriedenheit und Konfliktpotentialen sowie
- zum vorhandenen Qualifikationshintergrund als auch subjektiv empfundenem Qualifikationsbedarf.

Speziell für die Führungsebene, aber auch modifiziert für die Fach- und Sachbearbeitungsebene gibt es das Instrumentarium BAFS (BedarfsAnalyse Für Sekretariatsunterstützung), das die Anforderungen an den Sekretariatsbereich aus deren Perspektive erhebt. Hier werden neben dem vorhandenen Sekretariatsbedarf auch die vorhandenen Aufgaben einer Inspektion unterzogen, um somit Hinweise für Aufgabenfelder des modernen Aufgabentyps zu erhalten.

Modul III: Erarbeiten eines Maßnahmenkatalogs

In einem Workshop, der sich aus demselben Teilnehmerkreis zusammensetzt wie der erste Workshop, sollen die Ergebnisse der Bedarfserhebung dargestellt und erste Gestaltungsoptionen aufgezeigt werden. In Zusammenarbeit und Abstimmung mit den Teilnehmern wird ein Maßnahmenkatalog erarbeitet, der Schritt für Schritt auf die abgestimmte Zielrichtung zuführen soll. Zu diesem Maßnahmenkatalog wird anschließend ein "Aktionsplan" ausgearbeitet, der die organisatorisch notwendigen Schritte fixiert, die Vorgehensweise festlegt und darüber hinaus auch die notwendigen Qualifizierungsmaßnahmen berücksichtigt.

Modul IV: Umsetzung

Die Umsetzung wird – abhängig vom Unternehmenstyp, vom Aufgabenbereich, von der Personalzusammensetzung etc. – schrittweise erfolgen.

Bei der Umsetzung kann z.B. unter folgenden Vorgehen bzw. Orientierungen gewählt werden:

- ein Top-Down-Vorgehen
  Die Umsetzung der Empfehlungen erfolgt entlang der Hierarchie von oben nach unten,

- eine Keimzellenorientierung
  Die Umsetzung der Empfehlungen erfolgt in einer Abteilung, einer Gruppe, einem Bereich und wird nach Evaluation der Ergebnisse auf die anderen organisatorischen Einheiten übertragen.

- eine Geschäftsprozeßorientierung
  Die Umsetzung der Empfehlungen erfolgt nicht innerhalb funktional gegliederten Einheiten, sondern entlang eines Geschäftsprozesses mit all seinen vor- und nachgelagerten Teilschritten.

Dabei ist darauf zu achten, daß anfänglichen Fehlentwicklungen nachgegangen und entgegengetreten wird. Eine nicht zu vernachlässigende Rolle für die Akzeptanz der umzusetzenden Maßnahmen spielt die interne Öffentlichkeitsarbeit, die kontinuierlich über den Projektverlauf informieren muß.

Modul V: Evaluation

Die Evaluation umfaßt sowohl das Konzept als auch den Maßnahmenkatalog und muß begleitend zur Umsetzung erfolgen. Zielsetzung ist, die Realisierung der Neugestaltung mit den geplanten Zielen zu vergleichen. Abweichungen und auftretenden Fehlentwicklungen muß nachgegangen und entgegengetreten werden.

2.4 Exkurs: Doppelte Wirklichkeit – einige Erhebungsprobleme

Im Rahmen des Forschungsprojektes "Sekretariat der Zukunft" wurde über die oben dargestellten, vielfältigen Ansätze versucht, die Realität des Sekretariates zu erheben. Immer wieder stellte sich dabei die Frage, ob das was erhoben wurde die "Realität" ist. Denn gerade die Fallstudien zeigten, daß die betriebliche Realität von der offiziellen Realität abweichen kann. eine "doppelte Wirklichkeit"[13] vorhanden ist.

Folgende Formen dieser "doppelten Wirklichkeiten" wurden beobachtet:

• **Schattensekretariate**
Schattensekretariate sind die Form von Sekretariatsunterstützung, die es in den Unternehmen offiziell nicht gibt. Sekretärinnen existieren in diesen Unternehmen entweder schon lange nicht mehr, da diese Funktionen von den Schreibpools oder den Fachabteilungen für Bürokommunikation übernommen wurden, oder in den Unternehmen gibt es weniger Sekretariatsstellen als Bedarf an Sekretariatsunterstützung vorhanden ist. Da die tatsächlichen Bearbeitungsprozesse für die Führungs-, Fach- und / oder Sachbearbeitungskräfte zu lange dauern, erledigt eine (in der Regel weibliche) Sachbearbeitungskraft diverse Sekretariatsfunktionen. Die Stelle wird aber weder von den Gehaltsstrukturen noch von den Stellenbeschreibungen angepaßt. Offiziell arbeitet diese Kraft als Sachbearbeiter(in). Das heißt, Schattensekretariate sind ein Phänomen, bei dem Personen, die keinem Sekretariat zugeordnet sind, Sekretariatsaufgaben zu ihrem eigentlichen Aufgabengebiet bekommen, diese Personen als Sekretärinnen arbeiten, offiziell jedoch als Sachbearbeiterin ausgewiesen sind und von der Vergütungsstruktur auch so behandelt werden.

• **Aufgabenverlagerung**
Aufgrund mangelnder Sekretariatsunterstützung und zu langen Durchlaufzeiten erledigen Führungs- und Fachkräfte ihre Sekretariatsarbeiten selbst, obwohl sie dazu angehalten sind, die vorhandenen Sekretariatsressourcen zu nutzen. Selbst wenn keine komfortablen PCs oder Textverarbeitungsgeräte zur Verfügung stehen, schreiben sie beispielsweise ihre Texte auf Schreibmaschinen selbst, um schneller auf Kundenanfragen etc. reagieren zu können.

• **Anarchismus oder die Abhängigkeit vom "guten Willen" der Sekretärin**
In vielen Unternehmen ist natürlich nicht alles geregelt und reglementiert. So werden Umstellungsmaßnahmen im Sekretariatsbereich, bei denen die Sekretärin auf einmal für mehrere Servicenehmer zuständig ist, in der Regel nicht mit organisatorischen Begleitmaßnahmen unterstützt, was häufig zu großen Reibungsverlusten und Konfliktherden auf beiden Seiten führt. Auf der Seite der Servicenehmer fehlt es vielfach an taktischen Überlegungen und mangelnden Einfühlungsvermögen in die Situation der Sekretärin. Auch spielen Macht- und Prestigekämpfe eine nicht zu unterschätzende Rolle.

---

[13] Dieser Begriff wurde von Weltz geprägt (vgl. Weltz 1988).

Der Sekretärin stehen keine offiziellen Machtmittel zur Verfügung. Häufig ist sie in der Rolle der Befehlsempfängerin, die sich vor Anweisungen und Arbeitsstößen kaum retten kann und der auch in einer solchen Situation niemand beisteht. Wenn alle kommen und ganz brandeilige Sachen zu bearbeiten haben, ist häufig keiner da, der sagt, wo es langgeht. Durch Erfahrungswissen und geprägt von Sympathie entwikkelt die Sekretärin eine Taktik der Bearbeitung der Vorgänge, so daß über kurz oder lang, der "good will" der Sekretärin entscheidet, welche Arbeiten in welcher Form und auch in welcher Zeitspanne erledigt werden.

Folgende Beispiele verdeutlichen, daß trotz fehlender Machtinstrumente eine Reihe von Mitteln zur Verfügung stehen, mit denen Sekretärinnen "sich ihre Kandidaten ziehen" (O-Ton einer Sekretärin).

"Mein erstes und sicher prägendes Erlebnis mit Sekretärinnen hatte ich unmittelbar nach dem Studium als junger Volontär bei der Tageszeitung DIE WELT in Bonn. Ich wurde sofort mit Arbeit eingedeckt, war wohl nicht ganz untalentiert, schrieb rasch die ersten Artikel. Gestern noch irgendein Student – heute Journalist "von WELT". Mein ohnehin nicht gerade unterentwickeltes Selbstvertrauen stieg noch weiter an. Nun sollten die beiden Redaktionssekretärinnen doch bitteschön mal meine Manuskripte "abtippen". Dafür waren sie doch da. Oder?
Allmählich drehte sich der Wind im Büro und blies mir kräftig ins Gesicht. Den Chef bekam ich immer seltener zu sprechen. Zum Abschreiben der Texte fanden die beiden Frauen keine Zeit mehr. Bis ein Kollege mich einmal zur Seite nahm und mir mein unmögliches Benehmen vor Augen hielt. Zum ersten Mal wurde mir klar, daß Sekretärinnen über Autorität, Macht und Möglichkeiten verfügen, obwohl sie außerhalb der formalen Hierarchie stehen und rein formal keinerlei Herrschaftsinstrumente besitzen." (Biallo 1992; S. 9)

"*Stark-Bräutigam:* Akademische Nachwuchskräfte haben oft einen starken Dünkel, ganz besonders, wenn sie mit einem Prädikatsexamen in den Betrieb kommen. Sie denken, die Welt gehört ihnen. Wer keinen Hochschulabschluß hat, wird schief angesehen oder von oben herab behandelt. Ich habe den meisten, die sich so verhielten, diesen Zahn ganz gut gezogen." (Biallo 1992, Interview mit Top-Sekretärinnen; S. 39 f.)

Die Gefahren dieser "organisatorischen Nichtregelungen" und die dadurch entwikkelten Strategien der Sekretärin liegen vor allem in einer allgemeinen Unzufriedenheit der "Nichtbegünstigten", denen in der Regel die Spielregeln nicht bekannt sind. Kommt es zu einer Beförderung der "Nichtbegünstigten" ist ein Aufbrechen dieses Teufelskreises eher die Ausnahme. Weitere Nichtnutzung und mangelnde Delegationsbereitschaft sowie eine latente Gefährdung des Arbeitsplatzes für die Sekretärin sind die Folge.

Dieses Phänomen der doppelten Wirklichkeit wurde auch von Weltz (Weltz 1988) beschrieben, der anhand von Fallbeispielen eine zum Teil erhebliche Diskrepanzen zwischen der offiziellen Betriebsrealität und der praktizierten Arbeitsrealität beobachtete. Dieses Phänomen zog auch hier eine Reihe von Begleiterscheinungen nach sich wie z. B. die Differenzen zwischen offiziellen Dienstwegen und tatsächlicher Kooperationsbeziehung [14].

---

[14] Er (Weltz 1988) vertritt dabei folgende Hypothesen, um dieses Phänomen zu erklären:
Die Doppelwirklichkeit stellt sich als unabwendbares Schicksal von Großorganisationen dar, da diese ein allgemeines Regelsystem bestehend aus Vorschriften, Dienstwegen, Festlegung von Arbeitsteilung, vor allem auch Anforderungen an die Legitimation bestimmter Verfahren und Verhaltensweisen haben. Da dieses Regelsystem von "oben" definiert wird, können sowohl im Einzelfall sinnwidrige oder unangebrachte Anwendungen erfolgen als auch Diskrepanzen

Ein weiteres methodisches Problem stellte sich in der Erhebung der unverbindlichen Verbindlichkeiten der Sekretariatstätigkeiten. Vieles von dem, was Sekretärinnen erledigen, ist über Interviews und Fragebogen nicht meßbar. So stellen gerade die Redundanzen der Sekretariatstätigkeiten bedingt durch die ständigen Unterbrechungen und Störungen sowie der Kommunikationsaufgaben ein Problem der methodischen Erhebung dar. Arbeitssituationen und damit verbundene Tätigkeiten haben einen unverbindlichen Verbindlichkeitscharakter z. B. beim Erteilen von Auskünften ohne verbindliche Zugeständnisse machen zu können bzw. diese gleichsam wieder zurücknehmen zu können.

Bedeutung und Umfang dieser Tätigkeiten konnten im Rahmen dieser Arbeit und im Rahmen des Forschungsprojektes "Sekretariat der Zukunft" nicht erhoben werden. Bei einem solchen Forschungsinteresse erscheint es sinnvoll andere Methoden wie z. B. die teilnehmende Beobachtung einzusetzen. Hier bieten sich Möglichkeiten von der Begleitung der Sekretärin an ihrem Arbeitsplatz in ihrem Arbeitsalltag bis hin zum eigenen Arbeiten als Sekretärin z. B. über eine Zeitarbeitsvermittlung.

---

zwischen dem entstehen, was intendiert war und der tatsächlichen Wirkung.

Je zentralistischer eine Organisation geführt wird, um so größer ist die Gefahr, daß beide Wirklichkeiten auseinanderfallen. Weltz vermutet, daß heute die Gefahr des Auseinanderklaffens von offizieller Wirklichkeit und Arbeitswirklichkeit besonders groß ist. Gründe sind zum einen die Einführung der Datenverarbeitung sowie die Perfektionierung des Berichtswesens sowie Legitimationsverfahren, die Transparenz sicherstellen sollen.

Für das Überleben einer Großorganisation ist es wichtig, daß diese Diskrepanz nicht zu weit auseinanderdriftet, denn Folgen sind "Bürokratisierung, Unbeweglichkeit, Investitionsruinen, Nichtnutzung von Qualifikation, Demotivation etc."

3 Ergebnisse des Forschungsprojektes "Sekretariat der Zukunft" – Ein Versuch zur Entmystifizierung

Die "kaffeekochende Tippse" ist immer noch ein – auch auf den Chefetagen – verbreitetes Bild der Sekretärin. Gleichzeitig hat dieser Beruf bislang keinen Nachwuchsmangel zu befürchten, geht mit ihm doch noch ein völlig anderes Bild einher: das von der "richtigen" Sekretärin. Die "richtige" Sekretärin steht hier für einen Mythos "Superfrau".

Was machen Sekretärinnen? Wie wirken sich moderne Technologien auf ihre Arbeit aus? In welchen Kooperationsstrukturen arbeiten sie? Welche Anforderungen werden an sie gestellt? Wie sehen Qualifikationshintergründe aus? Diese Fragen werden in diesem Kapitel beantwortet, stellen sie doch wesentliche Aspekte des Forschungsprojektes "Sekretariat der Zukunft" dar. Diese Arbeit will dabei vor allem das Wechselspiel der Einflußfaktoren Technikeinsatz und organisatorische Einbindung auf den Mikrokosmos Sekretariat aufzeigen. Doch gibt es darüber hinaus noch eine Reihe weiterer Einflußfaktoren, die das Berufsbild der Sekretärin, ihre Arbeitssituation, Position und Machtverhältnisse beeinflußen.

Diese Einflußfaktoren werden im folgenden kurz dargestellt. Sie standen jedoch weder im Forschungsprojekt "Sekretariat der Zukunft" noch in der vorliegenden Arbeit im Mittelpunkt. Der Hauptgrund dieses nicht zu tun, lag vor allem darin, daß zu einer Entmystifizierung des Berufsbildes Sekretärin beigetragen werden sollte. Dadurch, daß die Betrachtung von der Position und der hierarchischen Zuordnung absieht, gelingt es eine Vergleichbarkeit und Klassifizierung der Aufgabenfelder zu erhalten.

3.1 Mythos Sekretärin

Die dargestellten Einflußfaktoren basieren auf der Zeitschriften-[15] und Literaturanalyse, Publikationen der Berufsverbände, qualitativen Interviews und den Leserzuschriften der *projektnachrichten Sekretariat der Zukunft*.

Gerade die Zeitschriftenanalyse verdeutlicht die überzogenen Ansprüche, die an eine Sekretärin gestellt werden (vgl. Klein et al. (Zwischenbericht) 1991, S. 51 ff.):

• Das Tätigkeitsfeld von Sekretärinnen läßt sich nicht konkret darstellen, da es vom jeweiligen Arbeitsplatz und der Delegationsbereitschaft des Vorgesetzten abhängt.
• Weniger schwierig gestaltet sich die Auflistung der an eine Sekretärin gestellten und in den Zeitschriften genannten Charaktermerkmale wie Eigeninitiative, Kooperationsbereitschaft, Dispositionsgeschick, Verantwortungsbewußtsein, Belast-

---

[15] Im Rahmen des Forschungsprojektes "Sekretariat der Zukunft" wurden sämtliche Jahrgänge der Sekretariatszeitschriften Gabriele (1955-1978), Sekretärin (1960-1981) Sekretariat (1979-1990) und Assistenz (1982-1990) analysiert.

32

barkeit, verbindliche Umgangsformen und gepflegte Erscheinung.
- Als Forderung an die Sekretärin zieht sich auch die Schaffung von Lebensqualität durch weibliche Sensibilität und Sensitivität in der Arbeitswelt hindurch.
- Durch die Darstellung einer Schein(arbeits)welt soll der Beruf angereichert und ein Idealbild geschaffen werden.
- Das Frauenbild in den Zeitschriften ist geprägt von Widersprüchlichkeiten und schwankt zum einen zwischen konservativ (dienende Position der Sekretärin, Sekretärin als Ehefrau für das Büro) und emanzipatorisch (Sekretärin als Assistentin aufgrund ihrer Qualifikationen), zum anderen schwankt es zwischen personenorientierter und fachorientierter Positionsbeschreibung.
- Die Verbindung von fachlichen und charakterlichen Eigenschaften unterstreichen den Verdacht, einen Mythos "Sekretärin" zu schaffen[16].
- Dieser Eindruck der Mythologisierung verstärkt sich noch wenn, das Sekretärinnenbild selbst moralische Implikationen trägt[17].

Diese hohen Erwartungen an die Persönlichkeit der Sekretärin werden auch von den beiden Berufsverbänden gestellt. An erster Stelle eines Anforderungsprofils für Sekretärinnen stehen dann auch das Persönlichkeitsbild und Fähigkeitsprofil, bevor das Tätigkeitsprofil folgt.

"Die Sekretärin sollte von Bildung, Charakter und Erscheinungsbild her fähig sein, ihre vielfältigen und anspruchsvollen Aufgaben zu erfüllen ... Die Sekretärin vertritt das Firmenimage nach innen und außen. Sie sollte zu einem guten Betriebsklima beitragen und die Akzeptanz des Vorgesetzten durch die Mitarbeiter stärken und bewahren helfen.

Zu den wichtigsten Voraussetzungen für die Persönlichkeit gehören:

- umfassende Allgemeinbildung
- sichere Umgangsformen
- Takt
- gepflegtes Äußeres
- persönliche Ausstrahlung
- Selbstbewußtsein
- Verantwortungsbewußtsein
- Zuverlässigkeit
- Pflichtgefühl
- Pünktlichkeit
- Menschenkenntnis.

Die unabdingbaren Fähigkeiten einer Sekretärin sind:

- gute Auffassungsgabe
- Aufgeschlossenheit
- Ausdauer
- Ausgeglichenheit
- Autorität
- Belastbarkeit
- analytisches Denkvermögen
- diplomatisches Geschick

---

16 Man fühlt sich an das Marienbild der katholischen Kirche erinnert, wenn Forderungen gestellt werden wie: "die Sekretärin sei hilfreich und bescheiden", sie möge ihre Leistung nicht in den Vordergrund stellen, sondern der Chef möge die Früchte ihrer Arbeit ernten (ausreichend für eine Sekretärin ist das Bewußtsein, daß natürlich sie "die Fäden in der Hand" hat).
17 Ein Bericht über "Spionage im Büro" kommt zu dem Ergebnis, daß die Spionin nur eine Schreibkraft und keine Sekretärin sein kann (vgl. Klein et al. (Zwischenbericht) 1991).

- Diskretion
- Durchsetzungsvermögen
- Eigeninitiative
- Einsatzbereitschaft
- Flexibilität
- Kontaktfähigkeit
- Kreativität
- Organisationstalent
- rationelles Arbeiten
- Repräsentationsfähigkeit
- rhetorische Begabung
- Teamfähigkeit" (aus: BDS, DSV 1990)

Dieses Anforderungsprofil dient in erster Linie dazu, sich von der Masse der Sekretärinnen / Büroarbeiterinnen abzugrenzen und das Selbstwertgefühl zu heben. Auch das nachfolgende Zitat von der damaligen Vorstandsvorsitzenden des DSV, Annemarie Weighardt verdeutlicht die hochgeschraubten Ansprüche:

"Was macht aber nur die gute, die echte Sekretärin aus, um die es uns geht? Es gibt eine scherzhafte Definition, die lautet: Eine Sekretärin soll aussehen wie eine Dame, denken wie ein Mann, treu sein wie ein Hund und arbeiten wie ein Pferd." (Weighardt 1983)

Während die tatsächlichen Aufgaben einer Sekretärin letztendlich auf jeden Sachbearbeiter zutreffen können (vgl. Weltz et al. 1979), macht die Darstellung der Funktionen deutlich, daß allein durch die Begrifflichkeiten die Aufgaben aufgewertet werden. So kann nach Bruhn-Jade (Bruhn-Jade SEK 3/85) eine Sekretärin folgende Funktionen wahrnehmen:

• Entlastungsfunktion kommt bei der Arbeits- und Entscheidungsvorbereitung zum Tragen, beim Mitdenken, Zeitmanagement und Assistenz.
• Gedächtnis- und Erinnerungsfunktion: Termine, Kontaktpersonen, Namen, Zahlen, frühere Entscheidungen, Aussagen und vorhandene Unterlagen.
• Informationsfunktion beim Beschaffen, Aufbereiten und der Wiedergabe von Informationen.
• Abschirmfunktion, um interne und externe Störungen abzuhalten
• Kontakt- und Kommunikationsfunktion umfaßt das Kontakthalten z. B. zu Geschäftspartnern, Mitarbeitern, Betriebsrat, aber auch die Rolle der Gesprächspartnerin des Chefs.
• Überwachungs-/Kontrollfunktion berücksichtigt die Qualität und Termin der Auftragserfüllung, Überwachung der Geschäftsvorgänge, Termineinhaltung des Chefs, Informationsrechte und -pflichten des Chefs und seiner Mitarbeiter.
• Organisationsfunktion beinhaltet die Organisation des eigenen Delegationsbereichs und die Ordnungsfunktion im Chefbereich.
• Repräsentationsfunktion beinhaltet die Visitenkarte des Chefs und des Unternehmens nach außen und vor den Mitarbeitern zu sein, Empfänge vorzubereiten, Pressekontakte zu halten und Chef oder Unternehmen bei Veranstaltungen zu vertreten.
• Die Platzhaltefunktion bedeutet Anlauf- und Auskunftsstelle bei Abwesenheit des Chefs zu sein.
• Die Klagemauerfunktion heißt ein offenes Ohr für Chef-Mitarbeiterprobleme in schlechten und in guten Zeiten zu haben, Brücke zur Kommunikation zu sein, Hilfe bei der Führung und Motivation von Mitarbeitern zu geben, bei Konfliktregelungen unterstützend tätig zu sein und bei "Inneren Kündigungen" zu vermitteln.

Weltz et al. (1979) klassifizieren drei Faktoren, aus denen das berufliche Selbstverständnis einer Sekretärin resultiert:

• der Berufsauffassung
Schwierigkeiten und Probleme sollen lautlos bewältigt werden und die eigenen Bedürfnisse und Schwierigkeiten hinten angestellt werden. Aus der Bewältigung dieser Anforderungen resultieren Stolz und Selbstwertgefühl. Hier fungieren ideologische Beigaben wie "Vertrauensstellung, beste Stütze" etc. als Motivationsfaktor (vgl. Klein et al. (Auswertung der Verbandsorgane) 1990).

• dem Chefbezug
Eine besondere Belastung resultiert aus der starken persönlichen Abhängigkeit von der Person, der Position und der Tätigkeit des Chefs. Bedeutsam wird dies "durch die ideellen Gratifikationen (Prestige, Status, Identifikation), die ihr dadurch erwachsen: Sie hat sozusagen stellvertretend teil an seinen Erfolgen, seinem Ansehen, seiner Karriere, aber auch an seinem Abstieg." (Weltz et al. 1997; S. 146)

• dem Rollenbild
Die persönliche Beziehung begründet auch das besondere Identifikationsprofil des Berufs:

"In der beruflichen Anforderung, gleichermaßen Partnerin wie Assistentin des Chefs=des Mannes zu sein, werden Elemente traditioneller und zugleich moderner Weiblichkeits- und Partnerschaftsideologie thematisiert, die in der Frau die verständnisvolle, anpassungsfähige und fügsame Helferin des Mannes sehen, die stets zu seinem Besten wirkt, ohne jemals selber in den Vordergrund zu treten. Sekretärin zu sein, verlangt demnach den Einsatz der "ganzen Frau". So fühlt sich die Sekretärin in der Erfüllung der beruflichen Anforderungen immer auch als Frau bestätigt, und gerade die stillschweigende Bewältigung belastender und schwieriger Aufgaben trägt zur Steigerung ihres Selbstwertgefühls bei, zumal das Ertragen extremer Belastungen ein wesentliches Element des weiblichen Rollenstereotyps ist. Daran zeigt sich, daß berufliche Erfahrungen, die an sich die Identifikation mit dem Beruf erschweren, durch ihre Verknüpfung mit Elementen des weiblichen Rollenstereotyps gerade zur Stärkung der Identifikation mit dem Beruf führen können."(vgl. Weltz et al. 1979; S. 55 ff.)

Die wichtigste Eigenschaft einer guten Sekretärin liegt in der Orientierung an den Bedürfnissen des Chefs. Die Verhaltensansprüche und -anforderungen werden dabei mit denen einer Hausfrau und Ehefrau verglichen.

"Die Situation von Hausfrauen ist in vielen Punkten vergleichbar mit der Situation der Sekretärin. Sie wird nicht nach Leistung bezahlt, sondern ihr Lebensstatus richtet sich nach dem gesellschaftlichen Status ihres Ehemannes respektive ihres Vorgesetzten." (Klein et al. (Auswertung der Verbandsorgane) 1990)[18]

"Versucht man die an die Sekretärin gerichteten Verhaltensanforderungen zu bewerten, so beeindrucken nicht allein deren Vielfalt und Widersprüchlichkeit, sondern vor allem auch Parallelen zu Anleitungen und Tips für die "moderne" Ehefrau, wie wir sie in Frauenzeitschriften vom Typ "Brigitte" oder in Ehehandbüchern finden: sie soll selbständig sein und anpassungsfähig, sie soll attraktiv wirken und doch neutral, sie soll fähig und klug sein und doch nie in Konkurrenz mit dem Manne treten. Er hat der Tonangebende, Initiierende, Entscheidende zu bleiben. Sie gleicht seine Fehler aus, schirmt ihn von Störungen und Belastungen ab, sie ist sein guter Engel. Wie der

---

[18] Das Tätigkeitsspektrum einer Sekretärin umfaßt – so die Interviews mit Arbeitsamtvermittlerinnen – eine Reihe von hausfrauenspezifischen Tätigkeiten, wie "Kaffeekochen, Schuheputzen, an Geschenke und Blumensträuße erinnern". Dieses sei heute noch an der Tagesordnung (internes Gesprächsprotokoll 10.12.1990)

Status der Ehefrau hängt jener der Sekretärin von der beruflichen bzw. gesellschaftlichen Position des Mannes ab.

Wie dieses Konzept ehelicher Beziehungen ist das Berufsbild der Sekretärin zugleich modern und reaktionär. Auf der einen Seite Aspekte der Freiheit und Emanzipation: die Forderung nach Dispositionsgeschick und Verantwortlichkeit; auf der anderen Seite Aspekte der Unterordnung und Belastung: die Forderung nach Bereitschaft zur Selbstverleugnung, zum fraglosen Zurücktreten hinter dem Mann, die Fähigkeit sich in ihn hineinzudenken, ja hineinzufühlen. Letztlich ist ihre Bestimmung sein Wohlbefinden." (Weltz et al. 1979; S. 141)

"Die Arbeit als Büroehefrau ("l'épouse du bureau") Diese Aufgaben sind den traditionellen Frauentätigkeiten im Privatleben verwandt: sie umfassen die Tätigkeiten einer Amme (den Chef beschützen, ihm dienen, ihm einen Ort der Entlastung schaffen, für gutes Klima im Umgang mit Vorgesetzten, Kunden, Mitarbeitern sorgen, eine therapeutische Vermittlungstätigkeit), die Tätigkeiten einer Vertrauten (Geheimnisträgerin, vom Chef ins Vertrauen gezogen werden, Rolle einer fachlichen und psychologischen Beraterin) und die Tätigkeiten einer Haushälterin (viele Hausfrauentätigkeiten im Büro werden von qualifizierten Sekretärinnen selbstverständlich erledigt)." (Maurer 1991; S. 10)

Die Wirtschaftswoche konstatiert: "Wohl und Wehe, Macht und Ohnmacht einer Sekretärin resultieren aus der unmittelbaren Anbindung an den Chef."

"Insbesondere praktische Menschenkenntnis werden von ihr erwartet, wie die Exsekretärin Monika Held in einem Erfahrungsbereich schreibt. Sie muß für ein Klima sorgen, "in dem der Chef 'gedeiht'", sie muß die Stimmungen des Chefs aushalten und kompensieren, so wie eine Sekretärin, die nach eigener Aussage ihren montags notorisch schlecht gelaunten Boss "einfach mit Freundlichkeit erschlagen hat". Sie muß am Telefon spitz kriegen, wer genehm ist und wer nicht. Und sie muß die Empfangsdame spielen, die unerwünschte Besucher "reizend herausschwindelt", so Monika Held." (WirtschaftsWoche 19.10.1990)

Weiterhin soll die Sekretärin loyal gegenüber ihrem Vorgesetzten sein (vgl. Wichardt-Laub SEK 4/87). Selbsteinschätzung der Sekretärinnen zeigen, daß sie Loyalität auf den vordersten Platz der Anforderungen des Chefs sehen. Mitdenken ist eine weitere Anforderung, die sich als wesentlich für eine gute Sekretärin herausstellt (Poppinga SEK/ 80), was auch die Interviews mit Führungskräften verdeutlichen (vgl. Klein et al. (Materialienband) 1992; Biallo 1922; S. 19 ff.)

Doch wie stellt sich jetzt die Macht der Sekretärin dar?

Sekretärinnen stehen in der Regel außerhalb der normalen Hierarchie und besitzen rein formal keinerlei Herrschaftsinstrumente. Dennoch verdeutlichen Bezeichnungen wie die "graue Eminenz", daß sehr wohl Macht- und Herrschaftsinstrumente im Sekretariat vorhanden sind. Biallo (Biallo 1992; S. 37 ff.) sprach mit "sechs Damen in gehobenen Positionen, die alle rechte Hand von Vorstandsmitgliedern oder Geschäftsführern sind". Machtinstrumente, die in diesem Gespräch beschrieben werden, sind dabei:

- die Nutzung von Freiräumen beim Auswählen, Lenken und Weitergeben von Informationen (wobei diese Freiräume abhängig von der Delegationsbereitschaft des jeweiligen Vorgesetzten ist.)
- die Nutzung von Freiräumen bei der Prioritätensetzung von Terminen, Besuchern etc.
- gezielte Stellungnahmen über Mitarbeiter, Kunden etc. gegenüber dem Chef.

Dabei handelt es sich jedoch eher um eine Art "geheime Macht", denn wirkliche Entscheidungen dürfen sie nicht treffen und können lediglich im Nachhinein feststellen, daß der Chef auf ihren Rat gehört hat.

"Renner: Es gibt da auch Typen, die nach außen hin demonstrieren, sie wären für jeden Rat unzugänglich, um Stärke und Unabhängigkeit zu beweisen. Im Grunde möchten sie aber dann sehr gerne einen Rat hören, wenn es darauf ankommt. Ein Chef von mir war genauso. Und er hat dann in heiklen Angelegenheiten oft das gemacht, was ich ihm empfahl." (Biallo 1992; S. 41)

Folgendes Statement verdeutlicht die Grenzen dieser Machtmittel:

"Frage: Sind nicht alle, um ein Bild zu gebrauchen, "ungekrönte Königinnen", weil ihre Macht an Diskretion gebunden ist?
Brinkhöfer: Sie darf nicht artikuliert werden, niemandem und zuallerletzt dem Chef gegenüber." (Biallo 1992; S. 41)

Sicher spielt die hierarchische Zuordnung einer Sekretärin zu ihrem Chef eine wichtige Rolle. Daraus abgeleitete Macht ist jedoch eine "fiktive" Macht, die ihr real im Unternehmen nicht zusteht und deren Fiktion offensichtlich wird, wenn Umorganisationen, Versetzungen im Sekretariats- und Führungskräftebereich erfolgen. Die "Macht" der Sekretärin basiert auf den – ungeschriebenen – Zugeständnissen der Führungskraft, aber ebenso auf dem "intriganten" Handeln und Wirken der Sekretärin, der keine anderen Hilfsmittel zur Verfügung stehen.

Die "Macht" der Sekretärin gehört zum Mythos Sekretärin, der die tatsächliche Ohnmacht und Rechtlosigkeit verschleiert.

Im folgenden werden einige wesentliche Ergebnisse des Forschungsprojektes "Sekretariat der Zukunft" vorgestellt. Behandelt werden die Aufgaben im Sekretariat, die Auswirkungen des Technikeinsatzes sowie die Kooperationsstrukturen und ihre Bedeutung für die Zusammenarbeit. Gewünschte Anforderungsprofile werden der subjektiven Einschätzung der Sekretärinnen gegenübergestellt und die vorhandenen Qualifikationen im Sekretariatsbereich aufgezeigt.

37

3.2 Aufgabenspektrum im Sekretariat

Über alle Befragungen hinweg, kristallisierte sich heraus, daß es bestimmte Basisaufgaben im Sekretariatsbereich gibt. Der Blick in die Vergangenheit zeigt, daß dieses
Aufgabenspektrum heute in den meisten Sekretariaten breiter gefaßt zu sein scheint
als in der Vergangenheit. Folgende Abbildung zeigt die Entwicklungsgeschichte auf:

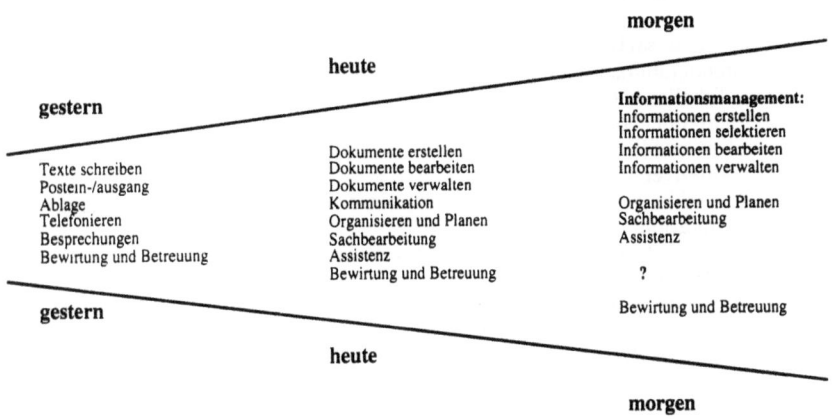

Abb. 10: Aufgabenentwicklung im Sekretariatsbereich

Der Begriff "Dokumente" wurde deshalb gewählt, um über die reine Textbe- und ver-
arbeitung hinauszugehen. Er impliziert, daß Sekretärinnen nicht nur Texte erfassen,
bearbeiten und verwalten, sondern darüber hinaus z. B. auch Grafiken, Tabellen etc.
erstellen oder im Desktop-Publishing Bereich tätig sein können. Die Entwicklungsperspektive für die Zukunft wird im Informationsmanagement und den damit verbundenen Aufgaben gesehen. Der Begriff "Informationsmanagement" beinhaltet eine
qualitative Dimension, die heute in der Deutlichkeit noch nicht realisiert ist. Sie bezieht sich auf die zunehmende Vernetzung und der Möglichkeit zu jede Zeit auf eine
– nicht vorstellbare – Vielfalt von Informationen zugreifen und diese verarbeiten zu
können.

38

Schaut man sich bestehende Klassifikationen des Aufgabenspektrums für Büroarbeiter[19] an, so muß das Spektrum für die Sekretariatsaufgaben angepaßt werden (Klein et al. (Sekretariat der Zukunft) 1994). Die Erhebungen zeigten, daß "Reisen und Termine außer Haus" im Sekretariat so gut wie nicht anfallen. Deshalb wurde diese Kategorie außen vor gelassen. Als neue Kategorie speziell für den Sekretariatsbereich wurde "Bewirtung und Betreuung" [20] aufgenommen.

Der Grundsockel an Aufgaben im Sekretariatsbereich umfaßt so:

- **Dokumentenerstellung**
  (z. B. Stenogrammaufnahme, Korrespondenz / Schreibarbeiten, Korrekturen, Graphiken, Tabellen erstellen)
- **Dokumentenbearbeitung,**
  (Formulare ausfüllen, Daten abgleichen, Korrekturlesen, Übersetzen)
- **Dokumentenverwaltung,**
  (Ablage/Archiv, Kopieren, Suchen, Dokumente versenden, Postein- / ausgang)
- **Kommunikation,**
  (Telefonieren, Besprechungen, Auskunft geben)
- **Organisation und Planung**
  (Terminkalender führen, Dienstreisen, Konferenzen, Tagungen vor- bzw. nachbereiten; Verwaltung von Büromaterial etc.)
- **Bewirtung und Betreuung.**

Die zeitlichen Anteile und die Qualifikationsanforderungen für die unterschiedlichen Aufgaben variieren von Sekretariat zu Sekretariat. Die Aufgaben selbst können für die jeweilige Sekretärin mit unterschiedlichen Tätigkeiten verbunden sein. So kann "Dokumentenerstellung" für eine Sekretärin das Schreiben eines Briefes nach Diktat bedeuten, während eine andere die Briefe für den Chef oder die Chefin selbständig und eigenverantwortlich beantworten muß. Das heißt, neben den Zeitanteilen kommt hier eine qualitative Dimension ins Spiel. Um beispielsweise Briefe eigenständig beantworten zu können, ist in der Regel ein umfangreicheres – auch fachbezogenes – Know-how notwendig.

Aufgrund der zeitlichen Anteile und der Qualifikationsanforderungen für die Bearbeitung der Aufgaben konnten zwei große Aufgabentypen herauskristallisiert werden, die sich in fünf weitere Sekretariatstypen untergliedern lassen.

Das ist zum einen der **"traditionelle" Aufgabentyp**. Zu ihm zählen

- **die "klassische" Sekretärin**
  Sie hat ein ausgewogenes Spektrum aller oben aufgeführten Aufgabenbereiche. Charakteristisch sind häufige Unterbrechungen ihrer Tätigkeiten, die in der Regel eine Reaktion auf die Servicenehmer darstellen.

---

[19] vgl. Schellhaas, Schönecker: 1983 (Das Spektrum umfaßt hier: Dokumente erstellen, Dokumente verwalten, Lesen und Verarbeiten; Kommunikation; Besprechungen/Reisen; Sonstiges); vgl. Klein (Telearbeit) 1992.

[20] Offen ist natürlich, inwieweit solche Funktionen auch von anderen Ebenen übernommen werden (müssen).

- **die Sekretärin mit Schwerpunkt Dokumentenerstellung**
  Der Schwerpunkt ihres Aufgabenbereichs liegt auf der Text- bzw. Dokumentenerstellung. Kommunikation, Bewirtung und Betreuung sowie Organisieren und Planen nehmen einen geringeren Anteil der Arbeitszeit in Anspruch. Unterbrechungen sind eher selten.

Der traditionelle Aufgabentyp zeichnet sich dadurch aus, daß die täglichen Aufgabenanforderungen nur wenig Spielraum geben, um von sich aus agieren zu können. In der Regel muß auf von außen herangetragene Anforderungen reagiert werden.

Der **"moderne"** Aufgabentyp umfaßt

- **die Sekretärin mit Schwerpunkt Sachbearbeitung**
  Neben den "klassischen" Sekretariatsaufgaben gehört auch Sachbearbeitung zum Aufgabengebiet. Sachbearbeitungsaufgaben sind regelmäßig anfallende, sachbezogene Aufgaben, die nicht jeweils erneut angewiesen werden und eigenständig bearbeitet werden können. Genannt wurde bei den ausgeübten Sachbearbeitungsaufgaben beispielsweise Auftragsbearbeitung, Büromaterialeinkauf, Personalbetreuung, -beschaffung, -entwicklung und -verwaltung, Presse- und Öffentlichkeitsarbeit, das Erstellen von Statistiken und Auswertungen sowie Übersetzungen (vgl. Klein et al. (Materialienband, AFAS) 1992).

- **die Office Managerin**
  Kommunikation sowie Planen und Organisieren sind Schwerpunkte der Office Managerin. Genannte Planungs- und Organisationsaufgaben waren u.a. Terminplanung, -überwachung und -koordination, Reiseorganisation, Organisation von Tagungen, Klausuren, Seminaren und Messen. Diese organisatorischen Aufgaben werden dabei ganz bzw. größtenteils selbständig erledigt. Bei der Kommunikation übernimmt die Office Managerin einen eher aktiven Part, indem sie in Eigeninitiative Informationen einholt und eigenverantwortliche Bearbeitungen vornimmt.

- **die Qualifizierte Assistenz**
  Die qualifizierte Assistentin erledigt personenbezogene inhaltliche Zuarbeit, also Sachbearbeitungs-, Planungs- und Assistenzaufgaben in enger Kooperation mit der Führungskraft. Hier kommt ein hoher Anteil an Eigenverantwortung und Selbständigkeit, also Assistenz, bei der Bearbeitung der Aufgaben zum Tragen. Assistenzaufgaben beinhalten zum Beispiel die Entlastung des Chef oder der Chefin durch die selbständige Übernahme erkennbarer Arbeitsmodule, das Erarbeiten von Problemlösungsvorschlägen oder die Vorbereitung von Reden. Die qualifizierte Assistentin übernimmt eine eher aktive Rolle bei der Inangriffnahme von Aufgaben.

Der moderne Aufgabentypus ist von den Anforderungen her gezwungen, zu agieren und selbständig die Initiative zu ergreifen. Hier sind Spielräume zum Agieren, Handeln und zur Eigeninitiative gegeben (vgl. Klein et al. (Empfehlungen) 1992).

Folgende Abbildung gibt einen Überblick, wie sich das Aufgabenspektrum hinsichtlich der zeitlichen Anteile aufgliedern läßt.

	traditioneller Aufgabentyp		moderner Aufgabentyp			Legende:
	KS	SD	SBS	OM	QA	KS: Klassische Sekretärin
Dokumente erstellen	●●●	●●●●	●●◗	●●	●●◗	SD: Sekretärin mit Schwerpunkt Dokumentenerstellung
Dokumente bearbeiten	●	●	●	◗	●	SBS: Sekretärin mit Schwerpunkt Sachbearbeitung
Dokumente verwalten	●◗	●	●●	●	◗	OM: Office Managerin
Organisation und Planung	●	●	◗	●●	●	QA: Qualifizierte Assistenz
Kommunikation	●●	●●	●●	●●	●●	● ca. 10%
Bewirtung und Betreuung	◗	◗	◗	◗	◗	◗ ca. 5%
Sachbearbeitung	◗	◗	●◗	◗	●	
Assistenz	-	-	-	●	●	n = 166
sonstige Tätigkeiten	◗	-	◗	◗	◗	Repräsentative Stichprobe: West und Ost Zeitschriftenbefragung

Abb. 11: Arbeitsmerkmale von Sekretariatstypen

Die unterschiedlichen Aufgabentypen können auf allen Hierarchieebenen und in allen Unternehmensformen gefunden werden. Allerdings muß festgehalten werden, daß die Typen Office Managerin und Qualifizierte Assistenz kaum in der repräsentativen Untersuchung vertreten sind[21], während die Typen klassische Sekretärin, Sekretärin mit Schwerpunkt Dokumentenerstellung (heute noch überwiegend Texterstellung) und Sekretärin mit Schwerpunkt Sachbearbeitung 83% der Nennungen auf sich vereint haben.

---

[21] Eine Berechnung von Dostal und die Auflistung der Berufe nach den Ergebnissen der Volkszählung des Statistischen Bundesamtes in Wiesbaden, zeigen, daß sich auch hier nur ein minimaler Anteil der Assistenz zuordnet.

3.3 Technikeinsatz und Auswirkungen auf die Aufgaben

Die zunehmende Ausstattung der Sekretariate mit modernen Bürokommunikationstechnologien hat sich mittlerweile schon in einer Vielfalt von Veränderungen nieder-
geschlagen.

Heute arbeitet der Großteil (88%) der Sekretärinnen[22] an einem PC oder an einem
Textverarbeitungsgerät. Ein mehr oder weniger komfortables Telefon (99%), Kopierer
(99%) und Telefax (97%) gehören zu den Standardtechnologien, die von Sekretärinnen genutzt werden. Weitere Geräte, die von beinahe allen Sekretärinnen eingesetzt
werden, sind Aktenvernichter (91%), Rechenmaschine (99%) und Diktier- bzw.
Bandgerät (96%).

Vernetzte Systeme sind bis auf die Druckervernetzung eher selten vorzufinden. Dem-
entsprechend sieht auch die Verfügbarkeit der elektronischen Post (15%) oder des
Telecom-Dienstes Bildschirmtext (BTX) (3%) in den Sekretariaten aus.

Techniken, von denen die Sekretärinnen meinen, daß sie diese grundsätzlich benötigen, sind vor allem Techniken, die die Kommunikationsfunktionen unterstützen. Sie
können dazu verhelfen, einen der Hauptkonflikte im Sekretariatsbereich – die vielen
Unterbrechungen und Störungen – zu minimieren (vgl. Klein et al. (AFAS) 1992). Mit
einem Anrufbeantworter, Electronic Mail oder BTX ist es möglich[23], zeitversetzt zu
kommunizieren und sich dadurch beispielsweise auch Freiräume für ein ungestörtes,
konzentriertes Arbeiten zu schaffen.

Betrachtet man sich eine Veränderung der Sekretariatsfunktionen hinsichtlich einer
Zunahme der qualifizierten, inhaltlichen Zuarbeit, so sind Zeiten, in denen ein konzentriertes Arbeiten möglich ist, notwendig. Soll dabei aber gleichzeitig Ansprechbar-
keit vorhanden sein, so kann das prinzipiell nur unter Nutzung von Techniken ge-
schehen, die eine zeitversetzte Kommunikation erlauben.

Das Gros der Sekretärinnen (88%) arbeitet an einem Bildschirm – durchschnittlich 3,2
Stunden am Tag – und wendet dabei in 98% der Fälle Textverarbeitungssoftware an.
46% nutzen Software aus dem Bereich der Tabellenkalkulation, 37% Grafikprogram-
me, 33% Datenbankprogramme und 18% Electronic Mail-Programme.

Zwei Drittel der Befragten konstatieren arbeitsorganisatorische Veränderungen durch
die Bildschirmarbeit. Folgende Übersicht zeigt, welche Veränderungen das waren.

---

22 Basis der folgenden Auswertungen sind der Rücklauf einer repräsentativen Befragung von
    2.500 bundesdeutschen Unternehmen und Verwaltungen sowie der Rücklauf von Sekretä-
    rinnen, die sich über die Zeitschriften "Assistenz" und "Sekretariat" bereit erklärten, den Frage-
    bogen auszufüllen.

23 11% der Sekretärinnen gaben an einen Anrufbeantworter, 8% Electronic Mail und 7% BTX
    zu benötigen.

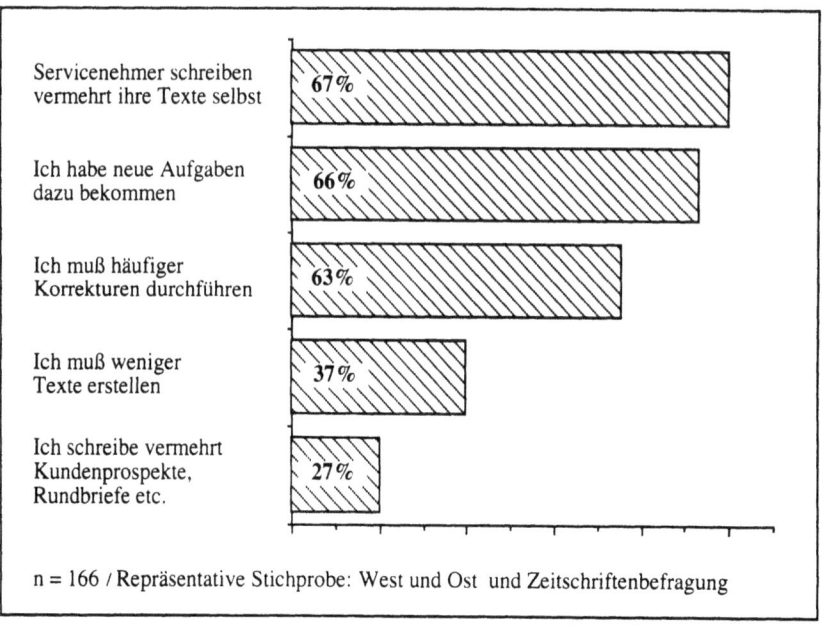

Servicenehmer schreiben vermehrt ihre Texte selbst — 67%

Ich habe neue Aufgaben dazu bekommen — 66%

Ich muß häufiger Korrekturen durchführen — 63%

Ich muß weniger Texte erstellen — 37%

Ich schreibe vermehrt Kundenprospekte, Rundbriefe etc. — 27%

n = 166 / Repräsentative Stichprobe: West und Ost und Zeitschriftenbefragung

Abb. 12: Arbeitsorganisatorische Veränderungen aufgrund der Einführung von Bildschirmarbeitsplätzen

Auffallend ist hier sowohl eine Verlagerung der Texterstellung auf die Servicenehmer bei zwei Drittel der Befragten, die arbeitsorganisatorische Veränderungen durch die Bildschirmarbeit erfahren haben, als auch die Hinzunahme neuer Aufgaben wie beispielsweise Sachbearbeitung, selbständigeres Arbeiten und mehr Eigenverantwortung. Neben dem Einsatz moderner Bürotechnologien wurden aber auch andere Gründe für eine Aufgabenveränderung ausgemacht. Hier spielten vor allem Arbeitsplatzwechsel und ein Wechsel im Vorgesetzten- oder Kollegenbereich eine Rolle. Weiterhin konnte die Übernahme neuer Aufgabengebiete durch Vorgesetzte das Tätigkeitsfeld der Sekretärin verändern.

Neben den arbeitsplatz- und aufgabenbezogenen Veränderungen ergeben sich noch weitere Veränderungen, insbesondere als Folge der zunehmenden Ausstattung aller Ebenen (Führungs- Fach- und Sachbearbeitungsebenen) mit Bürokommunikationstechnologien. Zu nennen sind hier neben der Verlagerung der Texterstellung auf die Autoren, vor allem der Funktionsverlust des Sekretariates bei der Einführung der elektronischen Post (vgl. Fußgang 1994). Die Funktion des Sekretariates als Informationszentrum löst sich in dem Grad auf, in dem sich der Postverkehr auf das elektronische Medium verlagert und das Sekretariat weder Umschlagplatz ist noch Zugriffsmöglichkeiten darauf hat.

Betrachtet man sich die Software-Nutzung von Führungskräften und Sekretärinnen, wird deutlich, daß die Vorgesetzten stark im Aufholen sind. Maßgebliche Unterschiede sind nur noch bei der Textverarbeitung auszumachen wie es folgende Grafik zeigt.

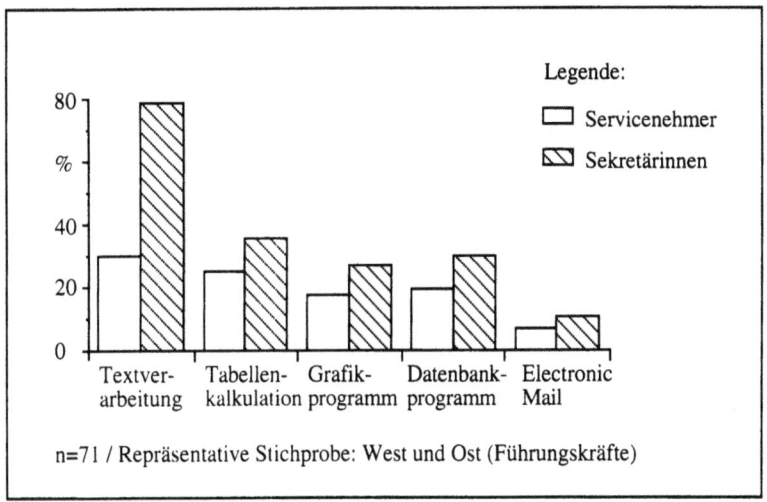

Abb. 13: Softwarenutzung bei Servicenehmern und Sekretärinnen

Je mehr Führungskräfte auch moderne Informations- und Kommunikationstechnologien zur Erledigung ihrer Aufgaben anwenden, um so stärker wird das Aufgabenfeld der Sekretärin beeinflußt und verändert.

Das wird auch daran deutlich, daß eine Analyse der Aufgabentypen und der Techniknutzung ergab, daß die modernen Aufgabentypen mehr am Bildschirm arbeiten, oft mehrere Softwareanwendungen nutzen und ein ganzheitlicheres und verantwortungsvolleres Aufgabenprofil haben (vgl. Klein et al. (Sekretariat der Zukunft) 1994). Damit einher geht in der Regel auch ein moderner Vorgesetztentyp, der selbst den PC nutzt.

Moderne Techniken, die heute im Büro zum Einsatz kommen, sind zum jetzigen Zeitpunkt teilweise ausgereift, andere befinden sich noch im Entwicklungsstadium. Die Miniaturisierung sowie der Preisverfall bei den Geräten, die bereits heute nahezu standardmäßig eingesetzt werden, führt zu einer breiten Diffusion. In nicht allzuferner Zukunft werden beinahe alle im Bürobereich Beschäftigten an einem PC arbeiten und an einem Netzwerk angeschlossen sein.

Weitere Fortschritte sind zukünftig vor allem im Bereich der Speicherkapazität sowie der Sprach- und light-pen-Eingabe zu erwarten. Hochleistungsfähige Speicher auf Opto- und Holo-Basis erlauben die Verwaltung und Dokumentation aber auch Erstellung umfangreicher bzw. hoch komplexer Vorgänge. Die weitere Vernetzung führt dazu, daß die Ergebnisse anderer Personen, die für Vorgangs- und Projektbearbeitung wichtig sind, an den eigenen Schreibtisch geholt werden können, gleichgültig wo sich der Bearbeiter oder die Bearbeiterin befindet.

44

Geht man davon aus, daß aufgrund des Preisverfalls zukünftig beinahe alle Bürobeschäftigten mit Bildschirmarbeitsplätzen ausgestattet sein werden, so ist die Wahr-
scheinlichkeit, daß die Schriftguterstellung vom jeweiligen Autor bzw. Autorin selbst
getätigt wird sehr groß. Dieses Verhalten wird aus kosten- und arbeitsorganisatorischen Gründen sogar erwünscht sein.

3.4 Kooperationsstrukturen und Organisationsformen

Mit dem Sekretariat wird vor allem die "klassische" Form des Sekretariates mit einer
Sekretärin und einer Führungskraft verbunden, doch mögliche Kooperationsbeziehungen im Sekretariatsbereich können sich folgendermaßen darstellen:

1. eine Sekretärin : ein Servicenehmer
2. mehrere Sekretärinnen : ein Servicenehmer
3a. eine Sekretärin : mehrere Servicenehmer mit heterogenem
   Arbeitsbereichen
3b. eine Sekretärin : mehrere Servicenehmer eingebunden in
   einen homogenen Arbeitsbereich
4. mehrere Sekretärinnen : mehrere Servicenehmer

Die erste Kooperationsform entspricht dem "klassischen" Sekretariat mit einer Sekretärin und einem Chef und ist zu 38 % vertreten[24]. Alle oben genannten Aufgabentypen sind bei dieser Kooperationsform alle vorzufinden und zwar zu

- 29% als klassische Sekretärin,
- 23% als Office Managerin,
- 21% als Qualifizierte Assistenz,
- 21% als Sekretärin mit Schwerpunkt Sachbearbeitung,
- 6% als Sekretärin mit Schwerpunkt Dokumentenerstellung.

Die zweite Kooperationsform "Mehrere Sekretärinnen : 1 Servicenehmer" ist in der
Untersuchung zwar zu 29% vorzufinden. Da jedoch lediglich nach der räumlichen
Zuordnung gefragt wurde[25], ist das Ergebnis mit Vorsicht zu interpretieren. Die Fall-
studien (vgl. Klein et al. (Fallstudien) 1992) zeigten, daß diese Einbindungsform vor
allem auf obersten Hierarchieebenen vorzufinden war (z. B. Vorstandssekretariate,
Bürgermeistersekretariate mit Arbeitsformen wie die Erst- und Zweitsekretärin) Die
Aufgabentypen sind folgendermaßen vertreten

- 35% klassische Sekretärin
- 29% Sekretärin mit Schwerpunkt Sachbearbeitung
- 13% Office Managerin.

---

24 Die folgenden Ergebnisse basieren – soweit nicht anders angegeben – auf dem Rücklauf der
   Sekretärinnenfragebogen der repräsentativen Stichprobe (West und Ost) und der Zeitschriften-
   stichprobe (n=166).
25 Die Frage lautete "Mit wie vielen Personen teilen Sie sich Ihr Büro?" Man kann nicht davon
   ausgehen, daß die Personen, mit denen das Zimmer geteilt wurde, auch alle dem Unterstützungsbereich zuzuordnen sind.

45

- 12% Sekretärin mit Schwerpunkt Dokumentenerstellung
- 11% Qualifizierte Assistenz.

Die dritte Kooperationsform "eine Sekretärin : mehrere Servicenehmer" ist lediglich zu 14% und damit geringer vertreten als die anderen Formen. Diese Arbeitsform entstand vor allem als Reaktion auf die Nachteile der zentralen Schreibdienste. Unter der Rückbesinnung auf dezentrale Strukturen wurde sie in den Achtzigern häufig unter dem Terminus "Abteilungssekretariat" eingeführt. Diese Arbeitsform war und ist eine der Möglichkeiten auf die durch die neuen Technologien entstandenen Freiräume zu reagieren, indem zusätzliche Personen betreut werden. Die Notwendigkeit einer Unterscheidung des Arbeitsumfeldes resultierte aus den Analysen der Fallstudien (vgl. Klein et al. (Fallstudien) 1992), da sich zeigte, daß dadurch Aufgabenfelder und Qualifikationsanforderungen wesentlich beeinflußt wurden. Über die Aufgabentypen verteilte sich diese Kooperationsform folgendermaßen:

- 41% sind klassische Sekretärin,
- 27% Sekretärin mit Schwerpunkt Dokumentenerstellung
- 14% Qualifizierte Assistenz.
- 14% Office Managerin
- 4% Sekretärin mit Schwerpunkt Sachbearbeitung

Die vierte Kooperationsform "mehrere Sekretärinnen : mehrere Servicenehmer" haben 20% der Befragten angegeben. Diese Arbeitsform ist unter einer Vielzahl von Begriffen vorzufinden: Teamsekretariate, Bereichssekretariate, Fachabteilung für Bürokommunikation, Springerinnenpools etc. Sie bietet den Vorteil einer hohen Zeitsouveränität und Zeitflexibilität. Die Form als "Springerinnenpool", bei der die dort beschäftigten Sekretärinnen Urlaubs- und Krankheitsvertretungen im ganzen Unternehmen wahrnehmen und so die Beschäftigten und vorhandenen Strukturen kennenlernen, wird zugleich als Rekrutierungsmöglichkeit für Vorstands- und Direktionssekretariate genutzt. Die Aufgabentypen sind folgendermaßen vertreten:

- 32% Sekretärin mit Schwerpunkt Sachbearbeitung
- 23% Office Managerin
- 19% klassische Sekretärin
- 16% Sekretärin mit Schwerpunkt Dokumentenerstellung
- 10% Qualifizierte Assistenz.

Die Vorteile und Nachteile dieser Einbindungsformen wie sie sich aus den Interviews und Fallstudien ergeben, sind in der folgenden Tabelle aufgelistet:

	Vorteile	Nachteile
1 Sekretärin : 1 Servicenehmer	bessere Einbindung in Informations- und Kommunikationsflüsse, Ermöglichung ganzheitlicher Bearbeitung	ständige Verfügbarkeit und Zugriffsmöglichkeit des Servicenehmers, starker Personenbezug, schwankendes Arbeitspensum, Abhängigkeit von der Delegationsbereitschaft eines einzelnen Servicenehmers
mehrere Sekretärinnen: 1 Servicenehmer	hohe Zeitautonomie und Flexibilität	starke Arbeitsteilung, Hierarchiebildung
1 Sekretärin : >1 Servicenehmer (heterogenes Umfeld)		Aufgabenfelder auf Zuarbeiten beschränkt, hoher Regelungsbedarf, wer welche Arbeitsleistung nachfragen darf, Reibungsverluste, eingeschränkte Handlungs- und Entscheidungsspielräume, keine Berufs- und Entwicklungsperspektiven
1 Sekretärin : >1 Servicenehmer (homogenes Umfeld)	Möglichkeit der inhaltlichen Zuarbeit und damit auch Entwicklung zur ganzheitlichen Bearbeitung, kontinuierliche Einbindung in den Arbeitsbereich der "Abteilung" bzw. "Projektgruppe"	verstärkte Konkurrenzsituation zwischen Sach- und Fachbearbeitern und dem Sekretariat
>1 Sekretärinnen : >1 Servicenehmer	regelmäßige Arbeitsauslastung, gute Planbarkeit der Arbeitszeit, geringe Zahl an Überstunden, Vertretungsregelung, Eingebundensein in die Sekretariatsgruppe, Aufstiegschancen im Sekretariatsbereich (Gruppenleiterin, Abteilungsleiterin) Möglichkeit, auch Teilzeitarbeitsformen zu realisieren, Ansprechbarkeit des Sekretariats auch in den frühen Morgen- und späten Abendstunden, schnelle Abarbeitung der Aufträge, da die Aufgaben je nach Prioritäten verteilt werden können	hoher Organisations- und Kontrollaufwand notwendig, damit es für alle Seiten zufriedenstellend läuft, Widerstände bei der Einrichtung, da Servicenehmer Statusverluste befürchten, Widerstände bei Sekretärinnen, da Freiräume und eigene Handlungs- und Gestaltungsspielräume, die sich aus der Zusammenarbeit nur mit einer Person ergeben, aufgegeben werden müssen

Abb. 14: Vor- und Nachteile der Kooperationsformen

Nicht eindeutig zuzuordnen zu den obigen Kooperationsformen ist das sog. **Schattensekretariat**. Schattensekretariate sind ein Phänomen, bei dem Personen, die keinem Sekretariat zugeordnet sind, Sekretariatsaufgaben zu ihrem eigentlichen Aufgabengebiet hinzubekommen und trotzdem nicht als Sekretariat ausgewiesen sind. Sie gelten als ein Symptom für Fehlentwicklungen im Unterstützungsbereich, da sie eine Begleiterscheinung einer unzureichenden Ausstattung mit Sekretärinnen sind.

47

Die oben dargestellten Kooperations- und Organisationsformen schließen sich nicht gegenseitig aus. Sie können in den Unternehmen nebeneinander vorgefunden werden (vgl. auch: Klein et al. (Fallstudien) 1992)
Folgende Abbildung verdeutlicht die Verteilung der Kooperationsformen nach Unternehmensgröße.

	große Unternehmen	mittlere Unternehmen	Kleine Unternehmen
1 Sekretärin : 1 Servicenehmer	44%	39%	23%
>1 Sekretärinnen: 1 Servicenehmer	28%	34%	19%
1 Sekretärin : >1 Servicenehmer	10%	14%	19%
>1 Sekretärinnen : >1 Servicenehmer	18%	14%	36%

Abb. 15: Kooperationsformen nach Unternehmensgröße

• Das "klassische Sekretariat" mit einer Sekretärin und einem Servicenehmer ist eine Domäne der großen und mittleren Unternehmen und mit 38% als häufigste Kooperationsform vorzufinden.
• Die Kooperationsform "mehrere Sekretärinnen : ein Servicenehmer" ist mit 29% die zweithäufigste Form, scheint eher in den großen und mittleren Unternehmen vorzufinden sein. (Doch wie oben schon erwähnt, ist Vorsicht bei der Interpretation angebracht, da lediglich die räumliche Dimension abgefragt wurde).
• Am geringsten vertreten mit 14% ist die Kooperationsform "eine Sekretärin : mehrere Servicenehmer".
• Die häufigste Kooperationsform, die bei den kleinen Unternehmen vorzufinden ist, ist die "mehrere Sekretärinnen : mehrere Servicenehmer".

In den befragten Unternehmen gab es noch eine Reihe anderer Beschäftigungs- und Arbeitsverhältnisse im Sekretariatsbereich, die gleichzeitig auf einen hohen Flexibilitätsbedarf schließen lassen.

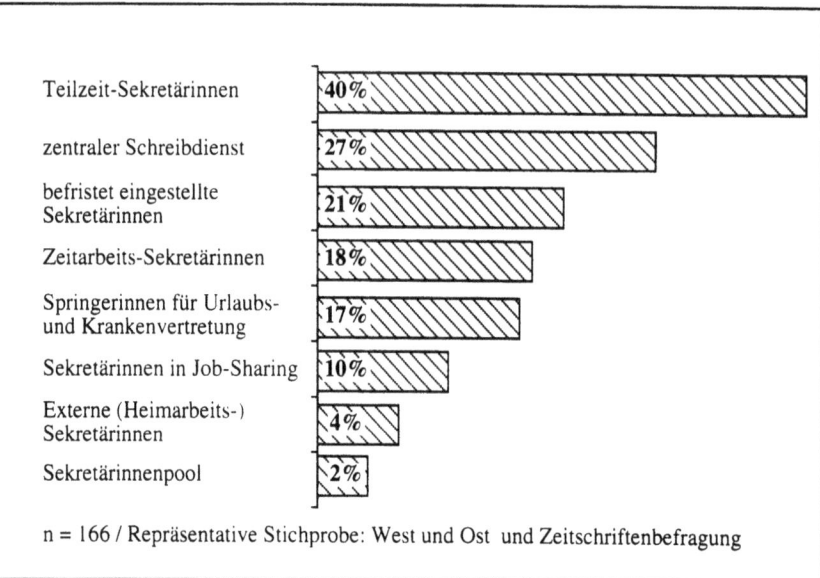

Teilzeit-Sekretärinnen	40%
zentraler Schreibdienst	27%
befristet eingestellte Sekretärinnen	21%
Zeitarbeits-Sekretärinnen	18%
Springerinnen für Urlaubs- und Krankenvertretung	17%
Sekretärinnen in Job-Sharing	10%
Externe (Heimarbeits-) Sekretärinnen	4%
Sekretärinnenpool	2%

n = 166 / Repräsentative Stichprobe: West und Ost und Zeitschriftenbefragung

Abb. 16: Flexibilisierungspotentiale über Arbeits- und Beschäftigungsverhältnisse im Sekretariatsbereich

Der hohe Anteil an **Teilzeitsekretärinnen** erstaunt deshalb, da es dem Nimbus des Sekretärinnenberufes – der ständigen Verfügbarkeit rund um die Uhr – widerspricht. Auf der anderen Seite verdeutlicht der hohe Prozentanteil wie auch der Anteil der **Sekretärinnen in Job-Sharing**, daß es in diesem Beruf sehr wohl arbeitsorganisatorisch möglich ist, Teilzeitbeschäftigung auszuüben.

In beinahe 30% der befragten Unternehmen gibt es einen **zentralen Schreibdienst**, der immer noch eine Domäne der großen Unternehmen (mit 66%) ist und bei den kleinen Unternehmen nicht vertreten war.

Der Anteil an **befristeten Arbeitsstellen** erscheint sehr hoch, wenn man davon ausgeht, daß in diesem Bereich unbefristete Beschäftigungsverhältnisse die Regel sein sollten. Allerdings gestattet die Schwangerschafts- bzw. Elternurlaubsvertretung einen Befristungsgrund. Die 1992 verfügte Ausdehnung des Elternurlaubs auf drei Jahre mit Arbeitsplatzgarantie lassen einen weiteren Anstieg von befristeten Anstellungen erwarten.

Der Anteil an **Zeitarbeitssekretärinnen** deutet darauf hin, daß sich die Unternehmen mittlerweile auch im Sekretariatsbereich zunehmend ihrer sozialen Verantwortung für ihre Mitarbeiter entziehen. Mit möglichst wenig Festangestellten werden die regulär anfallenden Aufgaben abgedeckt, während im Krankheits-, Urlaubsfall oder bei Arbeitsspitzen auf diese flexible Beschäftigungsform zurückgegriffen wird.

49

Einem festen Stamm von Sekretärinnen steht offensichtlich ein schwankender Bedarf an Sekretariatsunterstützung gegenüber, der über flexible Arbeitsverhältnisse und Arbeitsformen abgedeckt zu werden scheint.

Neben diesen Datenmaterial zeigten die Fallstudien weitere Trends auf:

*   Unternehmen, die unter einem hohen Wettbewerbsdruck standen, scheinen die organisatorische Einbindung der Sekretariate laufend anzupassen.
    In den Großunternehmen ging es einmal um die Zentralisierung der Sekretariats-tätigkeiten in Servicecenter, die allen Mitarbeitern zur Verfügung standen. Zum anderen wurde auf den obersten Hierarchieebenen Sekretariatsarbeitsplätze mit modernen Aufgabenprofilen geschaffen (Stichwort Management-Assistenz) (vgl. Fußgang 1994; Peters 1994)

*   Die befragten Organisatoren sehen mit der Durchdringung moderner Bürokommunikationstechnologien auf allen Ebenen, die Gefahr eines weiteren Rationalisierungsschubs im Sekretariatsbereich. "Klassische" Sekretariatsformen werden in Zukunft noch weniger nachgefragt. Bedarf besteht bei den modernen Aufgabentypen (vgl. Mildenberger 1994)

3.5 Berufswege

Berufswege, die sich heute im Sekretariatsbereich anbieten, sind in der folgenden Abbildung dargestellt.

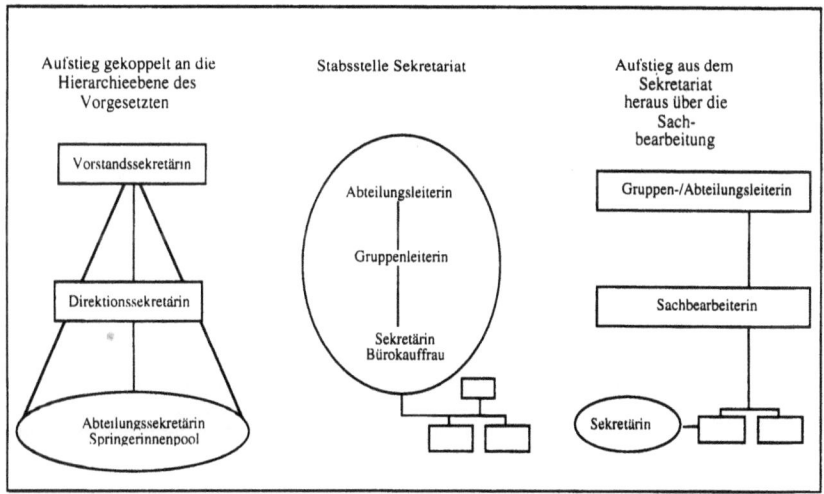

Abb. 17: Berufsperspektiven für Sekretärinnen

1   Der Aufstieg ist an die Hierarchieebene des Vorgesetzten geknüpft (von der Abteilungssekretärin zur Direktions-/Vorstandssekretärin). Der Wechsel zur Sekretärin auf einer höheren Hierarchieebene ist zwar häufig mit einer Gehaltserhöhung,

jedoch nicht zwingend mit einer Ausweitung des Aufgabenfeldes oder einer Ausdehnung des Verantwortungsbereiches verknüpft. So berichteten einige Sekretärinnen, die im Vorstandsbereich gearbeitet hatten, daß sie sich wegen fehlender beruflicher Herausforderungen wieder auf Abteilungsebene zurückversetzen ließen.

2 Sekretariate/Sekretariatsaufgaben sind einer Stabsabteilung zugeordnet. Hier kann der Aufstieg innerhalb der Stabsabteilung erfolgen (von der Sekretärin / Bürofachkraft zur Gruppen- und Abteilungsleiterin). Die Fallstudien zeigten jedoch, daß sich diese Entwicklungsperspektive nur in seltenen Fällen dem Sekretariatsbereich bietet. Die Regel sei die Besetzung von Leitungspositionen mit Personen, die andere Berufshintergründe aufweisen[26].

3 Der Aufstieg führt aus dem Sekretariat heraus in die Fachabteilung (z. B. von der Sekretärin zur Software-Trainerin, von der Sekretärin zur Personalsachbearbeiterin). In den Fachabteilungen selbst kann dann der reguläre Aufstieg im Sach- und Fachbearbeitungsbereich erfolgen. Die qualitativen Interviews zu Beginn der Untersuchung zeigten, daß einige Sekretärinnen sehr konkrete Pläne in diese Richtung hatten. Andere wieder verwiesen darauf, daß Sachbearbeitung nicht unbedingt eine erstrebenswerte Alternative sei. Insbesondere wenn die fachlichen Voraussetzungen fehlen, bedeutet Sachbearbeitung in vielen Fällen ein monotones und repetitives Aufgabenspektrum, bei denen auch der fehlende Publikumsverkehr – im Gegensatz zum Sekretariat – keine Abwechslung bietet.

Karriere im Sekretariat wird von den befragten Sekretärinnen vor allem mit den Aspekten mehr Gehalt, Aufstieg in der Hierarchie, qualitativ höherwertiges Tätigkeits- und Aufgabenfeld und einem Mehr an Anerkennung verbunden (vgl. Klein et al. (Zwischenbericht) 1991).

3.6 Anforderungsprofile und Qualifikationen

Analysiert man die gewünschten Anforderungsprofile im Sekretariatsbereich (vgl. dazu Klein et al. (Zwischenbericht) 1991; (Materialienband; Fallstudien) 1992), so lassen sie sich folgenden Kategorien zuordnen:

• sog. **soziale Kompetenzen**, bei denen in erster Linie auch ein bestimmtes Eigenschaftsprofil beschrieben wurde, das eine Sekretärin haben sollte. "Kooperationsbereitschaft, Eigeninitiative, Dispositionsgeschick, Verantwortungsbewußtsein, Belastbarkeit, verbindliche Umgangsformen und eine gepflegte Erscheinung" sind die Eigenschaften, die sich aus der Analyse der Sekretärinnenzeitschriften ergaben und auch durch die Befragungen unterstützt wurden. So wünschten sich die befragten Führungskräfte "diplomatisches Geschick, Einfühlungsvermögen, Freundlichkeit, gute Umgangsformen, Kommunikationsfähigkeit, Kooperationsfähigkeit, Verschwiegenheit und Umgang mit anderen" (Klein et al. (Materialienband) 1992)

---

[26] Diese Aussagen stützen sich neben den Interviews, die im Rahmen der Fallstudien durchgeführt wurden, auch auf Aussagen von Expertengespräche mit Mitgliedern des VTV, (ehemals: Verband für Textverarbeitung und Bürokommunikation e. V., heute Anwenderfachverband Bürokommunikation e. V. (VTV)).

51

- die sog. **fachlichen Anforderungen** liegen bei den Führungskräften in guten Deutschkenntnissen, einem profunden Wissen um Rechtschreibung und Zeichensetzung; dem sicheren Umgang mit dem PC, Fremdsprachen und Organisationstalent. Dabei vertraten lediglich 46% die Ansicht, daß eine kaufmännische Berufsausbildung eine **minimale Voraussetzung** für das Sekretariat sein sollte, die anderen Führungskräfte waren der Ansicht, daß Deutsch-, Schreibmaschinen- und evtl. Stenographiekenntnisse ausreichen würden. Ein ähnliches Bild bot sich auch bei den Sekretärinnen. Hier reichte das Antwortspektrum von der Aussage: "Es kommt hier mehr auf den Menschen an" bis zur kaufmännischen Ausbildung, gutes Englisch und "Geprüften Sekretärin", allerdings sah der überwiegende Teil der Sekretärinnen, die hierzu Angaben machten, eine kaufmännische Ausbildung als minimale Voraussetzung an. Bei der **optimalen Ausbildung** befürworten die meisten Führungskräfte eine zusätzliche Sekretärinnenfortbildung kombiniert mit Fremdsprachenkenntnissen. Bei den Sekretärinnen bot sich eine Spannbreite von Antworten zur optimalen Ausbildung dar. Von der Forderung, die "Fähigkeit zur Assistentin zu haben (was keine Ausbildung sein muß)" über das Abitur bis hin zur kaufmännischen Ausbildung plus die Weiterbildung zur "Geprüften Sekretärin" plus Fremdsprachenkenntnisse oder auch ein Betriebswirtschaftsstudium reichte das Spektrum. Allerdings meinten beinahe 50% der Befragten, die hierzu Angaben machten, daß der Abschluß als "Geprüfte Sekretärin" eine optimale Ausbildung sei. Auch hier spielen im Vergleich zur minimalen Ausbildung die Fremdsprachen eine wichtigere Rolle.

Folgende Abbildung verdeutlicht die von den Führungskräften gewünschten Qualifikationen.

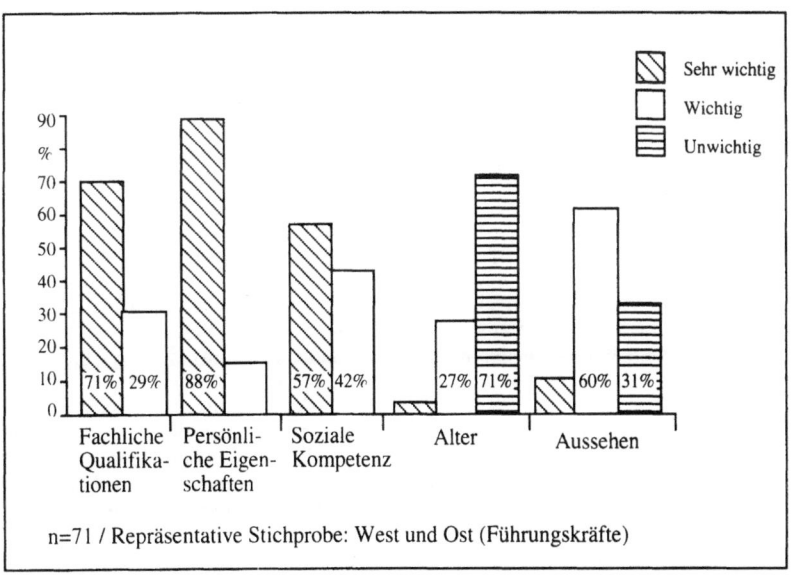

Abb. 18: Bedeutung ausgewählter Qualifikationen für den Beruf der Sekretärin aus der Sicht der Führungskräfte

52

Die Antworten der Führungskräfte verweisen auf zentrale Problempunkte im Sekretariatsbereich:

- Den meisten Führungskräften scheint nicht bekannt zu sein, was ihre Sekretärin alles bearbeitet. Das Sekretariat stellt für sie eine "Black-Box" dar. Zufriedenheit bzw. Unzufriedenheit entsteht erst dann, wenn etwas "schief" geht und die gewohnte Reibungslosigkeit durchbrochen wird. Output wird oft an den geschriebenen Seitenzahlen festgemacht, was z. B. auch die unterschiedliche Einschätzung vom Aufgabenschwerpunkt des Sekretariates verdeutlicht. Während lediglich 12% der befragten Sekretärinnen ihren Aufgabenschwerpunkt in der Dokumentenerstellung sehen, so tun dies 25% der Führungskräfte.

- Zwar ist das Gros der Sekretärinnen mit der Arbeitssituation zufrieden, aber Unterforderung in qualitativer Hinsicht war z. B. eine Klage, die sich in vielen Fallstudien durchzog. Ein Grund könnte die Uninformiertheit der Führungskräfte bezüglich der vorhandenen Qualifikationen ihrer Sekretärin sein, die sich in der Untersuchung zum Beispiel auch darin zeigte, daß lediglich 19% um die Lerninhalte der "Geprüften Sekretärin / Geprüfter Sekretär" wissen.

- Widersprüche gibt es zwischen den in den Fragebogen geäußerten Antworten und den Statements in den Fallstudien. Das Anforderungsprofil an eine Sekretärin, das sich aus den Fragebogen ergibt, liegt niedriger als die Anforderungsprofile wie sie sich (zum Teil) in den Fallstudien darstellen. Hier sollen in einigen Unternehmen alle denkbaren Ereignisse durch die Qualifikationen abgedeckt werden, auch wenn sie hinterher nicht abgefragt werden. So berichteten Sekretärinnen, daß Einstellungsgespräche in Spanisch geführt wurden, die Kenntnisse beim Arbeitseinsatz jedoch nicht eingesetzt werden konnten.

- Gründe für dieses Verhalten, können sein:

  - An die Person "Sekretärin" werden hohe Anforderungen hinsichtlich ihrer persönlichen Eigenschaften gestellt. Die hohen fachlichen Qualifikationsanforderungen können ein Weg sein, um somit auch an die "menschlichen" Qualifikationen zu kommen.
  - Das "Finden und Halten" von Sekretärinnen stellte sich in einigen Unternehmen als Problem dar. Überzogene Stellenausschreibungen, pompöse Titel und Anforderungsprofile entsprachen nicht den tatsächlichen Arbeitsplatzanforderungen, die vor allem auf die reine Texterstellung beschränkt war. Eine Restrukturierung zeigte hier einen Ausweg auf.
  - Sekretärinnen wollen in der Regel interessante und abwechslungsreiche Arbeitsplätze haben. Die betriebliche Wirklichkeit hinkt den Wünschen oft hinterher. Das macht sich z. B. auch bei der Diskussion um die Umsetzung der neugeordneten Büroberufe bemerkbar[27]. So zeigten auch die Fallstudien, daß in den Unternehmen, in denen schon vor Inkrafttreten der Neuordnung der Büroberufe die Ausbildung angepaßt wurde, die entsprechenden Arbeitsplätze bezogen auf Sekretariatsaufgaben lediglich eingeschränkt vorhanden sind.

---

27 Eine Veranstaltung der DAG zu den neuen Büroberufen am 01.03.94 zeigte, daß immer noch viele Unternehmen - zumindest im Raum Niedersachsen - die entsprechenden Arbeitsplätze für die Umsetzung des neugeordneten Ausbildungsberufes "Kaufmann / Kauffrau für Bürokommunikation" nicht realisiert haben.

53

Aus- und Weiterbildung

Doch wie sieht die Aus- und Weiterbildung im Sekretariatsbereich aus? Drei Viertel der Sekretärinnen hat einen mittleren (54%) bzw. einen höheren (21%) Bildungsabschluß. 57% haben eine kaufmännische Ausbildung und 24% eine Sekretärinnen-Vollzeit Ausbildung durchlaufen. 39% der Befragten sind "Geprüfte Sekretärinnen", 15% haben eine fachkaufmännische und 1% eine Fachwirt-Fortbildung absolviert. 85% der Sekretärinnen haben in den letzten fünf Jahren an Weiterbildungsmaßnahmen teilgenommen. Folgende Übersicht zeigt ihre Verteilung.

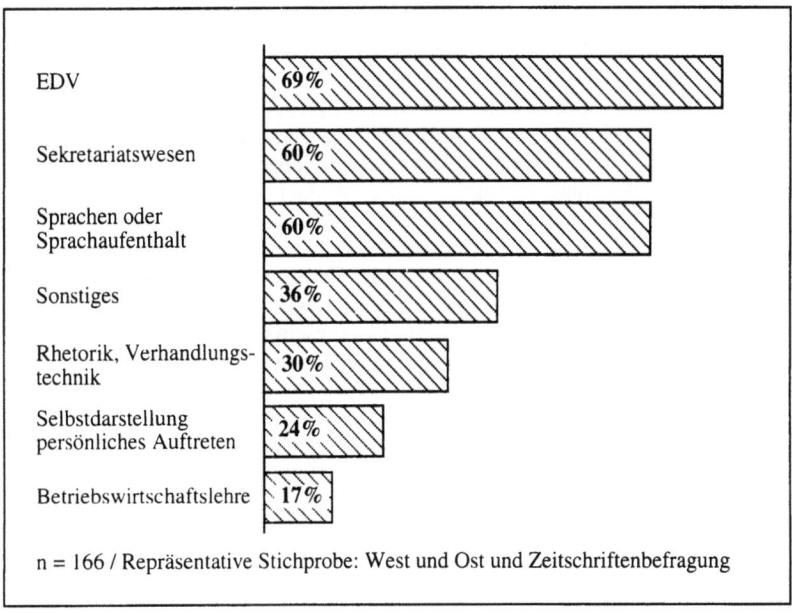

EDV 69%
Sekretariatswesen 60%
Sprachen oder Sprachaufenthalt 60%
Sonstiges 36%
Rhetorik, Verhandlungstechnik 30%
Selbstdarstellung persönliches Auftreten 24%
Betriebswirtschaftslehre 17%

n = 166 / Repräsentative Stichprobe: West und Ost und Zeitschriftenbefragung

Abb. 19: Überblick über die besuchten beruflichen Weiterbildungsmaßnahmen in den letzten fünf Jahren

Den Stellenwert moderner Bürokommunikationstechnologien verdeutlicht der hohe Anteil derjenigen, die Weiterbildungsmaßnahmen in diesem Bereich besucht haben. Hier wurden vor allem Betriebssystem- und diverse Softwarekenntnisse erworben.

Eine vergleichbare Rolle spielen lediglich Sekretariats- und Sprachenweiterbildungen. Bei den sonstigen besuchten Weiterbildungsveranstaltungen, die mit 36% nicht gerade niedrig rangieren, wurden vor allem Einzelnennungen bezüglich fachlicher Richtungen wie z. B. Buchhaltungskurse, Personalwesen etc. aufgeführt, die auf einen Bedarf hinsichtlich einer qualifizierten Sachbearbeitung / Assistenz schließen lassen.

Vollständig konnten 44% ihre neuerworbenen Kenntnisse verwenden, immerhin 52% zumindest teilweise (vgl. dazu Klein et al. (Materialienband) 1992).

3.7 Fazit

Ausgehend von den unterschiedlichen Bildern – "kaffeekochende Tippse" und "Topsekretärin" wird der Mythos, der damit einhergeht, verdeutlicht. Die Ergebnisse des Forschungsprojektes "Sekretariat der Zukunft" zeigten deutlich, daß heute Aufgabenstrukturen im Sekretariat stark vom Technikeinsatz beeinflußt werden. Aufgabenverlagerungen und Funktionsverluste sowie ein Trend zu modernen Aufgabentypen sind charakteristische Entwicklungstrends, die sich auch in der organisatorischen Einbindung niederschlagen. Zwar dominieren nach wie vor die "klassischen", organisatorischen Formen "eine Sekretärin : ein Servicenehmer" bzw. "mehrere Sekretärinnen : ein Servicenehmer", doch die Fallstudien und weitere Expertengespräche in jüngster Zeit zeigen, daß Unternehmen zusehends nach Alternativen suchen, um die strukturellen Veränderungen adäquat auffangen zu können. Hier sind gerade in den großen Unternehmen Modelle in der Diskussion, die sich durch hohe Flexibilitätspotentiale auszeichnen und bei denen mehrere Sekretärinnen Serviceunterstützung für mehrere Servicenehmer anbieten. Parallel gibt es für die höchsten Leitungsebenen die klassische Kooperationsform, doch auch hier werden häufig veränderte Ansprüche an das Sekretariat gestellt. Die veränderten Ansprüche haben bislang jedoch noch nicht dazu geführt, daß neue Berufsperspektiven für Sekretärinnen geschaffen wurden. Auch im Bereich der Qualifikationsanforderungen seitens der Führungskräfte schlagen sich die veränderten Bedingungen erst langsam nieder, was zum einen auf die geringe Vertrautheit der Führungskräfte mit den Aufgaben des Sekretariates zurückgeführt wird. Zum anderen schlägt sich zu Buche, daß Sekretärinnen am reibungslosen Ablauf gemessen werden. Hier zeigen die durchgeführten Fort- und Weiterbildungsmaßnahmen im EDV-Bereich, daß das Umgehen mit moderner Bürokommunikationstechnik einen herausragenden Stellenwert hat.

In den folgenden Kapiteln zeigt ein Blick zurück in die Geschichte Hintergründe auf, wie das Berufsbild der Sekretärin entstanden ist und wie sich der Sekretariatsbereich entwickelte.

4   Geschichte des Sekretariates

Die Entstehung und Entwicklung des Sekretariatsbereiches ist eng verbunden mit der zunehmenden Bedeutung des Büro- und Verwaltungsbereiches um die Jahrhundertwende. U. a. führten die konjunkturelle Entwicklung, die zunehmende Herausbildung von mittleren und großen Unternehmen sowie eine veränderte Gesetzgebung Ende des 19. Jahrhunderts nicht nur zu einer zunehmenden Ausdehnung des Bürobereiches, sondern auch zu einem vermehrten Einzug von Frauen in den Büro- und Verwaltungsbereich. Mit dieser Ausdehnung vollzog sich auch ein Wandel in den Berufs- und Aufgabenbildern. Waren Handlungsgehilfen als wohlangesehener Berufsstand im letzten Jahrhundert noch in den Haushalt des Vorgesetzten integriert, so wurden dadurch Arbeits- und Familienleben wie auch Arbeits- und Lebensort separiert (vgl. Fritz 1982, Lorenz 1988). Seit den siebziger Jahren des letzten Jahrhunderts stieg die außerhäusliche Frauenbeschäftigung in den Büros an. Vor allem Existenznöte zwangen Töchter "aus gutem Hause" zur Arbeit, um damit ihren Lebensunterhalt zu verdienen bzw. ihre Familie zu unterstützen. Die Unternehmen, die die ersten Frauen einstellten, sahen es als eine Wohltätigkeit ihrerseits an, obwohl diese Frauen aufgrund besserer Ausgangsqualifikationen und geringeren Gehaltes bessere und billigere Arbeitskräfte als die männlichen Kollegen waren. Als "Schmutzkonkurrentinnen" wurden sie von vielen Organisationen kritisiert, und es wurde behauptet, daß sie dem Ansehen des vormals angesehenen Handlungsgehilfen schadeten.

Im folgenden wird ein Überblick über die Entwicklung der Beschäftigtenstruktur im Bürobereich gegeben. Im Anschluß werden die Auswirkungen des Technikeinsatzes auf die Grundaufgaben im Sekretariatsbereich untersucht. Welchen Einfluß Management- und Organisationskonzepte auf die Aufgaben und organisatorische Einbindung des Sekretariatsbereich haben, wird danach analysiert. Im Anschluß wird gezeigt, wie sich die Qualifikationsanforderungen den zeitlichen Gegebenheiten angepaßt haben.

4.1   Überblick über die Entwicklung der Beschäftigungs- struktur

Seit 1875 werden in Deutschland amtliche Berufs- und Gewerbezählungen vorgenommen. Sie fanden vor dem zweiten Weltkrieg 1875 als reine Gewerbezählung, 1882, 1895, 1907, 1925 1933 und 1939 statt. Nach dem zweiten Weltkrieg fanden 1950, 1961, 1970 und 1987 Volks-, Berufs- und Arbeitsstättenzählungen statt. Die Verwendung der Daten dieser Zählungen ist mit einigen Problemen behaftet, da Erhebungsweise, Gliederung und Systematik im Zeitverlauf z. T. erheblichen Veränderungen unterworfen waren[28]. Folgende Abbildung veranschaulicht trotz dieser Probleme einige Entwicklungstrends:

---

28 Pierenkemper (1987) führt als Gründe an, daß 1875 schwerpunktmäßig eine Gewerbezählung durchgeführt wurde, 1882 die Kategorien nicht so detailliert wie 1895 und 1907 waren und die Zählungen von 1895 und 1907 z. T. unterschiedliche Definitionen der Kategorien hatten. Das setzte sich auch in den folgenden Jahren fort. Hartfiel (1961) verweist darüber hinaus, daß für die Zählungen von 1882, 1895 und 1907 ein annähernd einheitliches Zählgebiet angenommen werden kann, der Versailler Vertrag den ersten geographischen Einschnitt bringt; die

Jahr	Erwerbspersonen	Angestellte und Beamte	Anteil an den Erwerbspersonen	Angestellte	Angestelltenanteil an den Erwerbspersonen	Beamte	Beamtenanteil an den Erwerbspersonen
1882	16 885 000	1 183 000	7,01%	k. A.		k. A.	
1895	19 756 000	2 366 840	11,98%	1738 667	8,80%	628 173	3,18%
1907	25 156 000	4 216 652	16,76%	3360 365	13,36%	856 287	3,40%
1925	32 009 300	5 535 000	17,29%	k. A.		k. A.	
1933	32 296 000	5 612 400	17,38%	4103 600	12,71%	1 508 800	4,67%
1939	39 792 295	6 481 900	16,29%	4663 700	11,72%	1 818 200	4,57%
1950	22 074 000	4 402 000	19,94%	3523 500	15,96%	878 500	3,98%
1961	26 527 300	7 097 900	26,76%	5852 400	22,06%	1 245 500	4,70%
1970	26 494 000	10 177 000	38,41%	8863 000	33,45%	2 118 000	7,99%
1987	28 993 600	14 036 000	48,41%	1 1612 000	40,05%	2 424 000	8,36%
1990	31 305 000	15 201 000	48,56%	1 2716 000	40,62%	2 485 000	7,94%
1991	40 087 000	19 351 000	48,27%	1 6808 000	41,93%	2 511 000	6,26%

Jahr	weibliche Erwerbspersonen	Frauenanteil an den Erwerbspersonen	Frauenanteil der Angestellten und Beamten an den Erwerbspersonen	weibliche Angestellte	Frauenanteil an den Angestellten	Beamtinnen	Frauenanteil an den Beamten
1882	4 954 000	29,34%					
1895	5 901 000	29,87%	1,73%	175 368	10,09%	117 062	18,64%
1907	8 501 000	33,79%	3,57%	526 259	15,66%	178 158	20,81%
1925	11 478 000	35,86%	k. A.		k. A.		
1933	11 479 000	35,54%	5,34%	1 580 400	38,51%	128 700	8,53%
1939	12 700 200	31,92%	6,19%	1 876 800	40,24%	122 200	6,72%
1950	7 948 600	36,01%	4,04%	1 512 000	42,91%	93 800	10,68%
1961	9 931 600	37,44%	13,66%	2 861 200	48,89%	153 400	12,32%
1970	9 490 000	35,82%	18,23%	4 529 000	51,10%	308 000	14,54%
1987	11 159 900	38,49%	25,57%	6 263 000	53,94%	511 000	21,08%
1990	12 777 000	40,81%	25,50%	6 840 000	53,79%	552 000	22,21%
1991	16 962 000	42,31%	31,97%	9 447 000	56,21%	560 000	22,30%

Das Zahlenmaterial entstammt aus den Statistischen Jahrbüchern

Abb. 20: Entwicklung der Erwerbspersonen, Angestellten und Beamten

Gebietsanschlüsse während der nationalsozialistischen Herrschaft erschweren den Vergleich mit der Zählung 1939. Bei der Betrachtung der Zahlen von 1950 muß der zweite geographische Einschnitt nach der Teilung Deutschlands berücksichtigt werden. Das ist natürlich auch bei den Zahlen von 1991 der Fall, denen die Daten des wiedervereinigten Deutschlands zugrunde liegen.

Deutlich wird:

- Angestellte und Beamte bilden sich als Hauptgruppe der Beschäftigten heraus.
- Der Anteil außerhäuslicher Erwerbsarbeit von Frauen hat sich in den letzten 100 Jahren lediglich um 13 Prozentpunkte erhöht.
- Die Angestelltenberufe haben sich bis heute mit einem Anteil von über 56% zu dem wichtigsten Berufsfeld für Frauen entwickelt.
- Das Beamtentum jedoch ist bis heute weitgehend von Männern dominiert.

Die Angestelltenberufe umfassen dabei ein ganzes Spektrum von Berufstätigkeiten und der Beruf der Sekretärin bildet nur ein kleines Segment. Um die Jahrhundertwende hat sich der Beruf der Sekretärin noch nicht herausgebildet. Selbst die große Brockhaus-Jubiläumsausgabe von 1902 kennt den Sekretär nur unter der Bedeutung der Vogelart.

Zahlenmäßig waren die Frauen, die bis zur Jahrhundertwende in den Kontoren beschäftigt waren, sehr gering vertreten. Pierenkemper (Pierenkemper 1987; S. 212) geht davon aus, daß das weibliche Verwaltungspersonal in den Sektoren Industrie und Handel. Verkehr und private Dienstleistungen im Deutschen Reich 1895 nicht mehr als 10.000 Personen betrug; jedoch bis 1907 auf 100.000 anstieg. Dieser Anstieg geht einher mit differenzierteren Tätigkeitsgebieten, die sich auch in den Berufsbezeichnungen niederschlagen. So zählen zu den Kontorangestellten die Stenotypistinnen, Stenographinnen, Buchhalterinnen, Privatsekretärinnen, Kontoristinnen im engeren Sinne, Kalkulatorinnen, Registraturbeamtinnen, Telefonistinnen, Korrespondentinnen, Maschineschreiberinnen, Prokuristinnen, und Bücherrevisorinnen (vgl. Nienhaus 1981 S. 315 f.)

Folgende Tabelle verdeutlicht in einer Untergliederung der kaufmännischen und Büroangestellten in Industrie und Handwerk den Anstieg des Frauenanteils:

	männlich	Anstieg	weiblich	Prozentualer Anteil der Frauen	Anstieg
1907	264 829		53 519	16,8%	
1925	605 722	+ 128,7%	319 579	34,5%	+ 487,1%
1933	528 353	- 12,8%	297 289	36%	-7,0%

Zahlen aus: (Preller 1949 S. 124)

Abb. 21: kaufmännische Büroangestellte in Industrie und Handwerk

In der zeitgenössischen Literatur wurde zwar immer wieder die Verdrängung der Männerarbeit durch Frauenarbeit beklagt[29], die obigen Zahlen zeigen jedoch, daß davon keine Rede sein konnte. Mit der Ausbreitung der Frauenerwerbstätigkeit in den

---

29 So wandte sich z. B. die Handlungsgehilfen-Zeitung in dem Beitrag "Herr Reichstagsabgeordneter Wilhelm Schack und die sittlichen Gefahren der Frauenarbeit (Ausgabe 18 vom 18. September 1909) gegen die Behauptung der Nationalen Handlungsgehilfen, daß Frauenarbeit eine Existenzbedrohung sei und wegen der für die Handlungsgehilfen verbundenen sittlichen Gefahren beseitigt werden solle. Angeprangert wurde dabei vor allem der Doppelstandard, der Widerspruch zwischen den Forderungen und dem tatsächlichen Verhalten des Reichstagsabgeordneten, der per Kleinanzeige eine Frau für eine menage a trois suchte.

58

Büros fiel gleichzeitig eine Ausbreitung der Büroarbeit überhaupt an (vgl. Segelken 1991) Als Gründe für die zunehmende außerhäusliche Berufsarbeit von Frauen werden – vor allem in der damaligen zeitgenössischen Literatur – eine Vielzahl von Faktoren ausgemacht:

- **Konjunkturelle Gründe**
  Die Hochkonjunktur nach der Jahrhundertwende führte zu einer verstärkten Arbeitskräftenachfrage, die nur durch den Rückgriff auf Frauenarbeit zu befriedigen war (vgl. Pierenkemper 1987, S. 212; Wäscher 1919; S. 183 ff.).

- **Wirtschaftliche Gründe**
  Schon in den 60er und 70er Jahren des 19. Jahrhunderts sahen sozial engagierte Bürger im Kontor ein ideales Erwerbsfeld für Töchter aus verarmten gutem Hause. Zunehmend zwang die wirtschaftliche Lage Frauen aus den bürgerlichen Schichten eine außerhäusliche Erwerbsarbeit anzunehmen. Fabrikarbeit war diesen Frauen verpönt und Heimarbeit für viele nicht akzeptabel (wenngleich trotzdem weitverbreitet), so blieb oft nur das Büro als annehmbarer Arbeitsplatz, der nicht für jedermann sichtbar war oder sich so gar verheimlichen ließ (vgl. dazu Segelken S. 23 f.; Nienhaus 1981 S. 313). Preller sieht in der Zunahme zwischen 1907 und 1925 neben der wirtschaftlichen Verarmung des Mittelstandes hauptsächlich eine Auswirkung der Kriegsfolgen, die die Frauen als Kriegshinterbliebene zum Erwerb zwangen (vgl. Preller 1949 S. 125).

- **Strukturelle Gründe**
  In der zeitgenössischen Literatur wird die "Kommerzialisierung der Industrie" als Faktor für das zunehmende Eindringen von Frauen in die Büros beschrieben:

  "Noch deutlicher ist die Kommerzialisierung der Industrie: Nicht nur verbindet sich die Großindustrie mit dem kaufmännischen Vertrieb, sondern ihr innerer Betrieb wird immer kaufmännischer: sie braucht ein "statistisches Bureau", eine ausgedehnte Binnen-Buchführung. Noch 1895 kamen in Leipzig in der Industrie 12,4 Arbeiter auf einen Angestellten, 1907 nur 7,1." (Kisker, 1911, S. 18)

  Darüber hinaus schuf der Strukturwandel innerhalb des Industriebetriebes, geprägt durch den Ausbau der formalen Organisation und einer verstärkten Arbeitsteilung, eine Reihe von einfachen Bürotätigkeiten, die von den Frauen übernommen wurden (vgl. Pierenkemper 1987, S. 212).

  Dieser Strukturwandel wurde auch durch eine veränderte Gesetzgebung vorangetrieben. So wurde beispielsweise die Auswirkung der Sozialgesetzgebung auf die Lohnbuchhaltung beschrieben, die statt des früher erforderlichen Kassierers, der den Wochenlohn auszahlte und berechnete nun eine eigene Abteilung erforderlich macht (vgl. Segelken 1991, S. 13).

- **Einführung der Schreibmaschine**
  Kisker (1911, S. 20) schreibt der Schreibmaschine eine beschleunigende Wirkung auf die Frauenerwerbstätigkeit zu und zwar vor allem deshalb, weil sie ein traditionsloses Gebiet darstelle. Gerade die Tradition sei der außerhäuslichen Erwerbstätigkeit immer wieder entgegengetreten und nur da, wo sie fehle, könne sie sich erfolgreich durchsetzen.

- **Frauen als qualifiziertere und billigere Arbeitskräfte**
Die Frauen in den Bürobereichen wurden von den männlichen Kollegen als unliebsame Konkurrenz gesehen, arbeiteten sie doch für einen Bruchteil des Lohnes.

Lorentz sieht die Motive der Unternehmer mehr Frauen einzustellen, in der geringen Bezahlung, der bürgerlichen Erziehung entsprechenden Disziplin und Leistungsorientierung sowie einer disziplinierenden Wirkung auf die männlichen Kollegen, die plötzlich ohne Aufforderung des Betriebsleiters lernten selbst auf ihr Äußeres zu achten (vgl. Lorentz 1988 S. 58).

Kisker legt die Betonung weniger auf die wirtschaftlichen Vorteile für die Unternehmen, sondern vielmehr auf die qualifikatorischen. Frauenerwerbstätigkeit entwickelte sich zur Qualitätskonkurrenz. Vergleichbar ausgebildete Männer hätten Posten ohne Aufstiegschancen gar nicht oder nur kürzeste Zeit inne, während schlecht ausgebildete Männer die Arbeit in unzureichender Qualität ausübten (vgl. Kisker 1911 S. 11).

Auch Wäscher (1913, S. 183) deutet daraufhin, daß die Frauen als Konkurrenz der Männer angesehen wurden. Doch sie verweist darauf – im Gegensatz zu Kisker – daß sich schon bald herausstellte, daß die Eintrittsqualifikationen unzureichend waren und diese Frauen deshalb für untergeordnete Aufgaben eingesetzt wurden. Die Kurse der Frauenvereine werden von ihr als unzureichend und zu kurz beurteilt, insbesondere sei hier die Tendenz zu verzeichnen, daß die Teilnehmerinnen die Kurse oft noch weiter verkürzen, da die Notwendigkeit der beruflichen Qualifizierung nicht eingesehen wird.

- **Bildungsaktivitäten der Frauenvereine**
Die sich Mitte des 19. Jh. herausbildenden Frauenvereine forderten vielfach ein Recht der Frauen zur (lebenslangen) Erwerbsarbeit und initiierten Fortbildungen für Frauen, die sie auf die Berufsarbeit vorbereiten oder aber auch weiterbilden sollten. Die rege Nachfrage nach diesen Fortbildungen zeigt, daß sie auf Akzeptanz stießen. Die Berufstätigkeit der Frau wurde zunehmend als gesellschaftlich notwendig angesehen. Qualifizierung wird eine notwendige Zukunftsvorsorge. Frauen sollen für beide Lebensbereiche – also sowohl für das Berufs- als auch für das Familienleben – ausgebildet werden, da die Entwicklung des Lebensweges nicht vorhersehbar ist (vgl. Handlungsgehilfen-Zeitung, Organ des Zentralverbandes der Handlungsgehilfen und Gehilfinnen Deutschlands, 25.08.1909, 13. Jg.). In die gleiche Richtung gingen auch Funktionen wie sie das Arbeits-Nachweisungsbureau, das älteste Institut des Lette-Vereins (der sich der beruflichen Fortbildung von Frauen widmete) hatte: Die unentgeltliche Vermittlung von Stellen. Hier konnten in einem Zeitraum von 6 Jahren (1866 - 1873) 2.424 Stellen vermittelt werden, wobei die Vermittlung "Erzieherinnen, Bonnen, Kindergärtnerinnen, Lehrerinnen, Wirtschafterinnen, Buchhalterinnen, Verkäuferinnen, Übersetzerinnen, Strickerinnen usw. umfaßt und nur Dienstboten und Tagelöhnerinnen ausschließt." (vgl. Der Frauen-Anwalt; 10/ 1874, S. 294)

4.1.1 Frauenbeschäftigung während der Nazizeit

In der Zeit des Nationalsozialismus setzen sich die Strukturverschiebungen entgegen der offiziellen Ideologie in der Frauenerwerbstätigkeit fort. Frauen drängen wie schon in den Jahrzehnten zuvor vermehrt in die Angestelltenberufe. So verzeichnet die kriegswirtschaftliche Kräftebilanz in dem Zeitraum von Mai 1939 bis September 1944 eine Zunahme der Frauen von über 83% im Bereich Verwaltung und Dienstleistungen (vgl. Winkler 1977, S. 201).

Neben diesen sich fortsetzenden Strukturverschiebungen ist die Zeit des Nationalsozialismus durch sich widersprechende Aussagen und politischen Maßnahmen gekennzeichnet. Zu nennen ist hier die Einstellung der Nationalsozialisten zur weiblichen Erwerbstätigkeit. Obwohl es, wie Winkler feststellt, nie eine einheitliche, klar umrissene Frauen- oder Familienideologie der NSDAP gegeben hat und sich diese auch nicht eindeutig an den Äußerungen führender Nationalsozialisten rekonstruieren läßt, können zwei Grundelemente ausgemacht werden (vgl. Winkler 1977 S. 22 ff.): Zum einen die Gebär- und Mutterrolle, zum anderen – allerdings erst an zweiter Stelle – die Rolle als Gefährtin und Gehilfin des Mannes.

"Hitler stufte in "Mein Kampf" den Wert der Frauen für den "völkischen Staat" allein unter dem Aspekt der Gebärleistung ein. So sollte auch das Ziel der Mädchenerziehung "unverrückbar die kommende Mutter" sein, wobei das "Hauptgewicht vor allem auf die körperliche Ausbildung zu legen" sei, erst "dann auf die Förderung der seelischen und zuletzt der geistigen Werte". So durfte denn die Ehe auch nicht als Selbstzweck angesehen werden, sondern allein als Mittel zur "Vermehrung und Erhaltung der Art und Rasse" (Winkler 1977, S.29).

"Das Problem der weiblichen Erwerbstätigkeit existierte für Hitler als er "Mein Kampf" schrieb, anscheinend nicht. Spätere Äußerungen Hitlers zur Frauenrolle passen in das traditionelle Denkschema vom öffentlichen Charakter der Männerrolle und dem privaten Charakter der Frauenrolle. Folgende Äußerung verdeutlicht Hitlers Geringschätzung des weiblichen Denkvermögens. "Tausendmal besser, die Frau beschäftigt sich mit Eifersüchteleien, als sie fängt mit metaphysischen Sachen an. Wenn eine Frau in Sachen des Daseins zu Denken beginnt, das ist schlimm." Der beschränkte Verstand der Frau sei aber für bestimmte Aufgaben sehr nützlich. Frauen seien für Arbeiten ohne Abwechslung physisch und psychisch am besten geeignet, das sehe man schon an dem "ewig gleichen Kinderkriegen und -aufziehen". So fänden sich auch weibliche Stenotypisten am besten mit der ständigen Wiederholung ihrer mechanischen Arbeit ab, und deshalb seien Frauen – natürlich unverheiratete – gerade gut als Grundschullehrerinnen für die stetige Wiederholung des ABC." (Winkler 1977; S. 30 Sie zitiert Henry Picker: Hitlers Tischgespräche, P. E. Schramm (Hg.) Stuttgart-Degerloch 1963)

"Am Abend des 29. März 1932, zu einer Zeit also als die Partei noch an ihrer Niederlage der Präsidentschaftswahlen trug, entwickelte Hitler – so Goebbels – "ganz neue Gedanken zur Stellung der Frau. Die sind für den nächsten Wahlgang von eminenter Wichtigkeit; den gerade auf diesem Gebiet sind wir bei der ersten Wahl hart angegriffen worden. Die Frau ist Geschlechts- und Arbeitsgenossin des Mannes. Sie ist das immer gewesen und wird das immer bleiben. Auch bei den heutigen wirtschaftlichen Verhältnissen muß das so sein. Ehedem auf dem Felde, heute auf dem Büro. Der Mann ist Organisator des Lebens, die Frau seine Hilfe und sein Ausführungsorgan. Diese Auffassungen sind modern und heben uns turmhoch über alles deutsch-völkische Ressentiment."(Goebbels: Vom Kaiserhof zur Reichskanzlei, München 1939, S. 72 zitiert in Winkler 1977; S. 31)

Magda Goebbels schrieb in einem Aufsatz, daß der Nationalsozialismus "...nicht prinzipiell die berufstätige Frau aus ihren Ämtern vertreibe und sie ausschließlich wieder ihren häuslichen Pflichten als Hausfrau und Mutter zuführe." (vgl. Lorentz, 1988, S. 295) Zur Präzisierung teilte sie die Gruppe der erwerbstätigen Frauen nach den Berufsbildern in drei Abteilungen ein:

- Arbeitsgebiete, die die Frau einnehmen muß wie pflegerische und erzieherische Dienste,
- Arbeitsgebiete, die sie einnehmen kann, wie die kaufmännischen Berufe in der Position einer "Gehilfin des Mannes",
- Arbeitsgebiete, die sie dem Mann zu überlassen hat. Zu dieser Gruppe zählten die technischen Berufe oder akademische Führungspositionen."

In einem Vortrag vertrat sie die Auffassung, daß alle diese Berufe nur für die unverheiratete Frau gelten, "denn daß eine verheiratete Frau in Vernachlässigung ihrer Pflichten als Ehefrau, Hausfrau und Mutter einen Beruf ergreift und so einen Mann von der Arbeit verdrängt, muß unbedingt bekämpft werden."

Diese Einstellung wurde jedoch durch die wirtschaftliche Situation konterkariert, denn mit der Mobilisierung wurden zunehmend Arbeitskräfte benötigt. 1936 wurde ein Vierjahresplan[30] zur Lenkung der Arbeitskräfte verabschiedet, der mehr zur Umschichtung innerhalb des Arbeitsmarktes als zu einem Abbau des Arbeitskräftemangels beitrug. Gleichzeitig führten eine Reihe von Maßnahmen dazu, daß Frauen sich zunehmend aus dem Erwerbsleben zurückzogen[31].

---

[30] Die vier Stufen umfaßten folgende Maßnahmen: (vgl. Winkler 1977 S. 55 ff.)

1. Stufe: Der steigende Bedarf in der Produktionsgüterindustrie wird zunehmend durch fachfremde Arbeitskräfte aus der Konsumgüterindustrie gedeckt, die umgeschult wurden. Die Verbrauchsgüterindustrien versuchten die entstandenen Lücken durch weibliche Arbeitskräfte zu füllen. Aufgrund der Lohnvorteile wandern immer mehr Frauen in diesen Bereich ab, obwohl es z. B. in der Land- und Hauswirtschaft sowie in den Pflegeberufen einen nicht zu deckenden Bedarf gab.
2. Stufe: Konsequente Durchführung der 1935 eingeführten weiblichen Arbeitsdienstpflicht in 1939
3. Stufe: Entgegen allen ideologischen Postulaten bestand das Bestreben, die nicht erwerbstätigen Ehefrauen, als einzige noch vorhandene Reserve, zur Aufnahme einer Arbeit zu veranlassen. Damit verbunden war die Abschaffung des Beschäftigungsverbots für Ehefrauen als Bedingung für das Ehestandsdarlehen im Oktober 1937.
4. Stufe: Anfang 1938 reichten die indirekten Maßnahmen nicht mehr aus. Die ständig wachsende Rüstungsproduktion machte gesetzliche Zwangsmaßnahmen zur umfassenden Mobilisierung und Lenkung der Arbeitskräfte erforderlich. Am 15. Februar 1938 erließ Göring die Anordnung zur Durchführung des Vierjahresplanes über den verstärkten Einsatz weiblicher Arbeitskräfte im Land- und Hauswirtschaft. Alle ledigen Arbeitskräfte unter 25 Jahren, die sich als Arbeiterinnen in der Verbrauchsgüterindustrie oder als Angestellte in allen öffentlichen und privaten Betrieben anstellen lassen wollten, mußten ein Jahr Tätigkeit in der Haus- oder Landwirtschaft nachweisen. Dieses Pflichtjahr wurde am 23. Dezember obligatorisch für alle Arbeiterinnen in öffentlichen und privaten Betrieben.

[31] Diese Maßnahmen umfaßten (vgl. Winkler 1977 S.42 ff.) :
- den Kampf gegen das Doppelverdienertum
- Ehestandsdarlehen
1933 wurde ein Gesetz zur Verringerung der Arbeitslosigkeit verabschiedet, daß die Förderung der Eheschließung mit einem Ehestandsdarlehen vorsah. Voraussetzungen für

1939 wurde die Situation auf dem Arbeitskräftemarkt immer katastrophaler und die Arbeitsmoral sank weiter. Für den Bürobereich konstatiert Winkler:

"Der Mangel an Büroangestellten, vor allem Stenotypistinnen, vergrößerte sich ständig. Praktiken wie in der Berliner Stadtverwaltung, die Anfängerinnen, zum Teil Putzfrauen, als Stenotypistinnen anlernen mußten, damit die Dienststellen nicht funktionsunfähig wurden, waren kein Ausnahmefall. Um die Abwerbung durch "Locklöhne" zu unterbinden, wurde in Brandenburg und anderen Gebieten von den Reichstreuhändern im April 1939 die Anordnung erlassen, daß Stenotypistinnen erst nach einem halben Jahr ein höheres Gehalt fordern dürften." (Winkler 1977; S. 61)

Ende 1939 zeichneten sich die Hauptprobleme der Frauenarbeit ab, die für die ganze Kriegszeit bestimmend blieben (vgl. Winkler 1977; S. 92):

- Ehefrauen gaben die Erwerbstätigkeit auf[32];
- die effektive Arbeitsleistung der Frauen wurde geringer,
  Gründe waren Überlastung, Verlängerung der Arbeitszeiten, lange und beschwerliche Anfahrtswege, Schlangestehen beim Einkaufen führte zu Übermüdungserscheinungen, häufigen Krankmeldungen und sog. "Bummelschichten", wenn zur physischen Erschöpfung auch noch eine psychisch bedingte Unlust[33] dazukam.

Zu dem schon chronischen Mangel an weiblichen Arbeitskräften in Landwirtschaft, Hauswirtschaft und Rüstungsindustrie kam im Laufe des Krieges ein wachsender Bedarf bei den Wehrmachtsstellen, der Reichspost und Reichsbahn, den städtischen Verkehrsbetrieben, der öffentlichen und Parteiverwaltung sowie dem Krankenpflegewesen und Roten Kreuz hinzu. Für die meisten dieser Arbeitsplätze kamen Fremdarbeiter nicht in Frage, was zur Abwerbung der einzelnen Wirtschaftszweige führte (vgl. Winkler 1977; S. 122).

---

dieses Darlehen waren neben Ariertum und Erbgesundheit, daß die Braut mindestens 6 Monate während der zwei vorangegangenen Jahre erwerbstätig war und diese mit der Eheschließung aufgab. Bei jeder Geburt eines Kindes wurde ein Teil der Darlehenssumme erlassen.
- Unterhaltszahlungen an Soldatenfrauen
  Mit Beginn des Krieges gab es relativ großzügige Unterstützungsregelungen für die Ehefrauen der einberufenen Soldaten, diese wurden jedoch auf den Lohn angerechnet, was dazu führte, daß viele Frauen ihre niedrig entlohnte Erwerbstätigkeit aufgaben.

[32] Von 10 bis 12/1939 sank die Beschäftigungsziffer der Frauen um 300 000. Das lag vor allem daran, daß Ehefrauen, deren Männer einbezogen wurden, eine relativ großzügige Unterstützung erhielten, die gekürzt wurde, wenn die Frauen weiter arbeiten gingen.

[33] Hauptgründe – gerade auch für die Arbeitsunlust – waren "die niedrigen Kriegstariflöhne gegenüber hohen Familienunterhaltszahlungen, die mangelnde Ernährung und Kleidung, die Trennung vom Ehemann und die Sorge um unzureichend betreute Kinder, Luftangriffe, schlechte Verkehrsbedingungen, psychische und physische Erschöpfung, vor allem aber das sozial unterschiedliche und ungerechte Vorgehen beim Arbeitseinsatz, waren außerhalb des Betriebs liegende Faktoren, auf welche die Unternehmer keinen Einfluß hatten." (Winkler: 1977; S. 100)

Auch der Bedarf an Büropersonal stieg an. "Die Wehrmachtsstellen beriefen oft Stenotypistinnen, die allgemein knapp waren, aus kriegswichtigen Betrieben ab, ohne die Arbeitsämter vorschriftsmäßig einzuschalten" (vgl. Winkler: 1977; S. 122) Da aber jede Kraft einen Soldaten ersetzte, der damit für die Front frei wurde, wurde die Forderung nach weiblichen Angestellten Anfang 1943 von Sauckel, dem Generalbevollmächtigten für den Arbeitseinsatz, ausdrücklich unterstützt. Folge war, daß sich der Fehlbestand an Bürokräften bei den Rüstungsbetrieben und wichtigen Behörden vergrößerte (vgl. Winkler: 1977; S. 122f.).

4.1.2 Frauenerwerbstätigkeit nach dem 2. Weltkrieg bis heute

Auch nach dem Zweiten Weltkrieg hielt und hält das Vordringen der Frauen in die Angestelltenberufe an. Das Statistische Jahrbuch 1992 verzeichnet einen Anteil von knapp 54% erwerbstätiger weiblicher Angestellter. Aufgrund der Volks-, Berufs- und Arbeitsstättenzählungen nach dem Zweiten Weltkrieg ist es möglich eine weitere Eingrenzung vorzunehmen. Folgende Abbildung gibt einen Überblick über die Entwicklung bei den Bürofach- und Bürohilfskräften sowie ihrer Untergruppe "Stenographen, Stenotypisten und Maschinenschreiber".

Jahr	Erwerbs-personen	Bürofach-, Bürohilfs-kräfte	Anteil d. Büro-fach-, Büro-hilfskräfte an den Erwerbs-personen	Stenogra-phen, Steno-typisten, Maschinen-schreiber	Anteil der Stenographen etc. an den Bürofach-kräften	Sekretärinnen (=27,6% der Stenographen etc.)
1950	22 074 000	1 084 900	4,91%	196 390	18,10%	54 204
1961	26 527 300	2 686 000 ·	10,13%	481 100	17,91%	132 784
1970	26 610 100	3 041 100	11,43%	405 800	13,34%	112 001
1980*	27 640 000	3 804 000	13,76%	494 520**	13,00%**	136 488
1987	28 993 600	3 925 500	13,54%	345 376	8,80%	95 324
1987***	28 993 600	3 925 500	13,54%	432 249	11,01%	119 301
1990*	31 305 000	3 805 000	12,15%	440 948	11,59%	121 702

* Das Zahlenmaterial für die Erwerbspersonen und Bürofach- und Bürohilfskräfte stammt aus dem Mikrozensus des jeweiligen Jahres.
* * Angaben zur Anzahl der "Stenographen, Stenotypisten, Maschinenschreiber" fehlen in der Literatur. Der Anteil von 13% wurde geschätzt.
* * * Hier liegen die Zahlen für die "Stenographen, Stenotypisten, Maschinenschreiber" aus der Beschäftigtenstatistik zugrunde.

Abb. 22: Entwicklung der Bürofachkräfte nach dem zweiten Weltkrieg

1950 wurden die Stenographen nicht in der Kategorie "Stenotypisten, Maschinenschreiber" miterfaßt. 1950 und 1961 weichen die Zuordnungen zu den Bürofach- und Bürohilfskräften ab (vgl. folgende Fußnote). Da die Sekretärinnen bei den Zuordnungen nicht gesondert erfaßt werden, schlägt Dostal folgende Vorgehensweise vor: In der Volkszählung von 1987 zugrundeliegenden Berufsordnung wurde u.a. die "Sekretärin (Stenotypistin)" (mit 188 284 Personen) aufgelistet. Er vermutet, daß 1/3 dieser Gruppe als Sekretärin und 2/3 als Stenotypistin einzustufen sind.

64

Darüber hinaus identifiziert er eine Reihe weiterer Berufe als Sekretärin (32 593 Personen). Insgesamt entsprechen die als Sekretärinnen identifizierten Personen 27,6% der Berufsgruppe 782[34].

Problematisch auch an der obigen Tabelle ist, daß Klassifizierung und Zuordnung nicht durchgängig aufrecht erhalten werden[35] .

---

[34] Da die Zuordnung zu den Berufsgruppen relativ starken Schwankungen unterliegt, sei als Vergleich und Überblick zur Beschäftigtendynamik die Beschäftigungsstatistik dargestellt:

Jahr	Gruppe 782	Sekretärinnen	Veränderung
	Personen	Personen	in %
1987	432249	119301	
1988	430951	118942	-0,30%
1989	435553	120213	1,07%
1990	440948	121702	1,24%
1991	445056	122835	0,93%

aus: (Dostal 1992: Bestand an Sekretärinnen aus statistischer Analyse; Papier zum Weiterbildungsworkshop)

[35] 1950 gehörten die Verwaltungs- und Büroberufe zur Gruppe 71. Die Büro- und Verwaltungshelfer wurden dabei weiter untergliedert in

7121 Bürogehilfe, Verwaltungsgehilfe
7125 Stenotypist, Maschinenschreiber
7127 Lochkartenfachmann
7129 Sonstige Büro- und Verwaltungshelfer

1961 wurden die Zuordnungen geändert. Zur Gruppe 712, den Büroberufen, gehörte:

7121 Industrie-, Verwaltungskaufmann, Verwaltungssekretär, Büroangestellter
7122 Kalkulator, Abrechner
7123 Buchhalter
7125 Kassierer
7127 Lochkartenfachkraft, Bediener von Büromaschinen
7128 Stenograph, Stenotypist, Maschinenschreiber

1970 wurde wiederum eine andere Klassifizierung der Berufe vorgenommen. Die Gruppe der Bürofach-, Bürohilfskräfte umfaßte:

781 Bürofachkräfte
782 Stenographen, Stenotypisten, Maschinenschreiber
und darunter
     7821 Stenographen
     7822 Sekretärinnen
     7823 Fremdsprachenstenotypisten
     7824 Stenotypisten
     7825 Phonotypisten, Maschinenschreiber
     7826 Fernschreiber
783 Datentypisten
784 Bürohilfskräfte

1987 sah die Zuordnung folgendermaßen aus:

7821 Stenographen, Stenotypisten
7822 Parlaments-, Regierungsstenographen
7823 Stenokontoristen
7824 Fremdsprachenschreibkräfte
7826 Phonotypisten, Maschinenschreiber
7828 Fernschreiber

Dennoch können folgende Trends ausgemacht werden:

• Der Anstieg von fast 220% der Bürofach- und Bürohilfskräfte zwischen 1950 und 1961 ist zum einen in der Zunahme der Erwerbspersonen, zum anderen in der veränderten Zuordnung der Berufsgruppen begründet.

• Zwischen 1970 und 1980 stieg der Anteil der Bürofach- und Bürohilfskräfte um 25%. Danach ist bis 1987 nur noch eine geringfügige Zunahme, zwischen 1987 und 1990 gar eine leichte Abnahme zu verzeichnen.

• Der Frauenanteil bei den Bürofach- und Bürohilfskräften steigt von 47% in 1950 auf 65% in 1987 an. Der Mikrozensus von 1990 zeigt einen weiter steigenden Frauenanteil von 68%, der auch von der Wiedervereinigung nicht gebrochen wird: beim ersten gesamtdeutschen Mikrozensus 1991 beträgt der Frauenanteil 70%.

• Der Frauenanteil bei der Untergruppe "Stenographen, Stenotypisten, Maschinenschreiber" beträgt über alle Erhebungen hinweg über 95%.

• Mittlerweile ist ein Bedeutungswandel im Teilbereich der "Stenographen, Stenotypisten, Maschinenschreiber" eingetreten; Berufe mit überwiegend Unterstützungsaufgaben verlieren an Bedeutung. Während der Anteil der Bürofach- und Bürohilfskräfte etwa ein Achtel über die Erhebungen hinweg ausmacht, erlebt die Untergruppe "Stenographen, Stenotypisten, Maschinenschreiber" einen anteilsmäßigen Bedeutungsverlust von 18% in 1950 auf 9% in 1990 und bestätigt damit auch die Prognosen des IAB für diesen Bereich (Stooß, Weidig 1990; Baethge, Oberbeck 1986; S. 303).

Bei den Prognosen über die zukünftige Entwicklung der Erwerbstätigkeit im Angestelltenbereich, kommt den neuen Technologien eine besondere Rolle zu. Im folgenden Kapitel wird aufgezeigt, wie der Technikeinsatz die Grundaufgaben im Sekretariatsbereich beeinflußt.

5 Technikeinsatz

Betrachtet man die Grundaufgaben, die in einem Sekretariat vorkommen, so fallen über die Entwicklungsgeschichte hinweg folgende Aufgaben an, die mehr oder weniger stark ausgeprägt sein können:

- Dokumentenerstellung, hier vor allem als Texterstellung,
- Dokumentenbearbeitung
- Dokumentenverwaltung
- Kommunikation
- Organisation und Planung
- Bewirtung und Betreuung von Besuchern.

Im folgenden wird untersucht, inwieweit diese Aufgaben durch die Technik unterstützt wurden und welchen Einfluß, die Technik auf das Berufsbild und die Aufgaben der Sekretärin hatten.

5.1 Dokumentenerstellung

Die Dokumentenerstellung stellt sich im historischen Verlauf als die Hauptaufgabe im Sekretariatsbereich dar, die stark von der jeweils zur Verfügung stehenden Technik geprägt wurde. Der Technikeinsatz beeinflußte dabei auch Kooperationsformen und die organisatorische Einbindung. Auch die anderen Aufgabenbereiche wurden zumindest hinsichtlich der zeitlichen Anteile beeinflußt. Assoziationen, die heute noch mit dem Sekretärinnenberuf verbunden werden, sind das "Tippen" und "Stenographieren".

Bis Ende des 19. Jahrhunderts waren die Schreibfeder und als zusätzliches ergänzendes Gerät, der Bleistift, die wichtigsten Schreibgeräte, mit denen die, vor allem männlichen, Handlungsgehilfen die Schreibarbeiten bewältigten. Zunehmende Ansätze zur Rationalisierung und Effizienzsteigerung bei der Schreibtechnik (vgl. Fritz 1982) gingen einher mit einer zunehmenden Verbreitung diverser stenographischer Schriften (vgl. Segelken 1991). Führend waren die beiden Systeme von Gabelsberger und Stolze, die eine rege Verbreitung vorantrieben und sich sowohl um die Zulassung zum öffentlichen Unterricht bemühten als auch Stenographenvereine bildeten. Neben diesen beiden Systemen gab es in Deutschland noch eine unübersehbare Anzahl von weiteren Systemen, die keine größere Bedeutung erlangten, jedoch eine massive Verbreitung der beiden Großen verhinderten (vgl. Segelken 1991, S. 70 f.). Verschiedene Versuche, eine einheitliche Regelung zu finden, scheiterten vor allem an dem Widerstand Preußens, das "1867 die Einführung der Stenographie mit der Begründung abgelehnt hatte, sie sei ein Rückfall in die Silben- oder Begriffsschrift, auch augenverderblich und unschön, führe zu einer grundsatzlosen Rechtschreibung und begünstige die "schädliche Vielschreiberei" (Segelken 1991, S. 74 f.).

Am 14. April 1924 wurde nach jahrelanger Uneinigkeit das System Gabelsberger bei der Reichsbahn eingeführt. Begründet wurde dies mit Arbeitserleichterung, Leistungssteigerung und Personalverringerung in der Eisenbahnverwaltung. Alle Anwärter hatten solche Kenntnisse nachzuweisen und alle Beamten bis 35 Jahre (auch die akademischen) sich die Fertigkeiten anzueignen (Segelken 1991, S. 75 f.). Die Entscheidung für das System Gabelsberger bedeutete, daß Anwärter verfügbar waren, da die Schulverwaltungen in Bayern, Sachsen, Braunschweig, Oldenburg u. a. dieses System bereits eingeführt hatten. Am 17. Oktober 1924 wird die "Deutsche Einheitskurzschrift" amtlich anerkannt. Eine Einführung der Einheitskurzschrift sollte bis zum 1. April 1926 in allen öffentlichen höheren Schulen und in allen öffentlichen Handelsschulen als Pflicht- oder Wahlfach erfolgen.

"Im Dezember 1933 wurde ein Erlaß herausgegeben, der von allen neu eintretenden Beamten und Angestellten sowie von allen Beamten unter 38 Jahren verlangte, daß sie die Stenographie mit mindestens 80 Silben, Kanzleibeamte sogar mit 150 Silben schreiben konnten. Dies führte zu einer wesentlichen Ausweitung der Einheitskurzschrift. 1942 wurde der Begriff "Kurzschrift" auf Wunsch Hitlers durch den Begriff "Stenographie" überall ersetzt (vgl. Haeger 1969, S. 113). Die Einheitskurzschrift blieb bis auf unwesentliche Änderungen im Jahre 1936 in der ursprünglichen Form bis in die heutigen Jahre erhalten." (Segelken 1991, S. 77)

Deutlich wird an dieser kurzen Entwicklungsgeschichte, daß das Stenographieren ursprünglich keine Frauendomäne war, sondern vielmehr als wichtiges Arbeits- und Rationalisierungsmittel gesehen wurde. Heute wird Stenographieren im Fortbildungsbereich vor allem unter dem Aspekt des Abgrenzungsmerkmals zu den "nicht geprüften Sekretärinnen" diskutiert. Die Notwendigkeit des Stenographierens selbst als eher zweitrangig eingestuft.

5.1.1 Die Schreibmaschine

Die Geschichte der Schreibmaschine datiert aus dem 18. Jahrhundert[36], wobei die Idee, schreibende Maschinen herzustellen, älter ist als Kontore und Büros und auf Motive unterschiedlichster Art wie zielloser Erfindungsgeist oder den Wunsch ein Hilfswerkzeug für Blinde und Taubstumme herzustellen, zurückzuführen ist (vgl. Segelken S. 88 ff. Martin, 1949).

Den Durchbruch bei den Erfindungen der Schreibmaschine machte 1874 die Firma Remington, die die Erfindung von Christopher Latham Sholes und Carlos Glidden in einer großen Serie fertigstellten. Von den unzähligen anderen Modellen, die erfunden wurden, war 1896 die Underwood, die erste sichtbar schreibende, serienmäßig hergestellte Schreibmaschine.

---

[36] 1714 erhielt der Techniker Henry Mill ein Patent für die exklusiven Rechte der Herstellung. Im gleichen Jahrhundert wird von "Schreib-Robotern" berichtet, die das Handschreiben kopierten. In vielen europäischen Ländern wurden zu dieser Zeit ähnliche Entwicklungen - unabhängig voneinander- vorgenommen. Doch diese fanden vorerst keine industrielle Verwertung und Verbreitung (vgl. Pirker 1962).

Für die ersten zum Kauf angebotenen Schreibmaschinen fehlten die Maschinen-schreiber; es war nicht ohne weiteres möglich die Maschinen zu bedienen (Segelken 1991; S. 161), zumal noch keine Normierung vorhanden und es die unterschiedlich-sten Modelle zu kaufen gab. So wurden die Tastenfelder erst 1928 in der DIN 2112 für Deutschland genormt[37]. Vorher gab es eine Vielzahl von Modellen, wie Schreib-maschinen, die sowohl Groß- und Kleinbuchstaben auf der Tastatur hatten oder Ge-räte, bei denen das Geschriebene erst nach der Fertigstellung gelesen werden konn-te[38]. Die Unterschiedlichkeit der Geräte stellte an die Schreibkraft unterschiedliche Anforderungen. Es war dabei nicht ohne weiteres möglich von einem Gerät auf das andere überzuwechseln.

"Nachdem die Remington bzw. deren Vorläuferin die Sholes-Gliden, 1874 marktfähig und eine erste Serie hergestellt war, wußte niemand sie zu verkaufen. Fast 10 Jahre wurden keine Fortschrit-te gemacht. Die Maschinen mußten nicht nur zur Probe verkauft werden, sondern der Fabrikant mußte auch die Schreiberin dazu liefern. Dies bedeutete, Frauen und Mädchen zu überzeugen, das

---

37 Die Standardisierung beruhte eher auf einen historischen Zufall, denn auf ergonomischen Kri-terien. Segelken zitiert Martin, daß die Universaltastatur auf den Stenographenkongreß in To-ronto 1888 zurückzuführen sei. Hier wurden die fünf verbreitetsten Tastenschreibmaschinen-Systeme vorgeführt. "Remington", "Caligraph", Crandall", "Hammond", "Yost". Jedes hatte un-terschiedliche Zeichenfolgen. Da die "Remington" und damit auch deren Zeichenfolge sowie die vierreihige Tastaturanordnung die verbreitetste war, wurde sie von den versammelten ame-rikanischen und kanadischen Stenographen im Hinblick auf eine Vereinheitlichung als em-pfehlenswert dargestellt (vgl. Martin 1949, S. 547) Dabei war die Anordnung der Buchstaben auf der Universaltastatur nicht aufgrund ergonomischer, sondern aufgrund konstruktions-technischer Kriterien vorgenommen worden (Segelken 1991; S. 112 ff.). An der Tastatur und der Verteilung der Buchstaben hat sich in den letzten 100 Jahren praktisch nichts geändert (vgl. Stümpel 1985 S. 10). Die FA. Marquardt produziert seit 1993 eine neu gestaltete Tastatur, nachdem das Fraunhofer-Institut für Arbeitswirtschaft und Organisation zu Beginn der 80er Jahre in deren Auftrag eine Tastatur nach ergonomischen Kriterien entwickelt hatte.
38 Die technischen Details, die dabei eine Rolle spielten, waren (vgl. auch Segelken 1991):
   • Tastenschreibmaschinen
     Heutige Schreibmaschinen sind nur Maschinen mit Tastenfeld, d. h. durch einen Tasten-druck entsteht ein Zeichen auf dem Papier. Daneben gab es auch Erfindungen von Ein-taster- oder Zeigermaschinen. Sie hatten einen gemeinsamen Typenträger bei dem die Einstellung eines Zeichens mittels Zeiger oder Einstellhebels auf einer Zeichenplatte oder Zeichenskala erfolgt. Der Abdruck benötigte eine weitere Handlung, nämlich den Druck auf eine Taste oder einen Einstellhebel oder einen Zeiger. Folge war ein Zeitverlust.
   • Typenhebelmaschine
     Neben dieser gab es Typenräder, Typenzylinder, Typenwalzen, Typenschiffchen - oder segment, und Typenstangen.
   • Farbband
     Neben diversen Farbbändern aus unterschiedlichen Materialien gab es außerdem die Kis-senfärbung.
   • Tastenfeld
     Das heutige bekannte und allgemein genutzte Tastenfeld ist das Standard-Tastenfeld oder vierreihige Universaltastenfeld mit den durch die jeweilige Landessprache geringfügigen Änderungen. Vor 1928 gab es eine Vielzahl von Tastaturgestaltungen.
   • Umschaltung
     Diese ermöglichte die Umschaltung von Klein- auf Großbuchstaben über einen Tasten-druck oder Hebel.
   • Sichtbarkeit
     Die "Remington" war eine sogenannte Unteranschlagmaschine, deren Typenhebel im Voll- oder Halbkreis aufgehängt und bei Tastendruck oben geschleudert werden. Um das Geschriebene nachlesen zu können, muß der Wagen oder die Walze hochgehoben oder zu-rückgeklappt werden. Schon 1908 waren die verdeckt schreibenden Maschinen ein Uni-kum und konnten sich nicht länger auf dem Markt halten.

Maschinenschreiben zu erlernen. Die Folge hiervon waren Stellenvermittlungsbüros in Verbindung mit den Schreibmaschinengesellschaften, die auch heute noch in Amerika, England, Australien, Frankreich usw. mit der Maschine vertrautes Bedienungspersonal vermitteln." (E. Martin zitiert in Pirker; 1962; S. 33)

Die Einführung der Schreibmaschine ins Geschäftsleben gestaltete sich vor allem in den USA als ein Werbefeldzug mit Frauen (vgl. Pirker 1962). Die ersten Schreibmaschinen wurden mit den Schreiberinnen geliefert, so daß die Handlungsgehilfen nicht an der Maschine arbeiten mußten und das Privileg genossen, Arbeit nach "unten" zu delegieren.

In Deutschland verlief die Entwicklung nicht so schnell; die ersten Maschinen wurden nicht für das Geschäft genutzt, sondern dienten eher als Kuriosum und Spielzeug in den heimischen Salons. Erst in den 80er Jahren, als die Berliner Firma Georgowsky die Generalvertretung für die Firma Remington übernahm, änderte sich die Absatzlage. Die Werbe- und Einführungspraktiken der Berliner Generalvertretung (i. e. Mitvermittlung einer Schreibkraft) entsprach den Erfolgsrezepten der amerikanischen Muttergesellschaft Remington (vgl. Lorentz 1988). So berichtet Kisker von der wachsenden Zunahme der Frauenerwerbstätigkeit im Zeitraum 1896 bis 1899: "Die kaufmännischen Schulen füllen sich; zu jeder verkauften Schreibmaschine soll die Handlung auch eine Stenotypistin liefern." (Kisker; 1911; S. 12f.)

In den 90er Jahren wurden Schnellschreibwettbewerbe eingeführt, um die neuesten Maschinen auf dem Markt populär zu machen. Zur gleichen Zeit verlief die Entwicklung des 10-Finger-Schreibsystems, das allerdings damals für die Geschäftswelt infolge der schweren Bedienung nicht in Frage kam. Man ging dazu über Schulungen zu entwerfen. Nach jahrelangen Diskussionen setzte sich das 10-Finger-Schreiben und mit ihm das Blind- oder besser Tastschreiben als allgemein gebräuchlich durch (vgl. Segelken 1991 S. 161 ff.). Die älteste deutsche Schule für Maschinenschreiben war die Hamburger Fachschule von 1892. Im Zuge dieser Entwicklung kamen eine Vielzahl von Lehrbüchern auf den Markt und erste arbeitswissenschaftliche Untersuchungen zum Maschinenschreiben wurden durchgeführt. Thematisiert wurde auch schon – das in den 1970er Jahren wieder aktuelle Thema – ob Maschinenschreiben eine geistige Arbeit sei.

Gegen Ende des 19. Jahrhunderts stellt sich die Verbreitung der Schreibmaschine folgendermaßen dar:

Verkaufszahlen der Schreibmaschine												
1879	1880	1881	1882	1883	1884	1885	1886	1887	1888	1889	1890	1891
146	704	1.710	3.278	7.200	9.000	14.000	19.500	27.000	37.500	50.000	65.000	73.000

Abb. 23: Verkaufszahlen der Schreibmaschine in den USA (aus: Pirker 1962; S. 34)

Die Schreibmaschinen hatten sich bis Mitte der 20er Jahre weitgehend durchgesetzt. Für Anfang der 30er Jahre wird geschätzt, daß in Deutschland bereits 3 Mio. Schreibmaschinen verwendet werden, die zu mehr als der Hälfte von Frauen bedient wurden (vgl. Segelken 1991; S. 256).

Der Erfolg der Schreibmaschine wird als untrennbar verbunden mit der Kurzschrift verknüpft. Das amerikanische Prinzip des "schneller, schneller, schneller" fand durch diese Verbindung seinen Einzug in die Büros der industriellen Welt (Pirker 1962; S. 40).

"Die Stenographen, ihre Zeitschriften und Verbände wurden die wichtigste Kraft in der Einführung der Schreibmaschine und dies nicht nur in den Vereinigten Staaten. Ferdinand Schrey, der Vater eines Kurzschriftsystems, ...verhandelte mit Hammond über die Vertriebsrechte der Schreibmaschine in Deutschland: "Was dann doch den Ausschlag zu meinen Gunsten, war, wie er mir versicherte, einmal der günstige persönliche Eindruck und meine Beherrschung der englischen Sprache, sodann der Umstand, daß ich als Stenograph schon einen Namen hatte. Hammond war selbst amtlicher Gerichtsstenograph gewesen und legte auf meine Verbindung mit den stenographischen Körperschaften großen Wert, weil in den Vereinigten Staaten Schreibmaschine und Stenographie in engster Verbindung standen, und die Schreibmaschine eben in dieser Verbindung ihre schnelle Verbreitung verdankte. In Deutschland ist die Entwicklung dann dieselbe gewesen. Ich habe die erste Ausbildungsschule für Stenotypisten in Deutschland eingerichtet, und von da an ist es dann recht schnell vorwärts gegangen. Das Wort Stenotypie habe ich damals geprägt, um die sonst nötige Umschreibung: "Stenographen, die zugleich die Schreibmaschine beherrschen", zu vermeiden." (Martin zitiert nach Pirker 1962 S. 39)

Die Verknüpfung Stenographie und Maschineschreiben führte zu einer Rationalisierungsoffensive. Eine Leistungssteigerung und Verbilligung der Textproduktion wurde durch die Trennung geistiger und manueller Tätigkeiten vollzogen. Die "entmischten" manuellen Arbeiten der Texterstellung wurden bevorzugt den jungen, billigen Arbeitskräften übertragen, die häufig in einem Schreibsaal untergebracht wurden.

Technisch manuelle Voraussetzungen waren weitere Verbesserungen der Schreibmaschinen mit sichtbarer Schrift, die ein längeres und schnelleres Schreiben ermöglichte. Um die Jahrhundertwende wurden vereinzelt elektrische oder pneumatische Schreibmaschinen eingeführt.

Ihren Durchbruch hatten die elektrischen Schreibmaschinen erst in den 50er Jahren. Seit 1952 verkauft die IBM Deutschland in der Bundesrepublik elektrische Typenhebelmaschinen, die 1961 durch Kugelkopfmaschinen abgelöst wurden (Winkler 1982; S. 16). Sie erleichterten die Bedienung der Schreibmaschine wesentlich durch die Herabsenkung der Kraftanstrengung für die Bedienung des Tastenfeldes und boten die Möglichkeit der Proportionalschrift; bei der Kugelkopfmaschine kamen Flexibilität in der Schriftwahl und des Schriftbildes hinzu.

Eine Revolution für die Dokumentenerstellung bedeutete die Elektronisierung mit den Speicher-Schreibmaschinen und den ersten Textautomaten. Magnetkarten (1964) und Magnetkartenmaschinen (1969) dienten dabei zur Speicherung der Informationen. Diese ersten Systeme zeichneten sich durch exorbitante Größe und Preise sowie minimale Speicherkapazität aus. Anfang der 80er Jahre hatte die Einführung der elektronischen Textverarbeitung nicht den rapiden Aufschwung genommen, der ihr in den 70er Jahren vorausgesagt wurde. Nach einer Infrateststudie waren 1981 in den Unternehmen

71

- 2,82 Mio. elektrische Schreibmaschinen installiert
- 1,56 mit Typenhebel (hinzu kamen noch mehr als 1 Mio. mechanische Typenhebelmaschinen.)
- 0,075 Mio. Plätze mit Magnetspeichermedien
- 0,02 Mio. elektronische Systeme (vgl. Winkler 1982; S. 12).

Die Umstellung von elektrischer zu elektronischer Textverarbeitung verlief konservativer als erwartet. Schreibmaschinen wurden durch Speicherschreibmaschinen ersetzt und der Sprung zum Textsystem oder zur Textsoftware nur eingeschränkt vollzogen. Elektronische Textverarbeitung wurde am frühesten in Unternehmen mit besonders hohen Anfall an Schriftgut eingeführt wie bei den Versicherungen und Banken, wo der Durchdringungsgrad auch am höchsten war (vgl. Bullinger et al. 1982; S. 43).

Mit ihrer Einführung standen die Unternehmen vor dem ökonomischen Zwang einer organisatorischen Restrukturierung. Sekretariatsarbeitsplätze als eins zu eins-Zuordnung zu Vorgesetzten wurden aufgelöst und zentralisierte Formen – bekannt als Schreibpools – unter dem Konzept der organisierten Textverarbeitung eingeführt. Dieses Konzept mit seinen Dimensionen Entmischung, Zuordnung, Zusammenfassung in Arbeitsgruppen und Quantifizierung führte zu räumlich zusammengefaßten Einzelarbeitsplätzen, um eine optimale Ausnutzung der Technik zu erreichen.

Ende der 80er Jahre erreichten die Miniaturisierung und der Preisverfall neue Dimensionen, die die unternehmensweite Verbreitung mit modernen Technologien zur Folge hatten. Der potentielle Nutzungsbereich im Sekretariat erhöhte sich dadurch beträchtlich; insbesondere erfuhr die Aufgabe "Dokumentenerstellung" völlig neue Dimensionen. War sie bislang auf die reine Texterstellung beschränkt, so boten und bieten sich mit modernen Software-Programmen weitergehende Möglichkeiten hinsichtlich anderer Dokumentenarten.

5.1.2 Diktiergeräte

Als weitere den Sekretariatsbereich und die Dokumentenerstellung prägende Technik gelten die Diktiergeräte. Die ersten Diktiermaschinen wurden gegen Ende des 19. Jh. der Öffentlichkeit vorgestellt.

"Zur Aufnahme des Diktats ist der Apparat mit einer Walze versehen, ähnlich der Walze am Phonographen. Das Sprechen erfolgt in einer Membrane, die durch einen Sprechschlauch ... oder Sprechtrichter mit der Maschine in Verbindung steht. Durch eine einfache Hebelstellung bringt man die Walze in den Bereich der Aufnahmemembrane; eine Fußbremse dient zur Unterbrechung des Diktats. Beim Abhören wird der Hörschlauch (Clarophon) an die Ohren gelegt ...; durch eine Vorrichtung ist es möglich, die Geschwindigkeit des Sprechens zu regulieren." (Vautrin 1916 S. 138 zitiert in Segelken 1991: S. 168)

Der größte Mangel dieser Maschinen (auch Parlographen genannt) war das Korrigieren. Die umständliche Handhabung der Korrekturstreifen machte einige Vorteile der rationellen Schreibarbeit wieder zunichte, denn perfekt Diktierende gab und gibt es nur selten (vgl. Segelken 1991, S. 169).

72

Der Vorteil des Diktiergerätes ist die zeitversetzte Kommunikation; man ist nicht mehr von dem Vorhandensein eines Stenographen abhängig; die räumliche Trennung zwischen Diktierenden und Schreibenden ist möglich. Die Mehrzahl der Stenotypistinnen war von den Parlographen nicht begeistert. Nachteile wurden in

• gesundheitlicher Hinsicht und in
  Die enge Verbindung mit dem Schallrohr verursachte Kopfschmerzen und nach wenigen Wochen Arbeit an dem Diktiergerät blieben bereits Schäden zurück wie permanentes Rauschen.

• sozialer Hinsicht gesehen.
  Angestellte, die nur mit der Diktiermaschine arbeiteten, wurden nicht mehr als kaufmännische Angestellte angesehen und ihre besonderen Rechte aus diesem Status gingen verloren (Segelken 1991; S. 170 f.).

Ab 1925 wurden die in der Vorkriegszeit erfundenen Diktierwalzen technisch weiterentwickelt und für die Textverarbeitung in den Großbetrieben eingesetzt. Die Sachbearbeiter sprachen den Text auf die Walze und gaben sie an den zentralen Schreibdienst. Somit ließ sich bei den Schreibkräften ein kontinuierlicher Schreibfluß erzielen, der nicht durch das Diktieren eines persönlichen Vorgesetzten unterbrochen wurde.

Diktiergeräte wurden in den nachfolgenden Zeiten weiter verbessert und optimiert. Werbefeldzüge in den 50er Jahren (vgl. z. B. Büropraxis Ausgaben der 50er Jahre) versuchten über die Vorteile der Zeiteinsparung und der zeitversetzten Kommunikation die Geräte an den Mann zu bringen. Die arbeitsorganisatorischen Veränderungen in den 60er und 70er Jahren zwangen viele Fach- und Führungskräfte zur Nutzung der Diktiergeräte. Empfohlen wurden Diktierschulungen, bei denen den Diktanden die Regeln des Phonodiktates vermittelt werden sollten. Trotz der hohen Verbreitung des Diktiergerätes kann man heute immer noch davon ausgehen, daß Diktiergeräte sowohl vom Diktanden als auch von der schreibenden Person mit einem lachendem und einem weinenden Auge betrachtet werden. Während es vom Diktanden Disziplin zur Einhaltung (und Lernens) der Regeln fordert, muß häufig vorab noch ein handschriftliches Manuskript erstellt werden. Die Schreibenden beurteilen vor allem die Diktierfähigkeit (trotz Schulungen[39]) der Bearbeiter als unzureichend. Verstärkt wird dies bei zentralen Organisationsformen wie den Schreibpools, bei denen häufig zwischen Diktanden und Schreibenden keinerlei Kommunikation stattfindet, die z. B. Erläuterungen zu den zu erstellenden Schriftstücken ermöglichen könnte.

---

39 Während des Modellprojektes "Schaffung dezentraler Arbeitsplätze unter Einsatz von Teletex" wurden u. a. Interviews mit Frauen durchgeführt, die in Schreibpools beschäftigt waren. Hier wurde in der Regel trotz betriebsintern durchgeführter Schulungen für Diktanden auf die Problematik des falschen Diktierens hingewiesen. Besonders dramatisch stellte sich das dann dar, wenn nicht überall speicherfähige Schreibmaschinen und Textautomaten zur Verfügung standen. Dann mußten die Texte oft zweimal oder öfter geschrieben werden, um sie wunschgerecht zu erstellen.

5.2 Dokumentenbearbeitung und -verwaltung, Planen und Organisieren

Die Dokumentenbearbeitung wurde in der Vergangenheit vor allem durch die Standardisierungs- und Normierungsbemühungen beeinflußt. Heute spielen hier vor allem Software-Produkte eine Rolle wie Kapitel 8.1 zeigt.

Standardisierung und Normierung spielen in den 20er und 30er Jahren eine wichtige Rolle im Bürobereich, die sich unmittelbar auf die Arbeiten auch im Sekretariatsbereich auswirken. Eine Durchsicht der RKW-Nachrichten der Jahrgänge 1927 bis 1944 gibt einen Einblick in die Bedeutung dieser Arbeiten. Die Bestrebungen im Büro- und Verwaltungsbereich erstrecken sich vor allem auf eine Standardisierung der Schriftstücke, die in entsprechenden Ausschüssen bearbeitet wurden. U. a. aufgeführt, werden:

- Richtlinien für die Behandlung der Geschäftspost (vgl. RKW-Nachrichten 9/1928 Heft 9; 2. Jg, S. 118)
- In Heft 2/1929 (RKW-Nachrichten 2/1929 Heft 2; 3. Jg.) werden bezüglich der Schreibmaschinenarbeit eine Vereinheitlichung der Begriffe für die Bezeichnung von Arbeitsvorgängen vorgeschlagen und ein Vorschlag für Ansagezeichen und Ansageworte zur Diskussion unterbreitet. Im gleichen Heft wird eine Vereinheitlichung der Anschrift vorgeschlagen. In Heft 3/1929 (RKW-Nachrichten Heft 3/1929; S. 51) werden die Regeln für die Zeichensetzung bei Schreibmaschinenarbeiten und ein Entwurf der Richtlinien des AWV für den Gebrauch des Ansageheftes vorgestellt.
- Für das Berichtsjahr 1929 (RKW-Nachrichten 7/1930 4. Jg. S. 191) wird für das Gebiet des Bürowesens vor allem an der Vereinfachung und Vereinheitlichung der in großen Massen gebrauchten, täglich wiederkehrenden Vordrucke, wie Rechnungsvordrucke, Auftragsbestätigungen, Einheitsgeschäftskarte etc. gearbeitet. Die Einheits ABC-Regeln erschienen in 5. Auflage und an ihrer Vervollkommnung wird weiter gearbeitet. Desgleichen an den Richtlinien: der formgerechte Geschäftsbrief", "Regeln für das Maschineschreiben" und "Instandhaltung der Schreibmaschine"; die Anwendung des Ortsnummernsystems setzt sich langsam durch.
- Heft 12/1934 (RKW-Nachrichten; 8. Jg. 12/1934S. 161) listet die Fortschritte in der Schreibmaschinennormung auf. Es wird ein Überblick über genormte Schreibmaschinenteile, Farbbänder, -spulen; Abmessungen der Schriften und Tastenabstände; Anordnung der Zeichen auf der Tastatur = DIN 2112 gegeben.
- Behandelt werden Richtlinien für einheitliche Verkaufsbetätigungen; die einheitliche Gestaltung der Geschäfts- und Besuchskarten; einheitliche Wochennumerierung der Kalender (vgl. RKW-Nachrichten 2/1928 Heft 2 2. Jg. S. 26)

Das ist nur ein kleiner Auszug dessen was an Normierungsarbeiten behandelt wurde. Erwähnt seien noch die Propagierung des Vordruck- und Formularwesens, das als Rationalisierungshilfe per se angepriesen wurde.

"Der Ausbau und die Ausdifferenzierung des Formularwesens – die vielleicht beständigste, nachhaltigste, aber am wenigsten beachtete Form der Rationalisierung von Angestelltenarbeit – systematisierte die Bearbeitung von Vorgängen und schuf damit wohl die wichtigste Voraussetzung für den Einsatz elektronischer Datenverarbeitung." (Baethge, Oberbeck 1986; S. 21)

Einen Einblick in die nichtnormierte Büroarbeit gibt der Beitrag von Ruffer (Ruffer 1938). So gab es bei der OSRAM GmbH über 250 verwandte Formate, die, nach dem 1927 ein sog. Aufplanungsausschuß (Rationalisierungsausschuß) eingesetzt wurde, auf fünf Formate reduziert wurden und zwar DIN A3, DIN A4, DIN A5, DIN A6 und DIN A7. "Das Ergebnis war eine Ordnung im Vordruckwesen, sparsame Papierwirtschaft, vereinfachte Vordruckbestellung und einfache, einheitliche Ablagemöglichkeit." (Ruffer 1938)

Eine wichtige Rolle im Sekretariatsbereich spielt die Schriftgutverwaltung mit ihren verschiedenen Registraturarten. Als Organisationsmittel im 19. Jahrhundert standen verschiedene Karteisysteme und Registerordnungen zur Verfügung.

Heute stehen eine Reihe von Registraturarten zur Verfügung wie die liegende Registratur (veraltet), die stehende Ordner- Registratur, Pendel Registratur, die Hänge-Registratur und die Stehsammler-Registratur (vgl. Sekretärinnen Handbuch 1982). Darüber hinaus gibt es Sondereinrichtungen und Spezialablagen wie den Archiv-Ordner, die Klebebindung, Archivschachteln, Archiv-Depot. Als moderne Ablagemöglichkeit wird der Mikrofilm gesehen, der als Rollenfilm, Jacket, Microfiche oder Filmlochkarte aufbewahrt werden kann.

Darüber hinaus stehen verschiedene Ordnungssysteme, (alphabetisch, numerisch, sachbezogene Ordnung, Ordnung nach Aktenplan) zur Verfügung (vgl. Sekretärinnen Handbuch 1982).

Der zunehmende Einsatz von EDV im Bürobereich wirkt sich auch auf die Ablage aus. Die Ablage auf Disketten, aber auch die Ablage auf optische Speicherplatten bieten hier neue Möglichkeiten.

5.2.1 Kopierer

Zu dem Bereich der Dokumentenverwaltung gehört der Vervielfältigungsbereich.

Als höchst entwickeltes kaufmännische Hilfsmittel im 19. Jahrhundert galt die Kopierpresse[40], die damals die Kopierarbeiten erleichterte. Gegen Ende des 19. Jahrhunderts wurde der Hektograph entwickelt, mit dem bis zu 100 Abzüge von einer Vorlage erstellt werden konnte (Faulstich-Wieland; Horstkemper 1987; S. 30). Mit dem Aufkommen der Fotografie wurde der erste fotomechanische Kopierapparat 1907 in den USA hergestellt. Elektrofotografische Verfahren kamen als "Trockenkopierverfahren" durch den ungarischen Physiker Selenyi 1935 auf. Seit 1950 gibt es das erste Xerox-Verfahren auf dem Markt (Faulstich-Wieland; Horstkemper 1987; S. 31).

---

[40] "Der Originalbrief wird mit der mit Kopiertinte beschriebenen Seite auf das durch ein untergelegtes nasses Tuch angefeuchtete Seidenblatt eines Kopierbuchs gelegt, dieses geschlossen, zwischen die Kopierpresse gebracht und fest eingespannt. Auf dem Seidenblatt entsteht in Spiegelschrift der Brieftext, der infolge Durchsichtigkeit des Seidenpapiers sofort lesbar ist. Auch die Unterschrift des Briefes erfolgte auf dem Original mit Kopierstift und wurde kopiert. Dadurch erlangte die Kopie besondere Beweiskraft." (Kunzmann zitiert in Segelken 1991; S. 16 f.)

Vervielfältigungsverfahren, die in den 60er und 70er Jahren, benutzt wurden, waren (vgl. Sekretärinnen-Handbuch 1982; S. 317 ff.)

- das Durchschreibeverfahren
  mit der Hand als "Blaupapier" oder mit der Maschine mit Hilfe von Kohlepapier
- das Schablonenverfahren
  bei dem eine Wachsmatrize als Schablone der Druckträger ist.
- das Abziehverfahren auch Hektographierverfahren genannt
  hier wird auf der Rückseite des Originals der Text in Spiegelschrift wiedergegeben und abgezogen
- chemische Verfahren
  wie der Offset Druck oder das xerographische Druckverfahren, wobei der Druckträger aus Metall- oder Papierverfahren besteht, die im allgemeinen in einem Spezialverfahren hergestellt werden müssen.
- das Hochdruckverfahren
  über Typen- und Rasterdruck und der Druck von Anschriften mit Adressiermaschinen
- fotografische Verfahren.

Das Fotokopieren, setzte sich schon damals durch und verdrängte die übrigen Verfahren beinahe ganz. In den achtziger Jahren wurde die Zukunft der Kopierer unter den Prognosen über die zukünftige Entwicklung diskutiert. Im Zusammenhang mit der Elektronisierung der Büroarbeit wurde zum einen das "papierlose Büro" und damit auch das "kopienlose Büro" prognostiziert, zum anderen gab es Stimmen, die vor dem Hintergrund der ungebrochenen Flut von Informationen zumindest im mittelfristigen Bereich von einer weiteren Zunahme des Kopierbedarfes ausgingen.

Entwicklungen, die seinerzeit z. B. von OCÉ verfolgt wurden, waren Konzepte der zentralen Dezentralisation, das sich stark an das organisatorische Modell des Service Centers anlehnte, in dem alle Unterstützungs- und Assistenztätigkeiten für eine Abteilung bzw. für einen Bereich dezentral angeboten wurden.

5.3 Kommunikation

Heute ist die Kommunikation wesentlicher Bestandteil des Aufgabenspektrums im Sekretariatsbereich. Hier fallen der Sekretärin vom allem vermittelnde und Informationsfunktionen zu, die durch einen breiten Technikeinsatz unterstützt und gefördert werden.

Kommunikation wurde im 19. Jahrhundert durch das Telegraphensystem und das Telefon unterstützt. Bereits 1835 stellte Samuel Morse das Telegraphensystem als Prototyp vor. Weitgehende Verbreitung fand es erst in der zweiten Hälfte des 19. Jahrhunderts als Morse seine Patente gesichert hatte. Nun war es möglich mit seinen Geschäftspartnern schnell in Verbindung zu treten und wichtige Nachrichten sofort durchzugeben (vgl. Segelcken 1991; S. 17).

Eine technische Revolution im Kommunikationsbereich stellte das Telefon dar. "Sowohl Alexander Graham Bell als auch Elisha Gray meldeten ihre Patente am 14. Februar 1876 an (wobei Bell Gray um zwei Stunden zuvorkam)." (Segelken 1991; S. 17f.)

Mit der Ausweitung des Telefonverkehrs ergab sich zwangsläufig eine Ausweitung der Schreibarbeit, denn mündliche Zusagen mußten schriftlich bestätigt, erhaltene Informationen schriftlich fixiert werden. Segelken (1991; S. 18 f.) zeigt einige Gemeinsamkeiten des Telegraphen, des Telefons und der Schreibmaschine auf:

• Alle trugen zur Verbesserung der Kommunikation bei.
• Alle hatten eine Reihe von "Mit"-Erfindern.
• Die Widerstände bei der Technik verliefen ähnlich: Wurden beim Telegraphen negative Folgen der Überlandleitungen befürchtet, so wurden beim Telefon und der Schreibmaschine das Erdulden neuer Kommunikationsformen kritisiert, die zu einer Beseitigung gesellschaftlicher Schranken führen sollten.
• Alle drei neuen Techniken wurden vorrangig von Frauen bedient.

Diese ersten Kommunikationsmöglichkeiten trugen dazu bei, daß Informationen schneller übertragen werden konnten und somit eine beschleunigende Wirkung auf den Geschäftsablauf hatten.

In den siebziger Jahren wurde in der Bundesrepublik Deutschland verstärkt damit begonnen, sich außer um die Übertragung von Sprache auch um die Übertragung von Daten, Text und Bildern zu kümmern. Diese Übertragungsarten fungierten auch unter dem Begriff Telekommunikation und wurde in den Achtzigern unterteilt in (vgl. Bullinger et al. 1982)

• Sprachkommunikation
Hierunter fällt die Entwicklung intelligenter Telefonsysteme mit erweiterten Funktionsmerkmalen, die ihre komplexesten Ausführungen vor allem im Sekretariatsbereich haben.
• Bildkommunikation
Hier machte der 1979 eingeführte Telefax-Dienst für das Fernkopieren Furore, bei dem über spezielle Endgeräte, Vorlagen über Faksimile-Verfahren im Telefonnetz bzw. mittlerweile auch im ISDN-Netz übermittelt werden. Der Telefax-Dienst ersetzte mittlerweile fast vollständig den Telex-Dienst, der lediglich die Übermittlung eines eingeschränkten Zeichenvorrats erlaubt.
• Datenkommunikation
Für die Datenkommunikation gibt es mittlerweile eine unübersichtliche Vielfalt an Diensten, die dafür in Anspruch genommen werden können. Traditionelle Verbindungen sind dabei Anschlüsse über Direktruf (sog. "Standleitungen"); Anschlüsse im Fernsprechnetz (sog. "Wählleitungen"); Datex-L und Datex-P.
• Textkommunikation
1982 wurde der Fernmeldedienst Teletex eingeführt, der aufgrund einer Empfehlung der regierungsunabhängigen "Kommission für den Ausbau des technischen Kommunikationssystems" (KTK) von der Bundesregierung forciert wurde. Ausgangspunkt der KTK war die Hypothese, daß 40% der täglichen Geschäftsbriefe elektronisch übertragbar seien (vgl. Bullinger et al. 1987; S. 53). Allerdings haben

sich die optimistischen Erwartungen hinsichtlich dieses Dienstes nicht erfüllt, wobei hier eine Reihe von Faktoren zugrunde lagen wie z. B. die Kostenstrukturen, technische Probleme bei den Endgeräten etc. (vgl. Bullinger 1987; S. 56 ff.).

Der Trend bei den Kommunikationsmedien geht in Richtung Integration bei gleichzeitiger Diversifikation, was die Geräte angeht wie Kapitel 8.1 darstellt.

Die Diversifikation des Geräteeinsatzes und die damit einhergehende Kommunikationsvielfalt ging am Aufgabenspektrum des Sekretariatsbereiches nicht spurlos vorüber.

Die Sprachkommunikation über die mit vielen Funktionalitäten ausgestatteten Telefonapparate und Telefonanlagen stellten höhere Anforderungen an

• das technische Know-how zur Bedienung der komplexen Geräte;
• die Sozialkompetenzen, da die Abschirmfunktion stärker zum Zuge kommt;
• die Belastbarkeit, da die Umstellmöglichkeiten der anderen Mitarbeiter auf das Sekretariat zu erhöhten Störungen und Unterbrechungen führte.

Auch die Bildkommunikation bewirkte mit dem Telefax Veränderungen:

• Arbeitsorganisatorische Regelungen wie das Verschicken von Telefaxen über das Sekretariat erhöhten die "Störungen und Unterbrechungen" anderer Aufgaben der Sekretärin.
• Arbeitserleichternd wirkte sich aus, daß das Telefax zu einem Kommunikationsmedium mit informellen Stil avancierte und der hochwertig gestaltete Geschäftsbrief in der Regel für den Postweg, das Telefax mit handschriftlichen Notizen für die schnelle fachliche Bearbeitung eingesetzt wird. Hier kommt als arbeitserleichternde Auswirkung auch die Verlagerung der Erstellung auf die Autoren zum Zuge.

Der Bereich Datenkommunikation ist eher auf der Sach- und Fachbearbeitungsebene, denn im Sekretariat wirksam. Allerdings hat der Einsatz der elektronischen Post eine vergleichbare Wirkung wie der Einsatz des Telefax. Entlastung tritt auf durch die persönlich und menschlich wirkendere Weise. Aufgrund dessen, daß das Computerprogramm den technischen Teil der Korrespondenz übernimmt, wird die Tendenz zu spontanen Äußerungen gefördert (vgl. Allerbeck o. J.) und der aufwendige Geschäftsbrief tritt in den Hintergrund.

Die Auswirkungen der Textkommunikation auf den Schreib- und Sekretariatsbereich wurde vor allem hinsichtlich dezentralisierender Auswirkungen in dem Modellversuch "Schaffung dezentraler Arbeitsplätze unter Einsatz von Teletex untersucht (vgl. Bullinger et al. 1987). Dieser Dienst hatte auch in der Folge keine nennenswerte Verbreitung gefunden und spielt somit im Sekretariatsbereich bislang eine zu vernachlässigende Rolle. Die Rolle anderer Kommunikationsdienste und Übertragungsmedien werden in Kapitel 8 aufgezeigt.

5.4 Fazit

In diesem Kapitel wurde der Technikeinsatz als ein Einflußfaktor auf die Aufgaben im Sekretariatsbereich aufgezeigt. Zusammenfassend kann gesagt werden, daß die Basisaufgabe Dokumentenerstellung bislang der wichtigste Bereich ist, bei dem der Technikeinsatz Auswirkungen auf die organisatorische Einbindung und die Aufgaben hatte. Der Technikeinsatz bei den anderen Basisaufgaben wirkte sich bislang vor allem auf die Aufgabenstrukturen aus. Allerdings zeichnet sich ab, daß die Basisaufgabe "Kommunikation" zunehmend durch den Einsatz moderner Technologien beeinflußt wird und sich Kooperationsstrukturen verändern.

Im folgenden werden die herrschenden Management- und Organisationskonzepte hinsichtlich ihrer Einflüsse auf die Strukturen der Arbeitsplätze untersucht.

6 Tätigkeiten, Aufgaben und Arbeitsorganisation – Wechselwirkungen und der Einfluß von Managementkonzepten

Die Herausbildung der Tätigkeiten, Aufgaben und Organisationsgestaltung im Sekretariatsbereich steht in einem engen Wechselwirkungsverhältnis, wobei Management- und Organisationskonzepten eine nicht zu unterschätzende Rolle zukommt. Folgende Abbildung verdeutlicht die chronologische Reihenfolge.

	Management-konzepte	Technik	Aufgaben-felder	organisatorische Einbindung Sekretärin : Service-nehmer	Qualifikationsanforderungen
Jahrhundert-wende	erste Management- und Organisations-leitfäden	Schreibmaschine, Stenographie	Stenos aufnehmen, verstehen und schreiben	1:1	kaufmännisches Wissen, Sprachen, Steno, Maschine-schreiben
10er und 20er Jahre	Scientific Management Human Relations	Anfänge der Normierung und des Formular-wesens	persönliche Zuarbeit mit stark hauswirtschaftlichen Charakter	1:1 persönliche Zuordnung Bürosäle	Jugendlichkeit, Umgangsformen
30er und 40er Jahre	Mischung aus Scientific Management, Human Relations	Weiterentwicklung des Formularwesens, Standardisierung, Rationalisierung beim Verbrauchsmaterial	Schreiben, Zuarbeit	1:1 persönliche Zuordnung Bürosäle	Schreibtechnik Anlernberuf "Bürogehilfin" 1941
50er und 60er Jahre	Mischung aus oben, Fordismus/ rationelle Büroarbeit, Harzburger Schule	Diktiergeräte, elektrische Schreibmaschine	Schreiben, Sekretariatsaufgaben	1:1 1:2 persönliche Zuordnung Großraumbüro	Schreiben, Sekretariatswissen, soziale Kompetenzen
70er Jahre	rationelle Büroarbeit Harzburger Schule	elektronische Schreibmaschine, Textautomaten, Diktiergeräte	Schreiben	>1:>1 zentraler Schreibdienst Programmierte Textverarbeitung	Schreiben, Umgang mit der Technik Rechtsverordnung "Geprüfte Sekretärin/Geprüfter Sekretär" 1975
80er Jahre	Humanisierung der Arbeitswelt betriebliche Modellversuche	elektronische Schreibmaschinen, Textverarbeitung, Diktiergeräte, Telefax	Schreiben, Mischarbeit, kooperative Arbeitsteilung, Anfänge der fachlichen Einbindung	1: >1 Assistenzmodell Abteilungs-sekretariate	Schreiben, Planen und Organisieren, Sozialkompetenz
90er Jahre	Integrative Ansätze z. B. Lean Management.	Bürokommunikation, Telefax, Elektronische Post	Sekretariatsaufgaben, Sachbearbeitung, Planen und Organisieren	1:1 1:>1 traditionelle und moderne Aufgabentypen 1:>1 >1:>1 Teamassistenz Abteilungs-sekretariat Sekretariats- / Springerinnen-pools	Ausbildung "Kauffrau für Bürokommunikation" löst die "Bürogehilfin" ab (1991) Umgang mit der Technik, Sekretariatswissen, Sozialkompetenzen, Sprachen, Sachbearbeitungskenntnisse, vernetztes Denken

Abb. 24: Übersicht über die Sekretariatsentwicklung

Die Arbeit in diesem Jahrhundert wurde von zwei großen Leitideen geprägt: Zum einen die "wissenschaftliche Betriebsführung" mit ihren Leitbildern des homo oeconomicus und der Arbeitsteilung, dessen bekanntester Vertreter Frederick W. Taylor war. Sowohl die Fertigungs- als auch die Büro- und Verwaltungsbereiche wurden dadurch in ihren Strukturen nachhaltig beeinflußt. Zum anderen sind es die Gedanken der Human Relations Bewegung, die durch die Hawthorne-Experimente in den zwanziger Jahren eine wissenschaftliche Legitimation erhielten, und die menschlichen Beziehungen in der Organisation in den Mittelpunkt stellten. Beide Entwicklungen sind nicht isoliert voneinander zu sehen. In ihrer Entwicklungsgeschichte wird einmal mehr die arbeitsorganisatorische Richtung, dann wieder die organisationspsychologische Richtung stärker betont, sie wurden aber auch zur Legitimation des jeweils anderen eingesetzt. Im folgenden wird aufgezeigt, inwieweit sie zur Sekretariatsgestaltung im Laufe dieses Jahrhunderts beigetragen haben.

6.1 Jahrhundertwende

In Deutschland erschienen die ersten Managementleitfäden um 1870 als Reaktion auf eine Wirtschaftskrise, die die Ineffizienzen der Wirtschaft immer spürbarer werden ließen (Kieser 1993; S. 67). Um 1900 bildete sich ein wachsendes Organisationsbewußtsein heraus. Dieses wachsende Organisationsbewußtsein resultierte

"aus Veränderungen des technologischen Prozesses, der zunehmende Genauigkeit und Regelmäßigkeit der Behandlung erforderte; aus der Vergrößerung der Unternehmen sowie der industriellen Einheiten über den Einzelbetrieb hinaus; aus der Weiterentwicklung der Arbeitsorganisation, in der sich Vorbereitung und Ausführung bei Vergrößerung des Büro- und Angestelltensektors klarer trennten; sowohl auch aus dem Bedürfnis, einmal erprobte Organisationsmuster an die nachfolgenden Manager weiterzugeben, die ja meist nicht mehr als Erben im Betrieb des Vaters praktisch ausgebildet bzw. eingeweiht wurden. Ansporn erhielt das verbreitete Streben nach verbesserter Organisation durch den verschärften und den als allgemein als verschärft empfundenen internationalen Wettbewerb." (Kocka 1969; S. 348)

Unter den Autoren der neuen Managementliteratur herrschte die Meinung vor, daß man Organisations- und Verwaltungstätigkeiten erlernen könne, wenn auch ein gewisses Talent als Basis vorhanden sein sollte (Kocka 1969 S. 354). "Organisation" selbst bedeutete zweierlei: Zum einen wurde darunter die Summe der Einzeltechniken auf dem Gebiete des Buchführungs-, Kassen-, Kalkulations-, Korrespondenz-, Registratur- und Werkstattwesens verstanden, die pragmatisch orientiert waren. Zum anderen bedeutete es die Leitung und Verwaltung von Unternehmen in einem umfassenden Sinne unter besonderer Berücksichtigung des betrieblichen Rechnungswesens und der Werkstattorganisation (vgl. Kocka 1969; S. 356). Die Ansicht der Erlernbarkeit widersprach jedoch dem gängigen Unternehmerselbstverständnis, das

"das spezifisch Unternehmerische in der "Persönlichkeit" und ihren Tugenden wie Risikobereitschaft, Selbständigkeit, Mut, Kraft, Originalität, in ihrer vitalen, ursprünglichen Schöpferkraft und Dynamik, in eher irrationalen und angeborenen Talenten, wenn nicht gar Instinkten, statt in lernbaren Fähigkeiten und Techniken sah" Kocka 1969: S. 355).

Dieses Unternehmerselbstverständnis führte dazu, daß sich die Organisationsideen auf die unteren und mittleren Ebenen des Unternehmens beschränkten und die Unternehmensführung einen "regelfreien, relativ informellen Raum" an der Spitze bewahrten (Kocka 1969; S. 356).

Dieser Zweiteilung entspricht prinzipiell die Zweiteilung der Frauenarbeit im Büro- und Verwaltungsbereich: den "Privatsekretärinnen", die sich arbeitswissenschaftlichen und organisationsspezifischen Einflüssen mehr oder weniger bis heute entziehen konnten; und die große Masse der "Schreibkräfte", "Stenotypistinnen" oder wie sie sonst noch genannt wurden, die auf den unteren und mittleren Ebenen angesiedelt waren und während der folgenden Zeit häufig arbeitsorganisatorischen Wechseln unterlagen.

Auch die Anfänge der Frauenarbeit prägten diese Formierung mit. So wurden von Kisker (1911; S. 9 ff.) zwei Perioden unterschieden: Die erste, die in den sechziger Jahren des 19. Jh. begann und bis etwa 1890/95 dauerte. Hier sollte im Zuge der Gewerbefreiheit das Recht auf Arbeit auch wieder den Frauen zukommen. Berufswege sollten den Töchtern mittlerer Stände aufgezeigt werden, "auf welchen sie zu einem ehrenvollen und angemessenen Erwerbe gelangen, um dadurch den Wohlstand ihrer Familie in sittlicher wie in materieller Hinsicht zu fördern." (Kisker 1911; S. 10) Zwar erschlossen sich die angedachten Erwerbsgebiete kaum, aber aus diesen Ideen heraus entwickelten sich eine Reihe von Schulen wie beispielsweise das Lettehaus in Berlin. Die gut ausgebildeten Abgängerinnen hatten es allerdings schwer eine Arbeit zu finden,

"fand sich ein Posten, so hatte der Chef oft das Gefühl ein gutes Werk zu tun, wenn er eine gute Kraft für ein minimales Gehalt einstellte ... Frauen wurden für Vertrauensposten, Buchhaltung und Kasse selten für mechanische Schreibarbeiten verwandt, und persönliche Beziehungen waren gewöhnlich der Anlaß zum ersten Versuch." (Kisker 1911; S. 11)

Den Vorteil dieser ersten Periode sah Kisker vor allem in der von diesen Frauen geschaffenen Tradition des Berufes.

"Der sympathische Typ war geprägt, das Maß gegeben, nach dem das Geschäftsleben seine Anforderungen an die weiblichen Angestellten einstellte, ihre geschäftliche und teilweise auch ihre soziale Stellung sich richtete." (Kisker 1911; S. 10 f.)

Die Aura der gut ausgebildeten, tüchtigen Frau aus "gutem Hause" findet sich in den zwanziger Jahren als Sekretärin "aus bürgerlichem Hause", die ihrem Gegenstück der "freien" Unternehmerpersönlichkeit zuarbeitet (vgl. Faulstich-Wieland; Horstkemper 1987; S. 50).

Der Übergang zur zweiten Periode fand Anfang der neunziger Jahre statt. In dieser Zeit steigerte sich sowohl das Angebot an Frauen als auch deren Nachfrage.

"Die kaufmännischen Schulen füllen sich; zu jeder verkauften Schreibmaschine soll die Handlung auch eine Stenotypistin liefern."(Kisker 1911; S. 13)

Kisker beurteilte die Arbeitsteilung um 1895 im wesentlichen als ausgebildet.

"Die Masse mechanisch-geistiger Arbeiten konnte noch wachsen und wurde viel zu groß, als daß sie als Nebenarbeit von Lehrlingen ausgeführt werden konnte, aber die Teilarbeit selbst ließ sich von einem gewissen Punkt an nicht weiter teilen. Auch diese sogenannten einfachen Kontorarbeiten fordern ein Mindestmaß von Arbeitsfähigkeit, Fleiß, Ordnungssinn und Intelligenz. Nur bis zu einem gewissen Punkt konnten die Ansprüche an Charakter- und Erziehungsqualitäten des männlichen Nachwuchses weichen." Kisker 1911; S.19)

Guten Kräften standen andere Posten und andere Erwerbszweige offen. "Den Frauen waren günstigere Arbeitsgebiete kaum geöffnet, und so fand sich das beste weibliche Material zu Arbeiten bereit, an die das entsprechende männliche nicht dachte." Die Männer, die diese Posten angenommen hätten, waren i.d.R. weniger tüchtig oder betrachteten den Arbeitsplatz als Durchgangsstadium. "Sie (die Frau) war in gewissem Sinne Qualitätskonkurrenz: die ihrer Anlage, nicht der Ausbildung nach tüchtigere Frau, die Frau der obersten Qualitätslage konkurriert mit den untersten Qualitätslagen der Männer in diesem Beruf." (Kisker 1911; S. 19)

Kisker wies auf ein weiteres Element neben der Qualitätskonkurrenz hin: die Geschichte der Schreibmaschine, der eine bahnbrechende Rolle in der Frauenarbeit im Kontor aufgrund der Traditionslosigkeit der Schreibmaschine zukommt.

"Die Tradition ist ihr (der Berufstätigkeit der Frau (Anmerk. d. V.)) immer wieder entgegengetreten, und nur wo diese fehlte, hat sie sich glatt durchgesetzt. So sehen wir die Kontoristin der neueren Industrien, denn das Fabrikkontor hat keine kaufmännische Überlieferung. Sein meist nicht sehr zahlreiches Personal arbeitet zwar nach rationeller Arbeitsteilung, aber der Einzelne ist kein genau kontrollierter Automat, und muß verhältnismäßig hochwertig bleiben." (Kisker 1911; S. 20)

Aufgrund der Qualitätskonkurrenz und einer nicht von Männern geprägten Arbeitsweise bilden sich für Frauen eine Reihe von Berufsmöglichkeiten heraus, die in den Berufsberatern dieser Zeit aufgeführt werden:

Wäscher (1919) verzeichnet verschiedene Gruppen im Kontor,

"weil eine so weitgehende Arbeitsverteilung im Kontor Platz ergriffen hat, daß die einzelnen Arbeiten nicht etwa in aufsteigender Linie von alten nach und nach übernommen werden, sondern daß die Einzelnen ihr Leben lang auf einem Teilgebiet stecken bleiben. Da haben wir zunächst für die niedere Kontorarbeit wie Telefonieren, Registrieren, Adressenschreiben und was dergleichen mehr ist, weibliche Angestellte, die eben alles das tun, was die Lehrlinge früher nebenbei tun mußten, ohne wie diese eine Anwartschaft zu haben, in den weiteren Betrieb eingeführt zu werden. (...)
Als zweite Teilarbeiterin ist die **Stenotypistin** zu nennen. Ihre tägliche Leistung an der Schreibmaschine ist sehr anstrengend, und die für eine Stenographin erforderliche Allgemeinbildung und besondere Fachbildung wird sehr unterschätzt. Es genügt nicht, nach Stenogramm Buchstaben aneinander zu fügen, man muß auch imstande sein, was man schreibt, zu verstehen, man muß schreiben. (...)
Neben der Stenotypistin ist die **Buchhalterin** zu nennen. Sie muß eine gute kaufmännische Schulung besitzen und ebenfalls über Kenntnisse in Stenographie und Schreibmaschine verfügen, die sie vielfach, aber nicht ausschließlich, verwenden muß. (...)
In **leitenden Stellungen** finden wir (...) 13 168 Frauen, eine Zahl, deren Bedeutung sich erhöht angesichts der vielen Hemmungen, die bisher dem Aufsteigen der Frauen im kaufmännischen Beruf entgegenstanden. " (Hervorhebungen im Original Wäscher; S. 186 f.)

In "Die deutsche Frau im Beruf" werden folgende Berufsunterscheidungen getroffen (vgl. Levy-Rathenau, Wilbrandt 1906, S. 84 ff):

"**Kontoristin** wird in Berlin die unterste Angestellte im Bureau genannt. Sie verrichtet die einfachsten kleinen, schriftlichen Arbeiten, manchmal auch etwas Lagerarbeit. Gewöhnlich hat sie nach Verlassen der Schule kurze Zeit eine Handelsschule besucht und ist selten fähig, kaufmännisch vorwärts zu kommen. (....) Die **Buchhalterin** hat es in der Hand, ihre Stellung zu gestalten. Begnügt sie sich mit einer kurzen Ausbildung auf Schnellpressen oder Akademien, anstatt auf guten Handelsschulen eine 1-3 jährige Ausbildungszeit durchzumachen, so wird ihr das Vorwärtskommen erschwert, und es gehört viel Intelligenz und Energie dazu, die unzureichende Vorbildung zu überwinden. ...."

Der heutigen Sekretärin kommt die Beschreibung der Geschäfts-Stenographin am nächsten, wobei hier der Begriff "Privatsekretärin" verwandt wird, wenn diese für einen bestimmten Personenkreis tätig sind.

"Für die Geschäfts-**Stenographin** ist das gleiche Prinzip gültig wie für die Buchhalterinnen und Korrespondentinnen. Allgemeine Bildung, kaufmännisches Wissen und Sprachkenntnisse ermöglichen gute Stellungen. Eine brauchbare Geschäftsstenographin muß durch kaufmännisches Wissen befähigt sein, den Diktaten mit Verständnis zu folgen. Die Spezialkenntnisse in Stenographie und Maschinenschreiben sollten erst nach Aneignung der anderen Fächer erworben werden....es fehlt an guten, ausreichend vorgebildeten Kräften und herrscht Überangebot von minderwertigen. Außer in Geschäften können die Stenographinnen auch als **Privatsekretärinnen**, besonders bei Schriftstellern, Ärzten, in Vereinsbureaus usw. Anstellung finden; ihre Tätigkeit ist dann eine sehr verschiedenartige, ebenso ihre Entlohnung. Die Stenographin kann auch ihre Kenntnisse in Stenographie und Schreibmaschine, deren Technik sich in 2-6 Wochen erlernen läßt als Nebenerwerb verwerten. Es kommt darauf an, genügende Beziehungen anzuknüpfen und sich eine eigene Maschine anzuschaffen, um im Hause Arbeiten übernehmen zu können. In Universitätsstädten, wo viele Manuskripte zu übertragen sind, ist oft ganz gute Arbeitsgelegenheit." (Levy-Rathenau, Wilbrandt 1906, S. 85)

Kisker definiert in ihrer Untersuchung der Leipziger Kontoristinnen, die Kontoristinnen als Handlungsgehilfinnen, die in einem Handelsgewerbe im Kontor angestellt sind. Dabei sieht sie die Struktur viel einfacher, weil diese sich hauptsächlich in horizontaler Linie bewegen und die vertikale Linie mit Chefs und leitenden Persönlichkeiten völlig fehlt (vgl. Kisker; 1911; S.4).

Bei ausreichender Qualifizierung können zwar gute Stellen erworben werden, aber Jenny Schwabes Buch über Frauenberufe von 1899 gibt Hinweise auf stereotype Arbeiten und eine rigide Fixierung der Frauen an den Arbeitsplatz:

"Junge Mädchen..., ins Kontor gesteckt... verkümmern nur allzu leicht. 10 bis 12 Stunden täglich mit mechanischem Schreiben beschäftigt an ihren Stuhl gebannt, ohne ausreichende Bewegung in frischer Luft,...von früh 8 bis abends 8 oft auch bis 9 Uhr und länger, auf dem Kontorstuhl zu sitzen und zu schreiben - unendliche Reihen von Adressen, Etiketten und Zetteln.., ja interessant ist das keineswegs immer. " (Schwabe zitiert nach Fritz 1982)

Auch hier wieder ein Indikator, daß Aufgabenschwerpunkte in untergeordneten Zuarbeiten liegen, ohne die Aussicht auf berufliche Weiterentwicklung.

Von diesen Schwierigkeiten berichtet auch Wäscher, insbesondere bei Frauen, die in das Bankgewerbe eindringen wollten und dieses erst aufgrund von Stenographie und Schreibmaschinenkenntnissen gelang. Allerdings blieben die Tätigkeiten der Frauen im Bankgewerbe häufig nur "auf die eintönigsten Arbeiten" beschränkt, wobei jedoch ein stetiger Zuwachs von Frauen auch in diesem Bereich verzeichnet wurde (1895: 463; 1907: 2755) (vgl. Wäscher 1919; S. 184).

Den weiblichen Angestellten wurde oft die mechanische Schreibarbeit übertragen, was diese positiv bewerteten. Die männlichen Angestellten weigerten sich Maschine zu schreiben. Während der Arbeitsmarktkrise von 1902 hatte das zur Folge, daß die männlichen Handlungsgehilfen vielfach Gehaltsbußen hinnehmen mußten, die ausgebildeten Stenotypistinnen jedoch höhere Gehälter erzielen konnten (Lorentz 1988).

Die Ergebnisse von Kiskers Untersuchung zeigen, daß die Kontorarbeit "im allgemeinen ständig, oft mit intensiver Anspannung betrieben wird und bloße Arbeitsbereitschaft selten ist. Am unregelmäßigsten ist die Beschäftigung der Stenotypistinnen: starke Anstrengung drängt sich in einigen, oft den letzten Stunden zusammen, denen ruhige folgen oder vorangehen, und nur in einer bestimmten Art gering entlohnter Posten wird auf die Dauer nur ein Teil der Arbeitskraft in Anspruch genommen. Hier füllen im besten Fall Bücher und Handarbeiten, sonst Nichtstun oder Verschleppen der Arbeit die Zeit aus." (Kisker; 1911; 25)

Auch damals gab es ähnliche Klagen wie heute: die mangelhafte Arbeitsorganisation der Vorgesetzten führt dazu, daß Überstunden gemacht werden müssen.

"Viele Überstunden, welche in Betrieben ohne Saison während des ganzen Jahres vorkommen, haben ihren Grund nur in fehlerhafter Geschäftsführung und ließen sich durch genügende Zahl des Personals, bessere Verteilung der Arbeit und größere Pünktlichkeit des Principals oder Geschäftsführers vermeiden. Am meisten klagen die Stenotypistinnen über Zuspätkommen der Chefs am Nachmittag und Abend und im Geschäftsbetrieb nicht begründete unzweckmäßige Arbeitsverteilung." (Kisker; 1911; S. 29)

Voraussetzung für ein erfolgreiches Bestehen am Arbeitsmarkt war für die weiblichen Angestellten die Kenntnis verschiedener Schreib- und Stenographiersysteme in Verbindung mit guten Sprachkenntnissen. Kannten sie sich darüber hinaus auch noch mit der Technik aus, und waren in der Lage in verschiedenen Sprachen zu korrespondieren, so schien für sie trotz zeitweiliger Einbrüche am Arbeitsmarkt der von den Berufsverbänden propagierte "Lebensberuf" mit einem existenzsichernden Gehalt innerhalb weniger Jahre reale Konturen angenommen zu haben. Diese vielfältigen Spezialqualifikationen wurden mit der Aufnahme der Schreibmaschinenproduktion in Deutschland um so wichtiger, da die technischen Patente in der Zeit um den ersten Weltkrieg viele Variationen hatten (Lorentz 1988).

6.2 Die "wissenschaftliche Betriebsführung" (Scientific Management)

Taylor begründete das Scientific Management, die "wissenschaftliche Betriebsführung" mit der wissenschaftlichen Beobachtung, dem Experiment und der weitgehenden Schematisierung der Arbeit. Sein methodisches Prinzip, das Experiment, ist eingebettet in ein System strategischer Gestaltungsziele. Sie umfassen (Kieser 1993; S. 73 ff.):

• die Trennung von Hand- und Kopfarbeit
Die ganze geistige Arbeit, das Erfahrungswissen, das Arbeiter in der frühen Fabrik miteinbrachten, wird in das Betriebsbüro vorverlegt. Hier wird die Arbeit wissen-

schaftlich vorbereitet, d. h. der Techniker denkt für den Arbeiter. Über Zeit- und Bewegungsstudien sollen das Maximum der Leistungsfähigkeit aus ihm herausgeholt werden.

- Pensum und Bonus
  Ein Bonus oder eine Prämie sollen dafür sorgen, daß der Arbeiter tatsächlich die vorgegebene Tagesleistung, sein Pensum, erreicht. Dabei sollte die Arbeiter gegen hohen Lohn angestrengt arbeiten, allerdings nur die Leistung erbringen, die sie "lange Jahre hindurch ohne Einbuße der Gesundheit leisten können" (Taylor 1920; S.5 zitiert nach Kieser 1993 S. 77) Der wissenschaftlich ermittelte Stücklohn sollte die Regel, Zeitlohn die Ausnahme sein.

- Auslese und Anpassung der Arbeiter
  Zur Schaffung eines erstklassigen Arbeiterstammes werden Tests eingesetzt und auf die "moralische Wirkung" des Pensum -Bonus-Systems Gesetzt.

- die Versöhnung zwischen Arbeitern und Management
  Ziel war die Aufhebung der Konflikte zwischen Arbeitgebern und Arbeitnehmern. Die Herrschaft über den Produktionsprozeß sollte in die Hände der rationalen und am öffentlichen Wohl orientierten "scientific manager", der Ingenieure legen, die unbestechlich auf der Basis ihres Wissens die optimale Lösung für Arbeitnehmer und -geberseite berechnen würde (Kieser 1993; S. 80).

Die Rezeption des Taylorismus erfolgte laut Kieser erst ab der zweiten Hälfte des ersten Weltkrieges, wobei er nicht in der Konsequenz eingeführt wurde wie in den USA: Qualifizierte Facharbeit wurde weitestgehend ausgesperrt (Kieser 1993; S. 83 ff.). Hinweise auf die Ausdehnung der Büroarbeit durch den Taylorismus gibt die Rezeptionsbeschreibung von Kocka. Die Werkstatt-Reform-Praxis konzentrierte sich auf die Forderung nach höchster Schriftlichkeit, möglichst mit Karten- und Zettelsystemen, nach klarer, schriftlich fixierter Verteilung von Funktionen und Befehlsgewalten (Kocka 1969; S. 360).

Die Standesorganisation der Ingenieure, der Verein Deutscher Ingenieure (VDI), wurde zum wichtigsten Promoter des Taylorismus. Der 1918 von ihm gegründete AWF (Ausschuß für wirtschaftliche Fertigung) befaßte sich vor allem mit der Normierung als Quelle der Rationalisierung. REFA (Reichsausschuß für Arbeitszeitermittlung) wurde 1924 vom Gesamtverband Deutscher Metallindustrieller und dem VDI gegründet und befaßte sich mit Arbeits- und Zeitstudien, veröffentlichte Leitfäden für die Praxis, in denen die Methoden Taylors weiterentwickelt wurden. REFA wurde nach dem 2. Weltkrieg neubegründet und verfolgt weiterhin die Ideen Taylors, die bislang nicht durch grundlegend andere Ansätze ersetzt worden sind (vgl. Kieser 1993; S. 85).

Der Taylorschüler Gilbreth entwickelte schon in der Zeit des ersten Weltkrieges folgende Grundsätze, um die Arbeit der Sachbearbeiter, Schreib- und Hilfskräfte an ein nunmehr technisch mögliches "maschinengerechtes Leistungspensum" anzugleichen (nach Lorentz 1988; S. 201 ff.):

Für jede Büroarbeit sollten Durchschnittswerte aufgestellt werden, die die Ausgangsbasis weiterer Untersuchungen bildeten. Positive oder negative Abweichungen vom ermittelten Durchschnittswert wurden in einem Diagramm zur Ermittlung der Leistungsfähigkeit der Angestellten festgehalten. Aus dem Vergleich der idealen und realen Leistungskurven wurden die Gründe für die durchschnittsverbessernden Leistungen aufgespürt. Dies geschah mittels einer genauen Beobachtung der Werkzeuge, Arbeitsabläufe und Angestellten. Folgende Maßnahmen sollten eine Arbeitssteigerung herbeiführen:

• Verbesserung der Arbeitsmittel und Werkzeuge
Bewegungsstudien sollten eine planvolle Arbeitsteilung zum Ziel haben.

• Eliminierung überflüssiger Bewegungen
damit die Angestellten ihren Arbeitsplatz nicht mehr verlassen mußten. So wurden Botenjungen und Rohrpostanlagen zur Weiterleitung der Post eingesetzt. Das Telefon spielte für die überbetriebliche Kommunikation eine zunehmende Rolle.

• Erziehung zu neuen Arbeitsmethoden unter Kontrolle
Zentrale arbeitsparende Einrichtung war das zentrale Schreibbüro, wobei gleichzeitig eine Unterweisung der Schreiberinnen in das Zehnfingerblindsystem erfolgte, das für die damalige Zeit neu war. Bis dahin tippten die meisten Stenotypistinnen mit zwei Fingern jeder Hand.

Lorentz sieht die Umsetzung tayloristischer Prinzipien schon während des 1. Weltkrieges. Die Modernisierung kriegswichtiger Industrien und Kriegsgesellschaften führten zu einer Übertragung auf den Büro- und Verwaltungsbereich (vgl. Lorentz 1988), um durch eine Reorganisation der Verteilungsprozesse (z. B. von Munition, Lebensmitteln etc.) umfassend umorganisiert die anfallenden Arbeiten bewältigen zu können. Dabei wurden vier Ordnungsprinzipien angewandt:

• Systematisierung
d. h. Arbeitsschritte wurden nach den logischen Erfordernissen der Aufgaben festgelegt.
• Standardisierung
Vereinheitlichung von Arbeitsschritten und/oder Arbeitsmaterialien
• Schematisierung
Individuelle Gestaltungs- und Arbeitsmethoden wurden durch einheitlich geregelte Verfahren abgelöst (z. B. die Beschriftung des Briefumschlages sollte immer mit der Adresse unten rechts und dem Absender auf der Rückseite erfolgen. Vor dem Krieg blieb es dem Geschmack des Schreibers überlassen.)
• Formalisierung
Alle Arbeitsvorgänge wie z. B. das Erstellen von Rechnungen, hatten immer nach dem gleichen Prinzip zu erfolgen.

Nach dem Prinzip der tayloristischen Arbeitsteilung verrichteten die Frauen immer die gleichen Tätigkeiten: eine tippte die Adressen, die nächste stellte die zu verteilenden Güter zusammen, eine andere addierte die Preise etc. (Lorentz 1988).

Einen weiteren Durchbruch hatten die Ideen Taylors im Büro- und Verwaltungsbereich in den zwanziger und dreißiger Jahren. Analog zu Taylors Prinzipien wurde die (zwar schon vorhandene) Trennung geistiger und manueller Arbeiten durch die Einführung von Schreibsälen weiter forciert. Handlungsgehilfen waren für die Konzeption, die Stenotypistin für die manuelle Umsetzung zuständig. Der Beruf der Korrespondentin, der beides umfaßte, war nur selten vorzufinden (vgl. Herz 1931).

Das Organisationsprinzip "Pensum und Bonus" kann bei folgenden Umsetzungsmaß-
nahmen beobachtet werden:

- Mit Reorganisationsmaßnahmen wie Schreibdiensten, der Durchsetzung des 10-
Finger Schreibens, dem Einsatz geeigneter Vervielfältigungsverfahren und der
Einführung von Diktaphonen soll nicht nur eine regelmäßigere Auslastung ange-
strebt, sondern auch mehr Arbeitsleistung erzielt werden.

"Geregelter Schreibdienst
Eine *durchgreifende Rationalisierung* des Schreibdienstes wird vielfach mit einer Neuordnung
der Arbeitsverteilung beginnen. In größeren und mittleren Betrieben wird der Ausgleich der
wechselnden Anforderungen an den Schreibdienst durch eine Schreibzentrale geschaffen; de-
zentralisierte Unterbringung der Schreibarbeitsplätze empfiehlt sich nur für einzelne selbständig arbeitende Kräfte. Die Schreibzentrale erleichtert eine einheitliche Überwachung des
Schreibdienstes. Ihr kann auch die Stelle angegliedert werden, in der neue und ungeübte
Schreibkräfte ausgebildet und in einem rationellen, einheitlichen Arbeitsverfahren geschult
werden. Eine kundige Leitung der Schreibzentrale sorgt dafür, daß der Arbeitseinsatz sich der
Dringlichkeit der Aufgaben anpaßt. Voraussehbare Arbeiten werden auf die verfügbaren
Kräfte nach individuellen Rücksichten und auf die gesamte Arbeitszeit verteilt. Eine Änderung
der Zuteilung gibt Handhaben zur *Vermeidung eines Zusammendrängens der Hauptarbeit* auf
wenige Tagesstunden. Grundlage für alle diese Maßnahmen ist ein einwandfreier Maßstab für
die individuell schwankenden Leistungen. Dazu können Tastenanschlagzähler für das Messen
von Maschinenschreibleistungen bei richtiger Anwendung ein nützliches Mittel sein. Es ermöglicht, die tatsächlichen Leistungen unserer schreibenden Mitarbeiterinnen gerechter und
besser anzuerkennen. Dabei ist zu beachten, daß die Leistungen mit abhängig sind von der
Ausrüstung des Arbeitsplatzes und von arbeitssparenden technischen Einrichtungen an der
Schreibmaschine. Für Lärmminderung, Vibrationsvermeidung, richtige Beleuchtung, günsti-
ges Blickfeld usw. muß gesorgt werden. Untersuchungen im psychotechnischen Laboratorium
eines Großbetriebs ergaben z. B., daß durch die Anwendung eines praktischen Konzepthalters
mit Zeilenschaltung schon Leistungssteigerungen bis zu 11% zu erreichen waren. Notwendig
sind auch die richtig abgemessene Höhe des Tisches, des Sessels, bequeme Sitzlehne, Fußstüt-
zen und dergleichen, sowie die handliche Aufbewahrung des Schreibmaterials." (Weis, A.
1939)

- die Einführung eines Gehaltssystems
Weiterhin wurden veränderte Gehaltssysteme eingeführt, bei denen der Tariflohn
nur gezahlt wurde, wenn die Mindestleistung erbracht wurde oder man unter ihr
blieb, was in der Regel in Urlaubs- oder Krankheitsfall eintrat. Dieses spornte die
Stenotypistinnen nicht nur zur höherer Arbeitsleistung an, sondern führte darüber
hinaus noch zu erzieherischen Maßnahmen, indem die Herren bevorzugt bedient
wurden, bei denen keinerlei Reibungsverluste (wie z. B. Warten wegen Suchens
von benötigten Vorlagen etc.) auftraten. Mit der Einführung von Diktiermaschinen konnten hier Unterbrechungen und Leerläufe im Arbeitsablauf noch weiter
minimiert werden.

"Unterliegen die Leistungen des Schreibdienstes ständiger Kontrolle, so können Ansatzpunkte
für eine Ersparnis von Arbeitszeit bald festgestellt werden. Jeder Arbeitsvorgang des Schreibdienstes ist in seinen Einzelheiten auf seine Zweckmäßigkeit zu überprüfen. Man vergleicht,
ob die Inanspruchnahme der Schreibmaschinenkräfte des Erfordernissen und den tatsächlichen Möglichkeiten entspricht. Einer solchen Prüfung stellen sich nicht selten menschliche
Widerstände entgegen; persönliche und fachliche Eigenarten eines Betriebes müssen, wie immer bei Organisationsmaßnahmen, berücksichtigt werden. Verschiedene Großbetriebe haben
schon vor Jahren für Stenotypistinnen ein Gehaltszahlungssystem eingeführt, bei dem das ta-
rifliche Gehalt für Stenotypistinnen nur in Anwendung kam, wenn das Mindestsoll der erfahrungsgemäß erzielbaren Schreibleistung erreicht oder unterschritten wurde. Es zeigte sich, daß
dies meistens nur bei Krankheits- und Urlaubsfällen vorkam; denn je mehr eine Schreibkraft

auf der Maschine schrieb, desto mehr verdiente sie. Den Maßstab für die über die Tarifgehälter hinausgehenden Vergütungen bildeten die tatsächlichen, nach Zeilen bemessenen Leistungen. Über die Erfahrungen, die einer dieser Betriebe in bezug auf die Steigerung der Schreibarbeitsergebnisse mit diesem Verfahren machte, heißt es in einem Bericht unter anderem:

"...bald stellte es sich heraus, daß die Damen nur unwillig dem Ruf solcher Herren folgten, die während des Ansagens nach Vorgängen suchten oder auf andere Weise die glatte Stenogrammaufnahme verzögerten. Da müßiges Warten jetzt auf Kosten der Stenotypistinnen ging, war ihr gesteigerter Arbeitseifer verständlich. Im Gegensatz zu früher war es ihnen keinesfalls mehr gleichgültig, durch Störungen des Diktates unnötigerweise von der Schreibmaschine ferngehalten zu werden. Dies löste nach und nach die Nebenwirkung aus, daß sich die Korrespondenten mit der Zeit daran gewöhnten, unterbrechungslos zu arbeiten..."

Nachdem sich diese Maßnahme allmählich eingespielt hatte, konnte der Betrieb feststellen, daß die Durchschnittsleistungen, die vorher rund 8000 Zeilen monatlich je Schreibkraft betrugen, auf rund 16 000 Zeilen monatlich stiegen. " (Weis, A. 1939)

6.3 Human Factors und Psychotechnik – ergänzende Elemente des "Scientific Management"

In den 20er Jahren gab es eine Wiederbelebung der "human factors". Die Bedeutung der menschlichen Beziehungen wurde schon lange vor der Human Relations-Bewegung diskutiert. Auch die ersten Managementleitfäden gegen Ende des letzten Jahrhunderts verwiesen auf die Bedeutung, menschliche Beziehungen zu den Arbeitern aufzubauen, um den Nachteilen der Industrialisierung entgegenzutreten (vgl. Kocka 1969; S. 96). In den 20er Jahren wurde die Diskussion um die menschlichen Beziehungen deshalb wieder aktuell, da die Unternehmen eine Radikalisierung der Arbeiterschaft befürchteten. Hoffnungen der Arbeiter auf eine grundlegende Veränderung der ökonomischen und politischen Verhältnisse traten nicht ein; die Taylorisierung der Arbeit wurde als eine der Hauptursachen, der um sich greifenden Arbeitsunlust gesehen. Als Lösung wurde die "Arbeitspädagogik" und eine "Philosophie der Volks- und Werksgemeinschaft" gesehen, was auch bei den deutschen Arbeitgeberverbänden diskutiert wurde (vgl. Kieser 1993; S. 97 ff.). Mit der Methode der Psychotechnik sollten allerdings weniger die zwischenmenschlichen Beziehungen als die psychologische Auswahl für und die Anpassung des individuellen Arbeiters an den Arbeitsprozeß unterstützt werden (Kieser 1993; S. 101). Das taylorsche Instrumentarium wurde z. B. um Faktoren wie Lohngerechtigkeit, die "Ruhigstellung" des Arbeiters durch eine abendliche Alkoholvergiftung und einer Reihe von Testverfahren für die Eignungswahl ergänzt (Kieser 1993; S. 102). Das RKW griff diese Methoden und Verfahren auch auf[41]. Ganz so zynisch wurde das in den RKW-Nachrichten jedoch nicht dargestellt: beispielhaft sei hier ein Artikel über die Rationalisierung der Büroarbeit bei der OSRAM GmbH zitiert, bei dem u. a. auch die Zielsetzung, die das Wohl des arbeitenden Menschen hervorhebt. behandelt wurde:

Auf dem Gebiet der kaufmännischen und verwaltungsmäßigen Arbeitsmethoden ist soviel geschaffen worden. daß das ganze Büroleben sich in den letzten 15 Jahren umgestalt hat. Beispiel ist die Osram G. m. b. H. Etwa 1927 wurde bei Osram ein Aufplanungsausschuß eingesetzt (um

---

41 So erfaßte das RKW 1931 209 psychotechnische Forschungsstellen. Allein im Bereich der öffentlichen Stellen wurden nach Angaben des RKW pro Jahr etwa 80 000 Personen nach psychotechnischen Methoden untersucht (Kieser 1993; S. 102).

das oft falsch verstandene Wort "Rationalisierung" zu vermeiden). Dieser Ausschuß sollte das Bestehende planmäßig untersuchen und vernunftgemäß neu gestalten. "Das Ziel und der Sinn der Arbeiten des Aufplanungsausschusses sollte sein, einem vernünftigeren Handeln den Weg zu bereiten. Bei allen organisatorischen und arbeitstechnischen Maßnahmen sollte dabei stets das Wohl des arbeitenden Menschen in den Vordergrund gestellt werden. "Das was hier vor allen interessiert", so hieß es schon in der Gründungsdenkschrift, "geht dahin, den Menschen durch zweckmäßige Gestaltung der Arbeitsbedingungen. Arbeitsgeräte und Arbeitsverfahren zu Bestleistungen zu befähigen, *jedoch – wohlgemerkt – nicht im Taylorschen Sinne zu Maximal-, sondern zu Optimalleistungen.*"" (Ruffer, W. 1938)

Für das Gros der Arbeitsplätze, die Schreib- und Stenotypistinnenarbeitsplätze, bedeutete eine "humanzentrierte" Rationalisierung, daß im Zuge von oben beschriebenen Umstrukturierungsmaßnahmen wie den Schreibsälen Arbeitsplätze nach arbeitsergonomischen Erkenntnissen gestaltet wurden.

"Wie bereits oben angeführt, hat der Aufplanungsausschuß aus der Erkenntnis heraus, daß die Arbeitsfreude und Leistung des Menschen auch von seiner Umgebung abhängt, planmäßig die alten Büroeinrichtungen durch neue, nach hygienischen und arbeitstechnischen Grundsätzen gebaute ersetzt. Jeder einzelne Arbeitsplatz wurde auf die Arbeit selbst zugeschnitten. Stenotypistinnen erhielten Schreibmaschinentische, drehbare Gesundheitsstühle und Blatthalter (..), Sekretärinnen teilweise gleich im Schreibtisch eingebaute Maschinen (..) " (Ruffer, W. 1938)

Während humanzentrierte Faktoren bei diesen Arbeitsplätzen, die sich durch eine zunehmende Leistungsverdichtung und -intensivierung auszeichneten, vor allem die ergonomische Gestaltung zur Gesundheitserhaltung (und Leistungsförderung bedeutete), bildeten sich als Gegenstück verstärkt Sekretariatsarbeitsplätze aus.

Lorentz (1988; S. 211 ff.) beschreibt die Einbindung und das Aufgabenprofil dieser Sekretärinnen: Die Tätigkeit einer Privatsekretärin setzte die Kenntnis von vertraulich zu behandelnden Geschäftsvorgängen voraus. Die Unternehmen hatten deshalb ein großes Interesse, eine möglichst große Distanz zwischen dieser Berufsgruppe und der breiten Masse der subalternen weiblichen Angestellten herzustellen. Die Sekretärin in der Chefetage war zugleich auch das Aushängeschild männlicher Vorgesetztenautorität. Je höher die Position des Chefs in der Unternehmenshierarchie, um so höher war gleichzeitig auch das Sozialprestige seiner Sekretärin im Betrieb.

Die Berufsqualifikation bestimmte sich u. a. auch durch das weibliche Rollenbild.

"Die gute Sekretärin war nett, adrett angezogen, freundlich und hilfsbereit. Weiterhin erledigte sie für den Chef zahlreiche berufsfremde Aufgaben, die denen der Ehefrau im privaten Bereich entsprachen. Sie kochte Kaffee, führte seinen Terminkalender und hielt unliebsame Störungen und Besucher von ihm fern. Neben der Erledigung der persönlichen Dienste kam ihr die Repräsentation der Macht und des Prestiges des Chefs nach außen zu. Diese Aufgabe bedingte, daß die Arbeitsabwicklung nicht immer "rational" im Sinne der von Taylor und Gilbreth gepriesenen Bewegungsstudien ablief, sondern die Beibehaltung konventioneller Arbeitsweisen trug durchaus zur Anhebung des Ansehens des Chefs bei. So verwendete man in den Chefetagen prinzipiell keine Textvordrucke, die Korrespondenz wurde immer original neu getippt. Im Gegensatz zu den unteren Etagen wurde hier das Stenogramm weiter beibehalten, da es eher die Bedeutung einer rituellen Kontaktaufnahme hatte. Das konventionell ritualisierte Verhalten zwischen Chef und Sekretärin entsprach in vielem den Verhaltensweisen zwischen Mann und Frau in der bürgerlichen Familie." (Lorentz 1988: S. 212)

In dieser Konstellation fand zugleich eine Erotisierung des Herrschaftsverhältnisses zwischen Chef und Sekretärin statt. Eine jugendlich-frische Ausstrahlung wurde zur unbezahlten Zusatzqualifikation weiblicher Arbeitskräfte (Lorentz 1988; S. 212 f.).

Diese geschlechtsspezifisch bedingte Aufspaltung in Männer- und Frauenarbeitsplätze bot beim Stellenabbau zu Beginn der Weltwirtschaftskrise den weiblichen Angestellten einen gewissen Schutz vor der Ersetzbarkeit durch Männer. Allerdings bedeutete diese geschlechtsspezifische Arbeitsplatzzuweisung auch eine Verweisung der Frauenarbeit an das untere Ende der Bürohierarchie. Aus dem Vorzimmer heraus entwickelten sich in der Regel keine Aufstiegschancen in die etablierte Männerhierarchie. Für weibliche Angestellte in der Weimarer Republik war ein Aufstieg in höher eingestufte Arbeitsgebiete auf Grund der Geschlechtszugehörigkeit, des Alters und der Ausbildung nicht möglich. Opfer der Rationalisierungsoffensive und des Feminisierungsschubs in der Weimarer Republik war der in der Kaiserzeit propagierte Typus der qualifizierten weiblichen Angestellten mit langfristigen Perspektiven im Lebensberuf. Unter den Bedingungen der Rationalisierung und der diskriminierenden Arbeitsmarktpolitik wurde der Beruf jetzt zunehmend zu einer Zwischenlösung für die Zeit nach dem Schulabschluß bis zur Eheschließung. Bezeichnend für die Arbeitsteilung ist weiterhin, daß die spezifisch weibichen Qualifikationen, wie hohe manuelle Geschicklichkeit und Monotonieresistenz bei den Maschinenangestellten oder diplomatische und atmosphärisch günstige Umgangsformen bei den "Vorzimmerdamen", zwar als spezifische Arbeitsprofile beschrieben, aber als entlohnenswerte Leistung jedoch nicht anerkannt wurden (Lorentz 1988; S. 211 ff.).

6.4 Fordismus und das Großraumbüro

Die tayloristische Arbeitsteilung kommt im Fordismus durch eine systematische Arbeitsorganisation zu neuer Geltung (Kieser 1993; S. 83). Eine Umwandlung des Taylorismus, d.h. seine Erweiterung oder Verlängerung brachte der Fordismus mit sich, dessen Symbol das laufende Band ist. Der Kernpunkt des Fordismus liegt aber unzweifelhaft in der Fließarbeit, denn diese braucht nicht immer mit dem laufenden Band verbunden zu sein. Bei der Fließarbeit sind folgende Grundsätze durchzuführen:

1. Eine noch weitergehende Arbeitszerlegung als beim Taylor-System ist vorzunehmen.
2. Die räumliche Anordnung der Arbeitsplätze muß in derselben Reihenfolge wie die zeitliche Aufeinanderfolge des Produktionsprozesses sein.
3. Die Arbeit muß so mechanisiert sein, daß jede Arbeit in der gleichen Zeit ausgeführt werden kann. Die Handgriffe eines Arbeiters dürfen nur die gleiche Zeit erfordern wie die Handgriffe aller anderen Arbeiter.

Das Wesen der Fließarbeit liegt also im Höchstmaß von Ersparnis an Arbeit, Raum, Lager und auch an Aufsicht (vgl. o. A. RKW-Nachrichten 3. JG. April 1929; Heft 4 S. 93 f.).

Dieses Prinzip, Stellen und Maschinen entlang des Fertigungsflußes anzuordnen und die zu bearbeitenden Produkte an ihnen vorbeizuführen, wurde in den 50er Jahren auf den Büro- und Verwaltungsbereich übertragen. Ein maßgeblicher Vertreter war Hermann Böhrs, der seine Erfahrungen als Arbeitsstudien- und Rationalisierungsingenieur im Fertigungsbereich auf den Bürobereich übertragen hatte (Böhrs 1953). 1953 erschien das grundlegende Werk "Rationelle Büroarbeit", versehen mit einem Geleitwort des AWV, REFA e. V. und dem RKW, das auf die Zustimmung der in diesem Bereich maßgeblichen Verbände schließen läßt (vgl. Böhrs 1953; Weltz 1979). Böhrs bedauerte die unzureichende Rationalisierung im Bürobereich und führte sie auf die geringe "Sichtbarkeit", der Überschätzung des geistigen Anteils der Büroarbeit, den nach "außen" auf den Kunden gerichteten Blick und dem Fehlen von Sonderstellen für die rationelle Gestaltung der Büroarbeit zurück (Böhrs 1953; S. 12).

Folgende Abbildung gibt eine Übersicht der verschiedenen Mittel zur Rationalisierung der Büroarbeit, die nur durch ihr Zusammenwirken zu einem Höchstmaß an Leistungssteigerung kommen können.

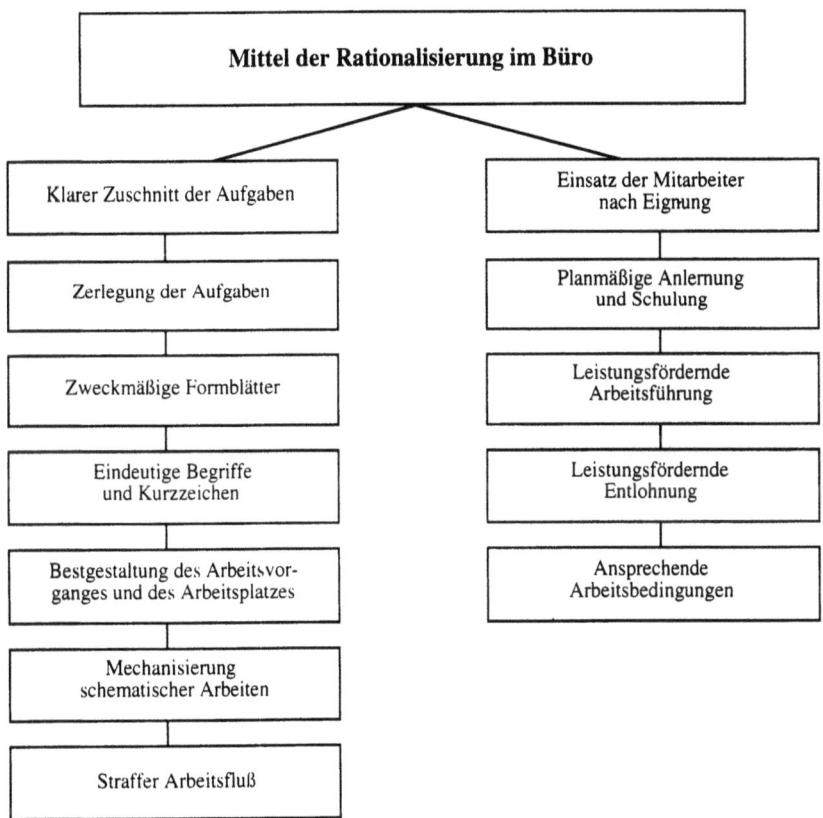

Abb. 25: Mittel der Rationalisierung im Büro (aus Böhrs 1953)

92

- Klarer Zuschnitt der Aufgaben
Eine genau umrissen Aufgabenstellung vermeidet Unklarheiten, Fehl- und Doppelarbeiten. Geklärt werden müssen das "Warum" einer Aufgabe, ihr Umfang, die Nutzung ihrer Ergebnisse, ihrem Verhältnis von Nutzen zu Aufwand und ihrer Neugestaltung.

- Zerlegung der Aufgaben
Zwei Formen der Arbeitszerlegung kommen in Betracht: Zum einen die Berufsspaltung bei der sich eine Spezialtätigkeit aus einem bestehenden Beruf abspaltet; zum anderen die Arbeitszerlegung, bei der eine bisher geschlossen ausgeführte Arbeitsaufgabe in mehrere Teilaufgaben geringeren Arbeitsinhalts auf mehrere Personen aufgeteilt wird (Böhrs 1953; S. 29). Der Arbeitszerlegung wird dabei eine bedeutende Steigerung der menschlichen Arbeit zugeschrieben. Die an ihr ausgeübte Kritik

"daß sie den Menschen zu einem seelenlosen "Arbeitsmechanismus" mache, der in seiner Arbeit keine Auswirkung seiner wahren Fähigkeiten und seiner inneren Persönlichkeit mehr erleben könne" (Böhrs 1953; S. 29 f.)

sieht er als überschätzt an, gibt es doch Personen mit unterschiedlichen Eignungen und Fähigkeiten.

"Vor allem wollen die meisten jungen Mädchen und Frauen in den Jahren zwischen ihrer Schulentlassung und Verheiratung oder auch nach ihrer Verheiratung keine problemreiche Arbeit ausüben, sondern sie wollen vielmehr durch ihre Tagesarbeit in erster Linie ihren Lebensunterhalt verdienen und Ersparnisse für ihren künftigen Hausstand oder zur Verbesserung ihres Lebensstandards ihrer Familie machen. Sie wollen auch gedanklich nicht gern in der Betriebsarbeit restlos aufgehen, sondern Kopf und Herz noch frei haben für die Gestaltung ihres privaten Lebens.

Da aber gerade die Büroarbeit im hohen Maße für den Einsatz weiblicher Arbeitskräfte geeignet ist, weil sie körperlich leicht, sauber und angenehm ist, so kann der Organisator bei der Arbeitsteilung im Büro die Tatsache der starken Unempfindlichkeit der Frau gegenüber einer etwaigen Gleichförmigkeit der Arbeit von vornherein berücksichtigen. Der Organisator kann also meist eine ziemlich weitgehende Arbeitszerlegung durchführen, ohne Gefahr zu laufen, das menschliche Können und Wollen im Arbeitseinsatz nicht mehr genügend anzusprechen." (Böhrs 1953; S. 30 Hervorhebungen im Original)

Diese Annahme der weiblichen Monotonieresistenz wirkte und wirkt sich bis heute auf Konzeptionen und Gestaltung von Frauenarbeitsplätzen aus (vgl. Holtgrewe 1989; S. 52).

- Zweckmäßige Formblätter
- Eindeutige Begriffe und Kurzzeichen
- Bestgestaltung des Arbeitsvorganges und des Arbeitsplatzes
Eine Anpassung des Arbeitsvorganges und des Arbeitsplatzes an den arbeitenden Menschen ist eine wesentliche Voraussetzung der Arbeitsfreude und guter Leistung (sic!). Er versteht darunter die Umsetzung allgemeiner Richtlinien für die Bestgestaltung des Arbeitsplatzes, die Ordnung, Übersichtlichkeit, wenige Griffe mit sich bringen.

"Alle erledigten Arbeitsgegenstände sind unverzüglich in einen besonderen Behälter zu legen, der in kürzesten Abständen an den nächstfolgenden Bearbeiter – möglichst auf einer "Förderbahn" weiterzugeben ist." (Böhrs 1953; S. 44)

- Mechanisierung schematischer Arbeiten
  Fallen gleichförmige Arbeiten in großer Menge an, so ist ihre Mechanisierung zu prüfen.
- Straffer Arbeitsfluß
  Der straff geregelte Arbeitsfluß im Bürobereich bewirke Durchlaufzeitenverkürzung, Leistungssteigerungen allein durch den Fluß der Arbeit, erkennbare Möglichkeiten leistungssteigernder Arbeitszerlegung, organische Einordnung des Einzelnen in das Ganze, bessere Leitung und Überwachung, Schaffung von Ordnung und Präzision im Arbeitsablauf und geringeren Raumbedarf.

Zwei empirische Untersuchungen geben Anhaltspunkte zur Umsetzung im Sekretariatsbereich:

- In den sechziger Jahren wurde von Weltz die Situation im und Auswirkungen des Großraumbüros untersucht.
- In den siebziger Jahren wurde von der Sozialwissenschaftlichen Projektgruppe, München unter der Leitung von Weltz eine Untersuchung im Rahmen des Programmes "Humanisierung des Arbeitslebens" zur menschengerechten Gestaltung der Textverarbeitung durchgeführt.

In der räumlichen Gestaltung und damit verbundenen Einführung des Großraumbüros in den 60er Jahren wurde das fordistische Prinzip des straffen Arbeitsflußes, die Fließarbeit, umgesetzt. Diese Bürogroßräume, die beträchtlich größer waren als die bislang vorhandenen "Bürosäle", bedeuteten für die Verwaltung etwas grundsätzlich Neues und zwar sowohl in bezug auf die architektonische Gestaltung und Ausstattung, als auch in sozialer und arbeitsorganisatorischer Hinsicht. Als Konzept und Grundforderungen lagen dabei folgende Faktoren zugrunde (vgl. Weltz 1966), die neben dem fordistischen Prinzip auch humanzentrierte Faktoren berücksichtigten:

- das Großraumbüro darf eine gewisse Größe nicht unterschreiten
- quadratische oder kreisförmige Grundrißform
- Gestaltung zur "Bürolandschaft" (übersehbar und gleichzeitig Einheit, zum anderen nicht uniform sein.)
- funktionale Anordnung der Arbeitsplätze; d.h. aus dem Arbeitsfluß und den Kooperationserfordernissen abgeleitet
- alle an einer Arbeitsaufgabe Beteiligten einschließlich Gruppenleiter und Abteilungsleiter müssen aufgenommen sein
- vorzügliche Klimatisierung, Beleuchtung, Schalldämpfung und Farbgebung.

Das Großraumbüro galt als ein Versuch, demokratische Arbeitsbedingungen für alle zu schaffen und gipfelte in der Forderung, "Führungskräfte umzusetzen ... Mit dem Einzelzimmer für den Leiter muß gleichzeitig das Vorzimmer der Sekretärin verschwinden." (Weltz 1966; S. 22)

Die räumliche Umgestaltung hatte einen tiefgreifenden Einfluß auf die Sekretariatsarbeitsplätze wie die Untersuchung von Weltz zeigte:

- Es erfolgte eine Rationalisierung und Zusammenstreichung von Sekretariatsstellen; Sekretärinnen arbeiteten nicht mehr nur für eine Führungskraft, sondern für zwei Führungskräfte.

- Durch die Einrichtung einer Schreibgruppe erfolgte ein Funktionsverlust.
- Die Abschirmungsfunktion entfiel zum größten Teil, da Besucher durch die räumliche Einbindung direkten Kontakt mit der Führungskraft aufnehmen konnten.

Mit dem Konzept der "Organisierten Textverarbeitung" erreichte der Prozeß der Bürorationalisierung eine weitere Intensivierung. Mit diesem Konzept stand ein Rationalisierungsinteresse im Vordergrund, das sich durch Zentralisation und der Einführung neuer Technologien höhere Wirtschaftlichkeit, Effektivität und Effizienz versprach (vgl. Weltz et al., S. 24, 1983). Im Rahmen des Programmes "Humanisierung der Arbeit" sollte mit einer Untersuchung zur über Textverarbeitung im Büro die Auswirkungen der organisierten Textverarbeitung analysiert und davon ausgehend Mindestbedingungen für eine menschengerechte Arbeitsgestaltung aufzeigt werden (vgl. Weltz et al. Bd. 1-3, 1979, Jacobi et al. 1980).

Es wurden die Arbeitsbedingungen vor allem von Schreibkräften im Schreibdienst, aber auch Einzelschreibkräften und Sekretärinnen hinsichtlich

- der äußeren Arbeitsbedingungen,
- dem Arbeitspensum,
- den Arbeitsbeziehungen,
- den Arbeitsinhalten und
- der Beschäftigungssituation

analysiert. Der Schwerpunkt lag dabei auf der Schriftguterstellung, während der Einfluß und die Auswirkungen anderer Tätigkeiten nur am Rande in die Darstellung miteinbezogen wurden.

Stellt man die verschiedenen Arbeitssituationen der Sekretärin, der Einzelschreibkraft sowie der Schreibkraft im zentralisierten Schreibdienst gegenüber, so zeigen sich folgende Unterschiede:

Die Arbeitssituation der Sekretärin	Die Arbeitssituation der Einzelschreibkraft	Die Arbeitssituation im zentralen Schreibdienst
schwer definierbares und stark schwankendes Arbeitspensum	Ungünstige äußere Arbeitsbedingungen	Häufig ungünstige äußere Arbeitsbedingungen
enge Zuordnung zum Vorgesetzten	viele Störungen	gute Abschirmung vor Störungen
damit verbundene hohe persönliche Abhängigkeit	hohes Schreibpensum	höhere Kontrolle
Arbeitsinhalte verknüpft mit kooperativen Arbeitsbeziehungen	unregelmäßige Auslastung und unregelmäßige Arbeitsverteilung	höherer Leistungsdruck
überwiegend großes Interesse an der eigenen Tätigkeit	unklare hierarchische Zuordnung	
"weibliches" Rollenbild	persönlicher Bezug zur Arbeit als Folge des beschränkten Autorenkreises	

Abb 26: Arbeitssituation der Sekretärin, der Einzelschreibkraft und im zentralen Schreibdienst (vgl. Jacobi et al. 1980; S.39 ff.)

Zentrale Ergebnisse waren, daß die Dimensionen der organisierten Textverarbeitung (vgl. Weltz et al. Bd. 1 und Bd. 3, 1979).

- Entmischung
  Hier besteht die Forderung, daß schreibende (Produktions-) und sekretarielle (Assistenz-) Arbeiten entmischt werden.
- Zuordnung
  Dabei wird die personenbezogene Zuordnung von Schreibkräften zu Führungskräften bzw. Servicenehmern aufgelöst, insoweit, daß sie ihnen nicht mehr disziplinarisch unterstehen, sondern eine eigene Leitung haben.
- Zusammenfassung in Arbeitsgruppen
  Schreibkräfte und Sekretärinnen werden zu Arbeitsgruppen mit gleich gearteter Aufgabenstellung zusammengefaßt.
- Quantifizierung
  Mit der Quantifizierung der Arbeitsleistung soll die erbrachte Leistung erfaßt, vergleichbar gemacht und letztendlich auch gesteigert werden.

in der empirischen Praxis ambivalent, je nach Rigorosität der Umsetzung, positiv oder negativ erfahren wurden. Nach dem von Böhrs beschriebenen Prozeß der Bürorationalisierung (Böhrs 1958) folgen nach einer ersten Stufe, bei der eine Trennung von Denken und Schreiben vorgenommen wird, die zweite Stufe, bei der über die Einrichtung von zentralen Schreibbüros und der Ausgliederung der Schreibarbeit aus dem Sekretariatsprozeß eine Trennung von Verwaltung und Schreiben erfolgt. Die dritte und vierte Stufe der Rationalisierung beschreiben zugleich auch den Stand der Ergebnisse der in den siebziger Jahren durchgeführten Untersuchung der Sozialwissenschaftlichen Projektgruppe (vgl. Weltz et al 1979). In der dritten Stufe werden die Schreibarbeiten in sich geteilt. Individuelle Schreiben getrennt von standardisierten Schreiben erfaßt; reine Phono-, Formular- und Automatenschreibplätze entstehen. Eine vierte Stufe bringt die Teilung der Automatentätigkeit in sich: Textbearbeitung, Textverarbeitung, Trennung von Eingabe- und Ausgabetätigkeiten (vgl. Weltz et al. 1979; Bd. 3. S. 539).

Die Umsetzungspraxis - so die Untersuchung der Sozialwissenschaftlichen Projektgruppe - hatte eine große Spannbreite, wobei die am stärksten taylorisierten Schreibdienste, die der Stufe 4 bei Böhrs entsprachen, am negativsten zum Teil mit Krankheitsbildern, erfahren wurden (vgl. Weltz et al. 1979). Forderungen der Autoren, die die Bedingungen für eine menschengerechte Gestaltung formulieren, entsprachen dem situativen Ansatz, der die Rahmenbedingungen kontextabhängig sieht und dadurch keine eindeutigen Aussagen zur optimalen Gestaltung ermöglicht (vgl. Weltz et al. 1979; Kieser 1993).

6.5 Weiterentwicklungen des Scientific Management: das "Harzburger Modell"

Als Weiterentwicklung tayloristischer Ideen wird das "Harzburger Modell" gesehen, das in den 50er bis 70er Jahren außerordentlich erfolgreich war und auch heute noch in einigen Unternehmen praktiziert wird (vgl. Kieser 1993; S. 91). Dieses Modell hatte eine außerordentlich hohe Reichweite; so wird geschätzt, daß von 1956 bis 1972 mehr als 250 000 deutschsprachige Manager in Seminaren damit vertraut gemacht haben (vgl. Kieser 1993; S. 91). Doch Kurse wurden von der Harzburger Akademie für Führungskräfte nicht nur für Manager, sondern auch für deren "engste Mitarbeiterin", die Sekretärin angeboten.

Dem Harzburger Modell liegt die Idee der "Führung im Mitarbeiterverhältnis" zugrunde, die folgende Grundprinzipien hat:

- "Die betrieblichen Entscheidungen werden nicht mehr lediglich von einem oder einigen wenigen Männern an der Spitze des Unternehmens getroffen, sondern jeweils von den Mitarbeitern auf den Ebenen, zu denen sie ihrem Wesen nach gehören.
- Die Mitarbeiter werden nicht mehr durch einzelne Aufträge vom Vorgesetzten geführt, sondern sie erhalten einen festen Aufgabenbereich mit bestimmten Kompetenzen, in dem sie selbständig handeln und entscheiden.
- Die Verantwortung ist nicht mehr auf die Spitze allein konzentriert. Ein Teil dieser Verantwortung wird vielmehr zusammen mit den Aufgaben und den dazugehörigen Kompetenzen auf die Ebene übertragen, die sich ihrem Wesen nach damit zu beschäftigen hat." (vgl. Höhn, Böhme 1984; S. 31 f.)

Das Harzburger Modell bot vor allem eine Lösung für die Frage: Wie kann die Unternehmensleitung gut strukturierbare Aufgaben auf das untere und mittlere Management delegieren, ohne dabei das Risiko zu haben, daß die delegierten Entscheidungen im Ergebnis der Unternehmenspolitik widersprechen? (Kieser 1993; S. 92) Kritisiert wird, daß sich die "Führung im Mitarbeiterverhältnis" nicht wesentlich von der Führung einer SS-Standarte unterscheidet, war Höhn, der Begründer des Harzburger Modells, doch SS-Standartenführer gewesen.

"Das Harzburger Modell half dem Topmanagement, sich die Routineprobleme vom Hals zu halten, ohne die Kontrolle über die Unternehmung zu verlieren. Für die Mitarbeiter war eine Steuerung durch bürokratische Regelungen häufig angenehmer als durch autoritäre Vorgesetzte, deshalb erfuhren sie das Harzburger Modell als Fortschritt, obwohl ihre Entscheidungskompetenzen und Möglichkeiten der Mitwirkung an wichtigen Entscheidungen nicht wirklich erweiterte." (Kieser 1993; S. 93)

Doch welche Rolle kommt dem Sekretariatsbereich in diesem Modell zu?
Die Sekretärin hat unterschiedliche Funktionen, die in dem 1964 erstmals erschienen Buch "Die Sekretärin im Management" beschrieben werden:

Linienfunktionen
- "Die Sekretärin hat Aufgaben, bei deren Wahrnehmung sie selbständig handelt und entscheidet. Sie wird damit in Linienfunktion tätig wie jeder andere Mitarbeiter im Unternehmen auch, soweit er Entscheidungsbefugnis besitzt." (Höhn; Böhme 1984; S. 34)

Dieser Entscheidungsbereich umfaßt dabei sekretariatstypische Aufgaben wie

- die Organisation der Arbeit innerhalb des Sekretariates,
- die Behandlung der eingehenden Post und Erledigung des Postausgangs,
- die selbständige Erledigung von Korrespondenz
- die Erledigung von Telefonaten etc. (vgl. Höhn, Boehme 1984; S. 35 ff.).

Stabsfunktionen
- "Daneben übt sie Funktionen aus, mit denen sie den Chef durch Beratung und Information unterstützt." (Höhn; Böhme 1984; S. 34) "Hier wird die Sekretärin als *Gehilfin des Chefs* stabsmäßig tätig." (Höhn; Böhme 1984; S. 51 Hervorhebung im Original)

Stabsaufgaben, die von der Sekretärin wahrgenommen werden können, sind:

- *Führungsstabsaufgaben*, bei denen der Vorgesetzte bei der Führung der ihm unterstellten Mitarbeiter unterstützt wird. Dabei können Aufgaben wie die Terminfestlegung für die Besprechungen des Chefs mit den Mitarbeitern der Linie, den ihm unterstehenden Stäben oder außenstehender Besucher; die Vermittlung interner und externer Telefonate, die Einschaltung in die Vorbereitung und Auswertung von Mitarbeiter- und Dienstbesprechungen etc. anfallen. Ihre Aufgaben sind dabei organisatorischer Art, sachbezogene Auswertungen und Vorbereitungen sind von ihr nicht wahrzunehmen (vgl. Höhn, Böhme 1984; S. 57 ff.).

- *Fachstabaufgaben* fallen an, wenn die Sekretärin eine Sachaufgabe wahrzunehmen hat, bei der sie den Chef und andere Mitarbeiter im Rahmen der Betriebshierarchie zu beraten und zu informieren hat (Höhn; Böhme 1984; S. 78 f.).

- *Persönliche Stabsaufgaben* umfassen "die Sorge um die persönlichen Bedürfnisse" des Vorgesetzten (Höhn; Böhme 1984; S. 80 ff.)

Dienstleistungsfunktionen
"• Außerdem nimmt sie Funktionen wahr, bei denen sie lediglich ihre Dienste bei der Durchführung bestimmter Aufgaben zur Verfügung stellt. Hier übt sie Dienstleistungsfunktionen aus." (Höhn; Böhme 1984; S. 34)

Vorgesetztenfunktionen
"• Sind ihr Mitarbeiter unterstellt, so hat sie als Vorgesetzte diesen gegenüber dieselbe Stellung wie jeder andere Vorgesetzte im Rahmen der Delegation von Verantwortung gegenüber seinen Mitarbeitern." (Höhn; Böhme 1984; S. 34)

Die von Höhn und Böhme beschriebene Spannbreite der Funktionen und Aufgaben täuscht bei genauerem Hinsehen nicht über die zugeschriebene Rolle der Sekretärin als "Gehilfin" und "Zuarbeiterin" hinweg. Die personenbezogenen und dienenden Funktionen stehen im Vordergrund, was z. B. auch bei den Empfehlungen zur Auswahl einer Sekretärin deutlich wird:

"Das Amt der Sekretärin ist stark auf die Persönlichkeit des Chefs zugeschnitten. Die Sekretärin muß daher in ihrer Gesamtpersönlichkeit vom Chef akzeptiert werden. ... Der Chef muß das Wesen der Sekretärin als angenehm empfinden, wenn es zu einer guten Zusammenarbeit kommen soll. Die Art wie sich die Sekretärin rein äußerlich gibt, spielt dabei eine Rolle. Sympathie und Antipathie ergeben sich vielfach daraus." (Höhn; Böhme 1984; S. 291)

Als wirklichkeitsfremd wird die Frage nach der Emanzipation der Sekretärin bezeichnet. Die Antwort und die der Sekretärin zugewiesene Rolle entspricht ganz der in Kap. 4.1.1 beschriebenen Ideologie der Nationalsozialisten.

"Ebenso wie allen übrigen Mitarbeitern bietet also die Führung im Mitarbeiterverhältnis der Sekretärin die Chance zur Emanzipation im beruflichen Bereich. **Dabei ist es gar nicht anders denkbar, als daß die Sekretärin als Gehilfin des Chefs auf ihn zuarbeitet.** Sie muß ihn bei der Wahrnehmung seiner Aufgaben unterstützend begleiten. Dabei muß sie die Zielsetzung, unter der der Chef tätig ist, ebenso verstehen wie seine Arbeitsweise und aus diesem Verständnis heraus ihre Funktionen selbständig und in eigener Verantwortung erfüllen. Dies ist eine sehr umfassende und zugleich sehr befriedigende Tätigkeit. Ihre erfolgreiche Wahrnehmung setzt eine eigenständige Persönlichkeit im Sinne der emanzipierten modernen Frau voraus." (Höhn; Böhme 1984; S. 313 f. eigene Hervorhebung)

Es ist zu untersuchen, inwieweit, die nationalsozialistische Ideologie und Rollenzuweisung nach dem zweiten Weltkrieg bis heute im Arbeitsleben vorzufinden ist. Die von Höhn und Böhme beschriebene Funktion und Rolle der Sekretärin kann sicherlich als ein Überbleibsel interpretiert werden.

Auch der von Höhn und Böhme beschriebene Berufsweg "Von der Chefsekretärin zur Chefassistentin" (1982) zeigt keine männlichen Berufswegen entsprechenden Ambitionen auf. Die Chefassistentin, für deren Berufsbild eine Fortbildung in Zusammenarbeit mit dem DSV entwickelt wurde, ist berufliche Endstation, während die vergleichbare Position für den Assistenten das Sprungbrett für einen weiteren Aufstieg im Management betrachtet wird (Höhn, Böhme 1982; S. 125).

6.6 Motivationsorientierte Ansätze: Humanisierung der Arbeit

Mit der von den Gewerkschaften 1973 ausgelösten Initiative zur Humanisierung der Arbeit, wurden Leitlinien für die Gestaltung von Arbeitsplätzen formuliert, deren "Beachtung zu "Selbstverwirklichung des Menschen in der Arbeit" beitragen können".

"Schaffung von Entscheidungs- und Gestaltungsmöglichkeiten für den Arbeitnehmer, Verantwortung und Abwechslung bei der Arbeit, Möglichkeiten zur Aufnahme sozialer Kontakte durch und bei der Arbeit, Abbau der Trennung von Entscheidung, Ausführung und Kontrolle, Aufhebung übertriebener Arbeitsteilung (durch job rotation, job enlargement und job enrichment), Abbau unnötig aufgebauschter Hierarchien, Arbeit als Möglichkeit für Lern- und Weiterbildungsprozesse, Neubestimmung von Leistungsnormen." (Strauss-Fehlberg 1978; S. 95 zitiert nach Kieser 1993; S. 123)

1974 startete die Bundesregierung der Großen Koalition ein umfangreiches Forschungsprogramm zur "Humanisierung der Arbeit (HdA)", um gesicherte arbeitswissenschaftliche Erkenntnisse zu gewinnen und um dem Gedanken politisch Nachdruck zu verleihen (Kieser 1993; S. 123).

Erkenntnisse, die aus diesem Programm gewonnen wurden, waren (nach Kieser 1993; S. 124 ff.):

- Human-Relations Maßnahmen haben – solange die Arbeitsgestaltung nicht in die Überlegungen einbezogen wird – immer auch die Funktion eine gegebene Arbeitsgestaltung als unveränderbar zu deklarieren und die Arbeitnehmer mit den daraus resultierenden Problemen wie z. B. starke Arbeitsteilung oder Monotonie zu versöhnen. HdA zeigte, daß die Arbeitsgestaltung eine wesentliche Determinant der Arbeitsunzufriedenheit ist, und daß man sie nicht als gegeben hinnehmen muß.

- Es gibt bislang keine geschlossene Theorie der HdA und damit auch keine gesicherten arbeitswissenschaftlichen Erkenntnisse.

- HdA-Projekte waren auf die praktische Gestaltung bezogen; Die Anwendung von Theorien hatte Legitimierungsfunktion. Es wurden demnach vor allem Techniken weiterentwickelt, die mit den unterschiedlichen Theorie-Versatzstücken abgesichert wurden.

- Bejaht man einen partizipativen Ansatz, so müssen HdA-Projekte als Organisationsentwicklungsprojekte durchgeführt werden, was alle Probleme nach sich zieht, die mit OE verbunden sind.

- Eine große Anzahl "humanisierter" Arbeitsplätze wurden nicht geschaffen. Zum einen scheiterten viele Projekte an den durch OE induzierten Konflikten, zum anderen floß ein Großteil der Fördergelder in Rationalisierungsprojekte, "die HdA-mäßig verbrämt wurden."

Die im Rahmen von HdA geförderten Projekte im Sekretariatsbereich umfassen in den siebziger Jahren den Schreibkräftebereich mit den Projekten "Schreibdienste in Bundesbehörden" und "Menschengerechten Arbeitsgestaltung in der Textverarbeitung". Anfang der achtziger Jahre wurde mit ASTEX ein Projekt gefördert, das ausgehend von Organisationsentwicklungsmaßnahmen im Sachbearbeitungsbereich Konzepte für den Assistenz- und Sekretariatsbereich entwickelte.

Ausgangspunkt war die integrierte Sachbearbeitung, die unter dem Humanisierungskonzept "Mischarbeit" Aufgaben sowohl in horizontaler (Rundum-Sachbearbeitung) und vertikaler Hinsicht (autarke Sachbearbeitung) integrierte. Ausgehend von diesen Konzepten sollten im Rahmen einer Untersuchung bei BMW Mischarbeitskonzepte im Verwaltungsbereich durchgesetzt werden.

Das Mischarbeitskonzept beinhaltet die Neuverteilung der insgesamt zur Disposition stehenden Arbeitsinhalte auf verschiedene Arbeitsplätze (vgl. Krüger, Nagel 1988; S. 9). Unterschieden werden vier arbeitsorganisatorische Formen

- – Arbeitsplatzwechsel (Job rotation)
- – Arbeitserweiterung (Job enlargement)
- – Arbeitsbereicherung (Job enrichment)
- – Gruppenarbeit

Mischarbeit wird dabei als ein Gestaltungskonzept verstanden, das die drei Elemente Belastungsabbau, Qualifikationserweiterungen und Schaffung individueller und kollektiver Handlungsspielräume integriert (Krüger, Nagel 1988 S. 19).

100

Die Sozialwissenschaftliche Projektgruppe fand heraus, daß die für die Organisations-
praxis tragenden Konzeptionen (vgl. Kiesmüller et al. 1987; vgl. Weltz, Bollinger,
Computerwoche 17.03.1989).

• das zentralistische Modell (hierbei werden die Assistenzfunktionen in Funktions-
  einheiten zusammengefaßt, das können Schreibdienste, Ablage etc. sein) und
• das Autarkiemodell (Unabhängigkeit der Auftraggeber[42] vom Assistenzbereich)

nur unter bestimmten Rahmenbedingungen sinnvoll einzusetzen sind.

Diese zwei Konzeptionen basierten auf der Prämisse, daß ausschließlich die oberen
Führungsebenen Assistenzbedarf benötigen und für mittlere Führungskräfte und
Sachbearbeiter der Unterstützungsbedarf in bezug auf Schreibarbeiten ausreichend
ist. Aufgrund ihrer Untersuchung zeigte sich, daß auch im mittleren Führungsbereich
und bei den Sachbearbeitern ein Bedarf an quantitativer und qualitativer Assistenz
bestehen kann.

Um die Schwachpunkte in der Arbeitsorganisation zu überwinden, wurde ein Assi-
stenzkonzept entwickelt, das folgende Grundsätze hat (vgl. Kiesmüller et al., 1987).

• Ein leistungsfähiger Assistenzbereich liefert einen wesentlichen Beitrag zur Funk-
  tionsfähigkeit einer Verwaltung.
• Leistungsfähige Assistenz bedeutet qualifizierte Assistenz.
• Der Stellenwert und die Organisationsform der Assistenztätigkeit ist abhängig von
  der jeweiligen Aufgabenstellung des Bereichs.
• Die Anforderungen an qualifizierte Assistenz werden mit dem Einsatz neuer Büro-
  technologien eher steigen, kompetente Nutzung der neuen Bürotechnologien ist
  an den Einsatz qualifizierter Assistenz gebunden.
• Die Qualität der Assistenzleistungen ist abhängig von der quantitativen Anzahl
  von Assistenzkräften. Qualifizierte Assistenz setzt ein ausgewogenes Verhältnis
  Auftraggeber und Assistenzkräften voraus.
• Der Einsatz qualitativer Assistenz ist in bestimmten Bereichen der Verwaltung anderen Formen der Arbeitsorganisation wirtschaftlich überlegen.
• Der Assistenzbereich muß zum Gegenstand einer gezielten Leistungspolitik gemacht werden. Leistungspolitik beinhaltet hier

  – Entwicklung von Modellen für die Arbeitsteilung zwischen Auftraggebern
    und Assistenzkräften,
  – Qualifizierung,
  – Eröffnung von Entwicklungsperspektiven,
  – Aufbau einer Betreuungsinfrastruktur.

Stichwort für die arbeitsorganisatorische Ebene ist hier kooperative Arbeitsteilung,
die eine teamartige Kooperation zwischen Auftraggeber und qualifizierter Assistenz
beinhaltet. Eindeutige Tätigkeitsschwerpunkte werden zugeordnet, wobei die
Schnittstelle beider Tätigkeiten flexibel ist und sich je nach Arbeitslage verschieben
kann.

---

[42] Der Begriff "Auftraggeber" wurde hier von der Sozialwissenschaftlichen Projektgruppe benutzt. Diese Begrifflichkeit wird bei der Beschreibung des Konzeptes übernommen.

Grundlage für die Entwicklung dieses Modells war die empirische Erfahrung, die solche Formen der Arbeitsteilung in der täglichen Praxis erlaubte, jedoch nicht in ausreichendem Umfang durch Organisations- und Personalarbeit unterstützt wurde. Personalplanung und Qualifizierung waren dabei die Ansatzstellen für die Realisierung des Modells. Personalplanung bedeutete hier, einen Ausgleich zu eher "kopflastigen" Personalstrukturen zu schaffen, bei denen hochqualifizierte Mitarbeiter in bedeutendem Umfang Assistenztätigkeiten ausführen mußten. Qualifizierung bedeutete ein breites Schulungsspektrum und insbesondere arbeitsplatzspezifische Einweisung für den Assistenzbereich, um ihn zur Übernahme qualifizierter Funktionen zu befähigen.

Bollinger zeigt auf, daß zu diesem Zeitpunkt drei verschiedene arbeitsorganisatorische und personalpolitische Konzepte für je unterschiedliche Aufgabenstellungen einzurichten wären:

- "die integrierte oder autarke Sachbearbeitung bei homogenen Qualifikationsanforderungen, einem hohen Technisierungsgrad und einer in hohem Maße unmittelbar technikgestützten Sachbearbeitung, die relativ gleichmäßig anfällt;

- die servicegestützte Sachbearbeitung bei komplexen Aufgabenstellungen mit durchgängig hohen Qualifikationsanforderungen und klar definiertem und abgrenzbaren Unterstützungsbedarf; es herrscht eine eher mechanistische Arbeitsteilung zwischen Assistenz und Auftraggeber, die Assistenzkräfte können gruppenmäßig oder einzeln einem bestimmten Kreis von Auftraggebern zugeordnet sein;

- die assistenzgestützte Sachbearbeitung bei komplexen Aufgabenstellungen mit einem hohen Anteil sowohl administrativer Routinetätigkeiten wie auch nicht routinisierbarer Sachbearbeitung; die Sachbearbeitung ist nur teilweise technikgebunden, es gibt widersprüchliche Arbeitsanforderungen und im zeitlichen Verlauf eine unterschiedliche Dichte des Arbeitsanfalls. Zwischen Auftraggebern und Assistenz herrscht eine flexible Aufteilung der Arbeit ("kooperative Arbeitsteilung")." (Bollinger 1986)

Dieses Modell der assistenzgestützten Sachbearbeitung kann ein Ansatzpunkt sein, um Rationalisierungsbestrebungen im Sekretariatsbereich entgegentreten und über die Qualifizierung der Sekretärin sowohl die Arbeitsplatzsicherung als auch eine Qualitätssicherung der Büroprodukte anzustreben. Allerdings zeigte sich, daß auch dieses Modell in seiner Umsetzung vor allem auf die Förderphase des HdA beschränkt blieb und bislang nur eine geringfügige Verbreitung gefunden hatte (vgl. Klein et al. (Sekretariat der Zukunft) 1994; S. 35 ff.).

Darüber hinaus gab es in den achtziger Jahren eine Reihe betrieblicher Projekte, in denen der Fragestellung nachgegangen wurde, was die Wirkungsdimensionen neuer Technologien sind. Untersucht wurden dabei vor allem folgende Aspekte:

- Akzeptanz neuer Kommunikationstechnologien,
- Hinweise für ihre Gestaltung,
- wirtschaftliche und organisatorische Auswirkungen sowie die
- Humanfolgen des Technikeinsatzes.

Zu dieser Zeit wurden die modernen Bürokommunikationstechnologien vor allem im Schreibkräfte- und Sekretariatsbereich eingesetzt.

Zu diesen betrieblichen Projekten gehörten die Betriebsversuche des Labors für Benutzerforschung, die in Zusammenarbeit mit Siemens und der Hochschule der Bundeswehr bzw. der Technischen Universität Hannover durchgeführt wurden (vgl. Beckurts; Reichwald 1984; S. 40f.) und drei Projekte umfaßten:

- ein **Teletex-Großversuch**,
  Hier wurde vor allem die die Akzeptanz der Textbearbeitung von 1976 bis 1978 durch den individuellen Benutzer – Sekretärinnen und Sachbearbeiter – untersucht.
- ein Folgeprojekt **"Computer-Service für Sekretariat und Management"**, das in der Zeit von 1979 bis 1981 als Feldversuch durchgeführt wurde,
  An 40 Versuchsterminals wurde der Einsatz portabler Terminals im öffentlichen Telefonnetz getestet. Untersuchungsfragestellungen waren neben der Akzeptanz integrierter Bürokommunikation die Veränderung von Arbeitsinhalten, Kommunikationsabläufen und organisationalen Beziehungen, Einführungs- und Schulungsstrategien sowie die Entwicklung organisationaler Einsatzfelder mit hoher Akzeptanzerwartung.
- ein Folgeprojekt- und Forschungsprojekt **"Bürokommunikation"**, das vom Bundesministerium für Forschung und Technologie gefördert wurde.
  Untersuchungsfragestellungen waren die Anwendungspotentiale der neuen Kommunikationstechnik (Teletex), die Akzeptanz der Technik durch Bedienkräfte und Diktanden sowie wirtschaftliche und soziale Folgewirkungen der Informationstechnologie. Untersucht wurden Pionieranwender des Teletex-Betriebes.

Vergleichbare Fragestellungen hatte auch der Modellversuch **"Schaffung dezentraler Arbeitsplätze unter Einsatz von Teletex** (vgl. Bullinger et al. 1987), der von der Landesregierung Baden-Württemberg auf Vorschlag der Expertengruppe "Förderung neuer Kommunikationstechniken (EKOM) initiiert und gefördert wurde. Der Blickwinkel der Fragestellung war etwas anders als bei den oben aufgeführten Teletex-Projekten. Aufgabe war es zu untersuchen, inwieweit ein eventuell auftretender Mangel an qualifizierten Schreibkräften in Ballungsgebieten durch die Schaffung dezentraler Arbeitsplätze und deren kommunikationstechnische Anbindung an die Zentrale kompensiert werden kann und welche negativen bzw. positiven Auswirkungen zu erwarten sind. Ein wesentliches Ergebnis der Studie war, daß die arbeitsorganisatorische Einbindung der Telearbeit in die zentrale Organisation mit Problemen behaftet ist. Zum einen lag das an den eingeschränkten Funktionalitäten der Teletex-Geräte, die einen hohen Nachbearbeitungsaufwand in der Zentrale verursachten. Zum anderen traten kommunikative und organisatorische Probleme hinsichtlich der regelmäßigen Auslastung der Telearbeiterin und der notwendigen Rückkopplung zur Gewährleistung qualitativer Anforderungen der Auftraggeber auf.

Eine Untersuchung zur **"Traditionellen Sekretariatsarbeit und die Anwendung neuer Technik im Vergleich"** an Schweizer Bundesbehörden hatte arbeitsorganisatorische und technische Fragestellungen zum Inhalt. Das Tätigkeitsspektrum der untersuchten Sekretärinnen stellte sich mit 51% Schreiben, 26% Sekretariatsaufgaben und 23% Sachbearbeitung dar (Ruch; Troy 1986 S. 42). Zunehmender Rationalisierungsdruck führte dazu vor allem eine Anreicherung der Aufgaben mit Sachbearbeitung vorzunehmen (Ruch, Troy 1986; S. 45).

Anhand der drei Aufgaben (Schreiben, Sekretariatsarbeiten, eigentliche Sachbearbeitung) konnten fünf Typen der Sekretärinnenarbeit herauskristallisiert werden :

- 22% Schreibkräfte
  mit hohem Schreibanteil und wenig anderen Nebentätigkeiten, zu einem Drittel Teilzeitkräfte, eher jünger, oft in Schreibdiensten und Gruppensekretariaten tätig
- 35% Sekretärinnen
  mit relativ hohen bis mittleren Schreibanteil, etwas weniger Sekretariatsarbeit und z. T. geringer Anteil Sachbearbeitung
- 25% Allroundsekretärinnen
  mit allen drei unterschiedenen Teiltätigkeiten und bedeutendem Anteil Sachbearbeitung, ø über 10 Jahre in der Bundesverwaltung tätig
- 9% Chefsekretärinnen
  mit Schwerpunkt Sekretariatsarbeit, rund zur Hälfte Chefsekretärinnen, ø über 10 Jahre in der Bundesverwaltung tätig
- 9% Sachbearbeiterinnen
  mit wenig anderen Tätigkeiten neben Sachbearbeitung, höchstes durchschnittliches Dienstalter.

Die vorhandene Technikausstattung führte zu unterschiedlichen organisatorischen Gestaltungsmöglichkeiten, wobei Mischtätigkeiten, das heißt Tätigkeiten, die nicht nur aus Schreiben bestehen, sondern darüberhinaus auch erhebliche Anteile allgemeiner Sekretariats- und Sachbearbeitungsaufgaben beinhalteten, am besten von den befragten Sekretärinnen bewertet wurden.

6.7 Fazit

Das Arbeitsleben dieses Jahrhunderts wurde durch zwei große Leitbilder geprägt: zum einen das Konzept der "wissenschaftlichen Betriebsführung" mit dem Leitbild des "homo oeconomicus", zum anderen sind es die Gedanken der Human Relations-Bewegung, die die Berücksichtigung menschlicher Bedürfnisse in den Vordergrund der Arbeitsgestaltung rückten. Beide Konzepte dienten vor allem dazu, die "optimale" Arbeitsleistung von den Beschäftigten herauszuholen und dem Technikeinsatz und der Arbeitsorganisation durch diese Leitbilder ein menschliches Gesicht zu geben.

Um die Jahrhundertwende bildeten sich die Anfänge der Frauenarbeit in den Büros heraus. Frauen aus den mittleren und gehobenen Ständen wurden für Vertrauenspositionen eingesetzt. Die Verkaufspraktiken zur Einführung der Schreibmaschine führten zu einer Ausweitung des Rekrutierungskreises und zur Ausdehnung der Frauenarbeit sowie zur Herausbildung weiblicher Teilarbeit in den Büros. Während des ersten Weltkrieges fanden Taylors Prinzipien der wissenschaftlichen Betriebsführung und Arbeitsteiligkeit erstmals in einem großen Ausmaß im Bürobereich bei den Verteilungsprozessen Anwendung. Einen weiteren Durchbruch erhielten diese Prinzipien in den zwanziger und dreißiger Jahren, wobei sich Entwicklungen wie das 10-Finger-System zum Maschinenschreiben, zunehmendes Formularwesen und die Einführung des Diktaphons als förderlich für eine zunehmende Arbeitsteilung erwiesen.

Human factors und Psychotechnik spielten im Sekretariats- / Schreibbereich ab den zwanziger Jahren bei der ergonomischen Gestaltung der Arbeitsplätze eine Rolle. Gleichzeitig bildete sich das Berufsbild der Privatsekretärin heraus, deren Berufsqualifikationen sich vor allem durch das weibliche Rollenbild bestimmten.

Nach dem zweiten Weltkrieg wurde mit dem Konzept der "rationellen Büroarbeit" die fordistische Arbeitsorganisation auf den Bürobereich übertragen. Damit einher kam das Großraumbüro, das es erlaubte, Aufgaben dem Arbeitsfluß nach zu ordnen. Im Sekretariatsbereich wirkte sich das als Rationalisierung durch die Zusammenstreichung von Sekretariatsstellen aus. Gleichzeitig fand ein Funktionsverlust statt. Mit dem Konzept der organisierten Textverarbeitung und der breiten Einrichtung von Schreibpools in den siebziger Jahren erfuhr die fordistische "rationelle Büroarbeit" ihren Höhepunkt.

Auch das Harzburger Modell, das vor allem in den fünfziger bis siebziger Jahren vorangetrieben wurde und als eine Weiterentwicklung der "wissenschaftlichen Betriebsführung" gilt, schreibt mit seiner "Führung im Mitarbeiterverhältnis" der Sekretärin vor allem die Rolle der zuarbeitenden Gehilfin zu.

Motivationsorientierte Ansätze traten durch das Mitte der siebziger Jahre lancierte Programm "Humanisierung der Arbeit" wieder in den Vordergrund. Anfang der achtziger Jahre wurden im Sekretariatsbereich im Rahmen eines in diesem Programm durchgeführten Modellversuches das arbeitsplatzsichernde Modell der "Qualifizierten Assistenz" entwickelt. Eine teamartige Kooperation zwischen Auftraggeber und Assistenz soll zu einer effizienteren Aufgabenabwicklung und mehr Qualität führen.

Doch über den geförderten Modellversuch hinaus fand dieses Modell kaum Verbreitung.

Weiterhin gab es in den achtziger Jahren eine Reihe betrieblicher Projekte im Sekretariatsbereich, die vor allem der Fragestellung der Wirkungsdimensionen moderner Technologien nachging. Diese Modellversuche zeigten, daß Sekretariatsgestaltung und die dort wahrgenommenen Aufgaben von den zur Verfügung stehenden Technologien beeinflußt wurden, gleichwohl zeigten sie aber auch, daß Gestaltungsspielräume hinsichtlich des Aufgabenspektrums und der Kooperationsbeziehungen vorhanden sind.

Zusammenfassend kann gesagt werden, daß der bei den unteren und mittleren Führungsebene angesiedelte Sekretariatsbereich ein Spielball der technischen und organisatorischen Konzepte ist, während sich der bei den oberen Führungsebenen angesiedelte Sekretariatsbereich diesen Einflüssen bislang weitestgehend entziehen konnte. Gerade dadurch werden auch Status- und Prestigefunktionen deutlich.

Die Rolle der Sekretärin beschränkt sich dabei durch das Jahrhundert hindurch auf die einer "Zuarbeiterin" und "Gehilfin", verbrämt durch pompöse Begrifflichkeiten für die Spannbreite ihrer Aufgaben und Funktionen. Erst Ansätze wie sie im Programm "Humanisierung der Arbeit" zu Beginn der 80er Jahre mit dem Konzept "Qualifizierte Assistenz" geschaffen werden, gehen in eine rollenverändernde Richtung.

In der Folge wird untersucht, wie sich – ausgehend von diesen Einflüssen – die Qualifikationsanforderungen entwickelt haben.

7 Qualifizierung

Das kaufmännische Bildungswesens hat sich im Vergleich zum technischen Bildungs-
wesen erst spät gegen Ende des 19. Jh. herausgebildet als Folge einer verstärkten
Nachfrage nach kaufmännischen Qualifikationen (vgl. Pierenkemper 1987, S. 104).
An Ausbildungsmöglichkeiten gab es das kaufmännische Lehrlingswesen, mit der
dreijährigen Kaufmannslehre, das jedoch teils in kausalem, teils nur in zeitlichem Zusammenhang mit der zunehmenden Arbeitsteilung an Bedeutung verlor (Kisker 1911;
S. 68). Zudem war das Lehrlingswesen um die Jahrhundertwende durch starke Mißstände gekennzeichnet, da Lehrlinge oft nur als billige Arbeitskräfte ausgenutzt wurden[43] (Pierenkemper 1987, S. 106 ff.). In der Folge entwickelte sich ein dreigliedriges
Schulwesen, das kaufmännische Fortbildungsschulen[44], Handelsschulen[45] und Handelshochschulen[46] umfaßte. Allerdings stand das kaufmännische Unterrichtswesen

---

[43] Ursachen dieser Mißstände waren (vgl. Pierenkemper 1987, S. 106 ff.):

- die Einführung der Gewerbefreiheit, die die zünftische Organisation des Lehrwesens auf-
  hob und diese zwar über die Ausbildungspflicht regelte, aber kein Kontrollorgan zur Einhaltung dieser Pflichten vorhanden war;
- die Lehrlinge erhielten jetzt eine Vergütung statt Lehrgeld zu zahlen;
- die Verkürzung der Lehrzeit von vier auf drei Jahre, während Mädchen eine "Lehrzeit"
  von nur einem Jahr zu durchlaufen hatten;
- die Ausdehnung von Großbetrieben und Großunternehmen, bei denen es den Principal im
  ursprünglichen Sinne nicht mehr gab;
- das massenhafte Eindringen unzureichend vorgebildeter Personen, was vor allem daran
  lag, daß diejenigen, die die Volksschule besucht hatten, zum Großteil nur ein-, zwei oder
  dreiklassige Volksschulen besucht und damit nur eine unzureichende Vorbildung hatten.
  Unter anderem äußerte sich das auch in den hohen Durchfallquoten (zum Teil 50%) für
  die Aufnahmeprüfung der kaufmännischen Fortbildungsschulen;
- mangelnde kaufmännische Vorbildung bei den Lehrherren und ihre Neigung, die Lehrlinge als billige Arbeitskräfte einzusetzen.

[44] 1869 wurde die Möglichkeit der Einführung einer Pflichtfortbildungsschule durch Ortsstatut
und damit durch einen allgemeinen Schulzwang für beruflich Tätige geschaffen. Diese Maßnahmen beschränkten sich zuerst überwiegend auf den gewerblichen Sektor und erst nach
1880 als die Anzahl der Angestellten nennenswert anstieg, etablierten zahlreiche Gemeinden
kaufmännische Fortbildungsschulen und machten den Besuch für die kaufmännischen Lehrlinge per Ortsstatut verbindlich (vgl. Pierenkemper 1987; S. 112).

Im Dezember 1897 gab es (laut eines Berichtes, der eine Anfrage an alle Regierungsprä-
sidenten in Preußen von 1897, darstellte) in Preußen 186 kaufmännische Fortbildungsschulen,
die von 14.935 männlichen und 591 weiblichen Schülern besucht wurden. Träger waren überwiegend die Vereine der Kaufmannschaft, gefolgt von den Gemeinden. Mehr als die Hälfte
der kaufmännischen Fortbildungsschulen hatten den Schulbesuch durch Ortsstatut nicht ver-
pflichtend machen können, sondern er blieb freiwillig. Um trotz fehlender Freistellung von
der Arbeit und Verpflichtung zum Schulbesuch einen regelmäßigen Unterricht gewährleisten
zu können, fand der Unterricht meist zu arbeitsfreien Zeiten statt, also abends. Im Durch-
schnitt betrug die Unterrichtszeit sechs Stunden verteilt auf drei Wochentage. Hauptlehrfächer
waren Handelskunde, kaufmännisches Rechnen, Korrespondenz und Buchhaltung, wobei der
Unterricht fast ausschließlich durch nebenamtlich tätige Lehrer erteilt wurde (vgl. Pierenkemper 1987; S. 113 f.).

[45] Handelsschulen wurden anstelle einer praktischen kaufmännischen Ausbildung besucht und
führten zu einem dem allgemeinen Schulsystem parallelen Abschluß des "Einjährigen" bzw.
der Hochschulreife.

[46] Handelshochschulen vermittelten kaufmännische Qualifikationen auf Hochschulebene.

vor allem den männlichen Kaufleuten offen. Das Ausbildungswesen für die Frauen blieb sehr mangelhaft, da praktische Lehre und Fortbildungspflicht nirgends geregelt und die Kaufleute überwiegend an weiblicher Teilarbeit interessiert waren. Die sich Mitte des 19. Jh. herausbildenden Frauenvereine forderten vielfach ein Recht der Frauen zur (lebenslangen) Erwerbsarbeit und initiierten Fortbildungen für Frauen, die sie auf die Berufsarbeit vorbereiten oder aber auch weiterbilden sollten. Die rege Nachfrage nach diesen Fortbildungen zeigte, daß sie auf Akzeptanz stießen. Die Berufstätigkeit der Frau wurde zunehmend als gesellschaftlich notwendig angesehen. Qualifizierung wurde eine notwendige Zukunftsvorsorge. Frauen sollten für beide Lebensbereiche – also sowohl für das Berufs- als auch für das Familienleben – ausgebildet werden, da die Entwicklung des Lebensweges nicht vorhersehbar sei (vgl. Handlungsgehilfen-Zeitung, Organ des Zentralverbandes der Handlungsgehilfen und Gehilfinnen Deutschlands, 25.08.1909, 13. Jg.). Doch dies war natürlich nicht unumstritten: So gehen aus den Diskussionen um die zu vermittelnden Inhalte die unterschiedlichen Einstellungen zur weiblichen Erwerbsarbeit hervor.

"Hing man der Ansicht an, daß die Mädchenwegen ihrer späteren Heirat vor allem für die Hausarbeit vorbereitet werden sollten, so plädierte man für Koch- und Haushaltungsschulen, möglichst mit kaufmännischen Unterrichtsfächern. Sah man in den weiblichen Handelsangestellten vor allem unliebsame Konkurrentinnen, so versuchte man, deren Fachausbildung so gering wie möglich zu halten. War man schließlich der Meinung, daß weibliche Handelsangestellte einen notwendigen Teil des Wirtschaftslebens darstellten, so mußte man natürlich auch eine gute Ausbildung fordern." (Pierenkemper 1987; S 120)

Die vor der Jahrhundertwende bestehenden Anstalten, die zumeist privat gegründet waren, betonten den Charakter der Vorbereitungsanstalten (vgl. Pierenkemper 1987; S. 120). So unterrichtete beispielsweise die erste Fortbildungsschule für Frauen, die 1865 in Leipzig von Louise Otto-Peters errichtet wurde und unter der Leitung von Auguste Schmidt stand, ihre Schülerinnen in Deutsch, Rechnen, Geschichte, Geographie, später auch in Sprachen, Schneidern und Nähen, Buchführung, Gesundheitslehre und Turnen." (Zahn-Harnack; 1928 S. 219) Eine Durchsicht der Zeitschrift "Frauen-Anwalt" (ein Organ des Verbandes deutscher Frauenbildungs- und Erwerbsvereine) zeigte, daß die Qualifizierungsmaßnahmen dieser Frauenvereine vor allem allgemeinbildende Kenntnisse, aber auch zusätzliche Fachkenntnissen umfaßten[47]; wobei

---

[47] So wird z. B. in der Ausgabe 1/1873 über den Braunschweiger Frauen Verein (166 Mitglieder) berichtet, daß in der Fortbildungsschule des Vereins, eine Erweiterung der Disziplinen stattgefunden hat. Und zwar wurde

"der wissenschaftliche Unterricht um eine deutsche Literaturstunde und der Industrieunterricht um Schneidern, Sticken und Weißnähen vermehrt (. . .) Es umfaßt jetzt der wissenschaftliche Unterricht (A.) der Schule folgende Lehrzweige:
1. deutsche Sprache mit Schönschreiben (wöchentlich 2 Stunden);
2. deutsche Literatur (1 Stunde);
3. Rechnen (2 Stunden);
5. Buchführung (2 Stunden);
5. Geschichte verbunden mit Geographie (1 Stunde);
6. Naturlehre (1 Stunde);
7. französische Sprache (4 Stunden in 2 Abtheilungen)
8. englische Sprache (3 Stunden);
9. Freihandzeichnen und Decorationsmalen auf Holz (2 Stunden)." (Frauen-Anwalt 1/1873)

1876 wird von einer neugegründeten Handelsschule für Frauen berichtet (vgl. Der Frauen-

108

die Kürze der angebotenen Maßnahmen lediglich auf die Vermittlung von reinen Grundkenntnissen zurückschließen läßt.

Erst die beiden Berufsorganisationen (der kaufmännische Verein für weibliche Angestellte mit Sitz in Berlin und der Verbündete kaufmännische Verein für weibliche Angestellte mit Sitz in Kassel) richteten Unterrichtskurse von längerer Dauer ein, aus denen sich später die Handelsschulen mit Lehrplänen entwickelten. Die Verbände wirkten auch daraufhin, daß Korporationen, Gemeinden und Staat sich des kaufmännischen Unterrichtswesens für Mädchen annahmen (vgl. Wäscher 1919; S. 184f.).

Seit der Jahrhundertwende expandierte das Fortbildungsschulwesen auch für Frauen. Nach der Jahrhundertwende gab es zwei Haupttypen:

• Handelsschulen,
Sie bereiteten vor Berufseintritt auf eine kaufmännische Berufstätigkeit vor. Bei den öffentlichen Handelsschulen gab es Schulen mit festem Lehrplan, freier Wahl der Lehrfächer und solche mit gemischten Charakter, die auch Koch- und Haushaltsunterricht erteilten. Die Lehrpläne waren sehr unterschiedlich, nur die Handelsfächer obligatorisch. Wahlfächer waren neben Sprachen auch Stenographie und Schreibmaschine, wobei letztere in der Regel total überlaufen waren. Darin zeigte sich die Tendenz der Entwicklung dieser Schulen zu reinen Schreibmaschinenschulen mit ungenügender kaufmännischer Ausbildung, die auf Teilarbeiten im Berufsleben vorbereiteten (Pierenkemper 1987; S. 120 f.).

Daneben gab es private Handelsschulen, die laut einer Umfrage des Kaufmännischen Verbandes für weibliche Angestellte, von einer Reihe von Mißständen gekennzeichnet war. Die Inhaber waren ungebildet und beherrschten z. T. die deutsche Sprache nicht. Sie sahen in der Erteilung des kaufmännischen Unterrichtes vor allem eine Erwerbsquelle und vermittelten den Schülerinnen eine sehr schlechte Ausbildung (vgl. Pierenkemper 1987; S. 121). Diese sogenannten Handelspressen lockten die Mädchen mit Kurzqualifikationen, die sich nach Angaben von Wäscher im späteren Berufsleben als völlig unzureichend erwiesen. 1898 machten die Berufsverbände eine erfolgreiche Eingabe an den Reichstag, daß die Städte den Fortbildungsschulzwang auch auf weibliche kaufmännische Angestellte und Lehrlinge ausdehnen sollten (vgl. Wäscher 1919).

• Fortbildungsschulen
Während der Berufstätigkeit wird die Weiterbildung der weiblichen Handelsangestellten betrieben. Dabei muß auch für die Mädchen zwischen freien und Zwangsfortbildungsschulen unterschieden werden. Die 56 freien Fortbildungsschulen, die nach der Jahrhundertwende in Deutschland ermittelt werden konnten, dienten mehr der Deckung von Ausbildungslücken statt einer umfassenden kaufmännischen Bildung. Ähnlich wie bei den Jungen wurden diese Kurse nur unzureichend besucht, wenn sie nicht per Ortsstatut für obligatorisch erklärt wurden.

Anwalt 1/1873, S. 33), die Kurse mit fünf Monaten und zwei Monaten Dauer (für die Auswärtigen mit gleicher Stundenzahl) anbietet. Unterrichtsgegenstände sind hier: Handelslehre, Buchführung, Korrespondenz, kaufmännisches Rechnen; Schönschreiben und als wählbare Unterrichtsfächer deutsche, französische, englische und italienische Sprache.

Doch auch nach der Einführung von obligatorische Fachschulen für weibliche Angestellte, die für Volksschülerinnen im Alter von 14 bis 18 Jahren und für Lyceumsschülerinnen den mindestens anderthalbjährigen Besuch kaufmännischer Berufsschulen in der Zeit der Weimarer Republik bedeutete, gab es bis Ende der zwanziger Jahre kein pädagogisches Programm für die berufliche Mädchenbildung (Lorentz 1988; S. 234). Erst gegen Ende der 20er Jahre machen sich Pädagogen, Berufsberater und Arbeitswissenschaftler daran, die Ziele der fachspezifischen Ausbildung auf eine wissenschaftliche Grundlage zu stellen. Die angestrebten Erziehungsziele sollten zur Arbeitsdisziplin und zur staatsbürgerlichen Verantwortung beitragen (vgl. Lorentz 1988; S. 235).

7.1 Die Bürogehilfin

Die Unzulänglichkeiten der Ausbildung stellte auch Susanne Suhr (1930; S. 12) aufgrund einer Umfrage des Zentralverbandes der Angestellten fest. Sie konstatierte, daß es eine allseitig, umfassende Berufsausbildung der weiblichen Angestellten nicht gibt, um so weniger als auch die Ausbildung der eigentlichen Handlungsgehilfin in der Praxis sehr zu wünschen übrig ließ. Auch

"... ist die vielbeliebte "Sekretärin" das Berufsideal vieler junger Mädchen, doch meist eine ungelernte, höchstens angelernte Kraft." (Suhr 1930; S. 12)

Ein Schritt zur Regelung der Ausbildung wurde während der Zeit des 3. Reiches vorgenommen. 1941 wurde die zweijährige Ausbildung zur Bürogehilfin verabschiedet, in der (gemäß der vorherrschenden Vorstellungen der Nationalsozialisten zur Frauenerwerbstätigkeit) die zuarbeitende Rolle der Frauen und ihre fehlenden Aufstiegschancen für die nächsten 50 Jahre festgeschrieben wurden.

"Angesichts der immer größer werdenden Wehrmachtsaufträge war es in der Rüstungsindustrie notwendig geworden, die knappen männlichen Fachkräfte im kaufmännischen und auch im technischen Bereich zu entlasten. Um für derartige Hilfstätigkeiten den Nachwuchs zu sichern, wurden gezielt für die weiblichen Jugendlichen die Berufsbilder der Bürogehilfin (für die Verwaltung), der Teilzeichnerin (als Gehilfin von Zeichnern und Ingenieuren) und der Betriebsgehilfin (für Prüf- und Kontrollarbeiten in der Fertigung) entwickelt. Alles waren Anlernberufe, eine geregelte Lehre war dafür nicht erforderlich. Die Attraktivität lag wohl im Angestelltenstatus dieser Gehilfinnenberufe. Aufstiegsmöglichkeiten waren in ihnen freilich kaum angelegt." (Winkler 1977; S. 128)

Die Ausbildungsinhalte der "Bürogehilfin" waren vor allem die schreibtechnischen Fächer "Maschinenschreiben" und "Stenographie", weiterhin die Grundlagen der Büroorganisation. Fachkenntnisse im kaufmännischen Bereich waren nicht enthalten, d. h. Aufstiegsgrundlagen für die Übernahme qualifizierter und verantwortungsvoller Aufgaben nicht vorhanden.

Das Berufsbild der Bürogehilfin war für die gewerbliche Wirtschaft konzipiert, doch stellte sich bald heraus, daß auch andere Stellen einen Bedarf äußerten (vgl. Deutsche Wirtschaftszeitung; Nr. 11; 21.März 1942; S.138 Ausbildung von Bürogehilfinnen in Dienststellen der Organisation der gewerblichen Wirtschaft). Die Durchsicht der Deutschen Nationalbibliographie ergab, daß die Rezeption dieses Berufsbildes von den diversen Branchen vorgenommen wurde. So sind in den darauffolgenden Jahren Beiträge zum Berufsbild aus so unterschiedlichen Bereichen wie der Versicherungswirtschaft, dem Banken- und Molkereigewerbe zu verzeichnen.

7.2 Aus-, Fort- und Weiterbildung nach dem 2. Weltkrieg

Nach dem zweiten Weltkrieg bemühten sich vor allem die Ende der fünfziger / Anfang der sechziger Jahre gegründeten Sekretärinnenverbände (Bund Deutscher Sekretärinnen e. V. seit 1960 und der Deutsche Sekretärinnen-Verband EV seit 1956), um Qualifizierungsmöglichkeiten im Sekretariatsbereich. 1957 gab es die erste Sekretärinnenprüfung nach DSV-Richtlinien und DSV-Prüfungsordnung (vgl. 30 Jahre Deutscher Sekretärinnenverband 1986) bei denen Kenntnisse in Kurzschrift, Maschinenschreiben, Briefwechsel-Briefgestaltung, Protokollführung, Deutsch-Fremdwörtererklärung, Sekretariatspraxis-Erfolgspsychologie, Sekretariatstechnik-Maschinenkunde, Benehmen der Sekretärin, Wirtschafts- und Steuerrecht und kaufmännisches Wissen im Beruf geprüft wurde (Gabriele 5/1958). 1960 zieht der neugegründete Bund Deutscher Sekretärinnen (BDS) nach und bietet für seine Mitglieder einen Sekretärinnenpaß an, der "einem echten Bedürfnis der Wirtschaft" nachkommt und zuverlässig über die Qualifikationen der Paßinhaberin informiert (Gabriele 5/1960) sowie eine Sekretärinnenausbildung mit Prüfung zur "Sekretärin BDS"(Gabriele 12/1969). Auch bei dieser Ausbildung werden die schreibtechnischen Fähigkeiten geprüft, die fachlichen Anforderungen sind jedoch tiefergehend. Im allgemeinen Teil der Sekretariatskunde werden Aufbau und Organisation der Wirtschaft und des Staates, Aufgaben der Verwaltung, wichtige Rechtsdaten des privaten und öffentlichen Rechts, Sozial- und Gerichtswesen; Rechtsmittel, Finanzierungsfragen, Büroorganisation, Betriebspsychologie sowie die Grundzüge des Wirtschafts-, Arbeits- und Steuerrechts vermittelt; in der speziellen Sekretariatskunde sind es Betriebstechnik mit Grundkenntnissen in Buchführung und Bilanzwesen, kaufmännisches Rechnen und Kalkulation, Schriftverkehr; Protokoll-, Verhandlungs- und Telefontechnik, Menschenbehandlung und Kontaktpflege. Kosmetik und Gesundheitspflege.

Darüber hinaus gab und gibt es eine Vielzahl von Trägern mit unterschiedlichen Zielsetzungen und eine Vielfalt von Weiterbildungsangeboten, die vom Ein-Tages-Kurz-Seminar bis hin zur zweijährigen berufsqualifizierenden Maßnahmen reichen (vgl. dazu: Klein et al. (Zwischenbericht) 1991; (Sekretariat der Zukunft) 1994).

7.2.1 Rechtsverordnung über die Prüfung zum anerkannten Abschluß "Geprüfte Sekretärin / Geprüfter Sekretär"

Am 17.01.1975 wurde nach zweijähriger Vorbereitungszeit, an der auch die Sekretärinnenverbände beteiligt waren, von den Bundesministerien für Bildung und Wissenschaft sowie für Arbeit und Sozialordnung mit Zustimmung des Bundesrates die Verordnung zum anerkannten Abschluß "Geprüfte Sekretärin / Geprüfter Sekretär" erlassen. Damit wurde erstmalig eine bundeseinheitliche Prüfungsordnung im Fortbildungsbereich geschaffen. Die Prüfung zur "Geprüften Sekretärin / Geprüfter Sekre-

111

tär" kann ablegen, wer einen Abschluß in einem anerkannten Ausbildungsberuf sowie eine zweijährige Berufspraxis vorweisen oder aber eine mindestens sechsjährige einschlägige Berufspraxis nachweisen kann (vgl. Bundesminister der Justiz 1978). Da der Sekretärinnenberuf ein Fortbildungs- und kein Ausbildungsberuf ist, gibt es kein festes Berufsbild wie es von den kaufmännischen Ausbildungsberufen bekannt ist. Von der Bundesanstalt für Arbeit wurde deshalb im Einvernehmen mit den Berufsverbänden und den berufsbildenden Institutionen der Gewerkschaften ein Funktionsbild der Sekretärin erstellt. Diesem Funktionsbild liegen die folgenden Kenntnisanforderungen, wie sie auch in der Prüfungsordnung zum anerkannten Abschluß "Geprüfte Sekretärin / Geprüfter Sekretär" formuliert werden, zugrunde (vgl. Bundesminister der Justiz 1978)[48]:

• schreibtechnische,
Kurzschrift (150 Silben/Minute) und Maschinenschreiben (280 Anschläge pro Minute), Briefgestaltung

• fachkundliche und
Textformulierung, Protokollführung und Sekretariatskunde

• rechts-, wirtschafts- und sozialkundliche Qualifikationen.
Rechtskunde, Wirtschaftskunde, Sozialkunde

Die Rechtsverordnung von 1975 wurde 1978 zum ersten Mal und 1989 vom Deutschen Industrie- und Handelstag (DIHT) zum zweiten Mal überarbeitet, wobei dies eine provisorische Anpassung war und die endgültige Neufassung einer gesamten Neustrukturierung der Fortbildung zur "Geprüften Sekretärin / Geprüften Sekretär" vorbehalten blieb. In dem 1989 vom (DIHT) überarbeiteten Rahmenstoffplan, der inzwischen von allen Instituten der Weiterbildung zur 'Geprüften Sekretärin' zugrundegelegt wird, wurde in einem vom DIHT eingerichteten Arbeitskreis, das Fach Sekretariatskunde und der gesamte rechts-, wirtschafts- und sozialkundlichen Bereich neu gestaltet.

Diese Rechtsverordnung ist weder kaufmännischen noch den Fachwirt-Fortbildungen zuzuordnen, auch eröffnet sie keinen Zugang zu diesen. Zulassungsvoraussetzungen zu diesen Fortbildungen ist der Nachweis ausreichend langer Erfahrungen in dem entsprechenden Sachbearbeitungsgebiet. Doch sind diese mit Sekretariatsaufgaben verknüpft, wird dies von den einzelnen IHKs zum Teil sehr restriktiv ausgelegt (vgl. Klein et al. (Materialienband) 1992).

---

48 Die Inhalte der Rechtsverordnung sind dargestellt in: Klein et al. (Zwischenbericht) 1991.

7.2.2 Die Neuordnung der Büroberufe

Am 12.06.1975 wurde vom Bundesminister für Wirtschaft eine Neuordnung der Ausbildung in den Büroberufen eingeleitet. Anstelle der bisherigen Anlernung von Bürogehilfinnen sollte zukünftig eine dreijährige Ausbildung treten, die in den ersten beiden Jahren zur Stenokontoristin und im dritten Ausbildungsjahr zur Büroassistentin führt (Gabriele 10/1975). Bei der Konzeption wurde die Bedarfs- und Adressatenkomponente verstärkt berücksichtigt. "Die Bedarfskomponente geht von der Kombination Schreibkraft / Sachbearbeiterfunktion aus. Die Adressatenkomponente berücksichtigt die "lernschwachen" Jugendlichen (2jährige Stenokontoristinnen-Ausbildung) (Gabriele 10/1990). Bis zur endgültigen Verabschiedung dauerte es über 16 Jahre, wobei ursprünglich geplant war, die neuen Verordnungen rechtzeitig vor Beginn der Ausbildungsperiode 1977 in Kraft zu setzen.

In der Zwischenzeit hatten vor allem die Großunternehmen auf die veränderten Anforderungen im Sekretariatsbereich reagiert. In der Chemieindustrie wurde z. B. eine Ausbildung zur "Büroassistentin" geschaffen, bei der die Ausbildungsinhalte der Bürogehilfin und direkt im Anschluß die Inhalte der "Geprüften Sekretärin" vermittelt und geprüft wurden. Doch auch andere Großunternehmen hatten zusätzliche Inhalte in ihre Ausbildung mit aufgenommen, die vor allem die Aufnahme technischer Qualifikationen betrafen (vgl. Klein et al. (Fallstudien) 1992).

Zum 01.08.1991 trat die Neuordnung der bürowirtschaftlichen Ausbildungsberufe in Kraft. Zwei Ausbildungsberufe waren davon betroffen, in denen 1987 ca. 100.000 Ausbildungsverhältnisse bestanden (vgl. Stiller 1989, S.142).

• Der zweijährige Ausbildungsberuf "Bürogehilfin" mit dem Berufsbild von 1941 und einem Frauenanteil von ca. 99% wurde von der dreijährigen Ausbildung "Kaufmann / Kauffrau für Bürokommunikation abgelöst.
• Der dreijährige Ausbildungsberuf "Bürokaufmann / Bürokauffrau", dem ein Berufsbild von 1961 zugrunde liegt und der einen Frauenanteil an den Auszubildenden von rd. 80% hatte, wurde von dem gleichnamigen dreijährigen Ausbildungsberuf "Bürokaufmann / Bürokauffrau" abgelöst.

Die Neuordnung der beiden Büroberufe "Bürogehilfin" und "Bürokaufmann" erfolgte mit dem Ziel, die veralteten Berufsbilder durch neue, den veränderten betrieblichen Anforderungen gerecht werdende Berufsbilder abzulösen und zur Erreichung der beruflichen Chancengleichheit von Frauen beizutragen (vgl. IG Metall 1990, S.2).

Die Ausbildung "Kaufmann / Kauffrau für Bürokommunikation" will auf Tätigkeiten in Assistenzfunktionen, abteilungsbezogenen Sekretariatsaufgaben und unterstützenden Sachbearbeitung vorbereiten, während die Ausbildung "Bürokaufmann / Bürokauffrau"[49] auf die Übernahme organisatorischer sowie kaufmännisch-verwal-

---

[49] Ursprünglich war angestrebt worden, das neuartige Ausbildungskonzept - welches noch zu skizzieren sein wird - auch in den Berufsbezeichnungen deutlich zu machen. Durchgesetzt hat sich letztendlich folgende sprachliche Regelung: die Bezeichnung 'Kauffrau/Kaufmann für Bürokommunikation' bleibt, d.h. der Arbeitstitel wurde hier beibehalten, während der Arbeitstitel 'Kaufmann/Kauffrau für Organisation' zugunsten der alten Berufsbezeichnung "Bürokaufmann/Bürokauffrau" wieder aufgegeben wurde.

tender Aufgaben vorbereitet. Leitbild der neugeordneten Büroberufe ist die computergestützte Sachbearbeitung, die zur Teilnahme an kaufmännischen Fortbildungsmöglichkeiten befähigen soll (vgl. IG Metall 1990, S.4). Mit der Neuordnung der Büroberufe wurde erstmals auch im Hinblick auf die Grundbildung ein neuer Weg beschritten: So wurden die neuen Büroberufe in einem 'Verbundmodell' mit einheitlicher dreijähriger Ausbildungsdauer zusammengefaßt. Sie stellen gleichwertige, kaufmännische Querschnittsberufe für alle Branchen dar[50] (vgl. Stiller 1989, S.144). Die inhaltlichen Gemeinsamkeiten beider Berufe kommen in den Sockelqualifikationen zum Ausdruck, die schwerpunktmäßig im ersten Ausbildungsjahr Inhalt der Ausbildung sein sollen und dann im zweiten und dritten Jahr der Ausbildung vertieft und erweitert werden. Sockelqualifikationen – beiden Berufen gemeinsam – sind: "fachliche und fachübergreifende Qualifikationen, die integriert mit fachspezifischen Inhalten zu vermitteln sind" (vgl. Stiller, 1990, S. 70). Die Inhalte illustriert Abbildung 27:

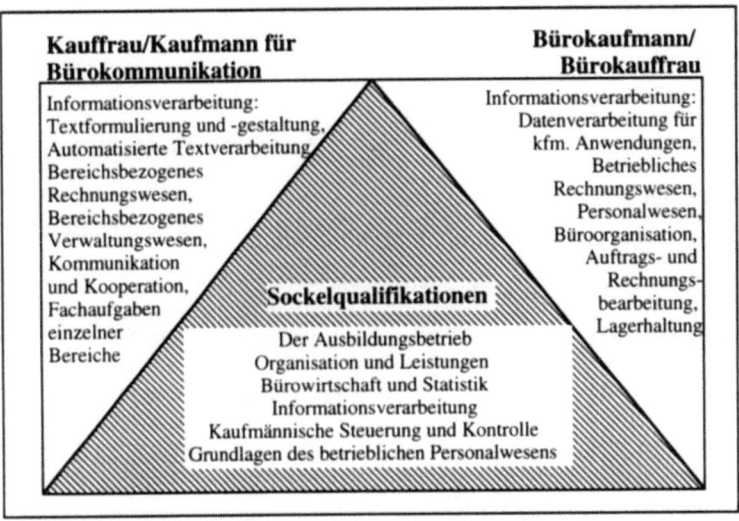

Abb. 27: Ausbildungsinhalte der neugeordneten Büroberufe (Quelle: Stiller 1990, S.69)

Ein Vergleich dieser Neuordnung der Ausbildungsberufe mit der derzeit gültigen Rechtsverordnung "Geprüfte Sekretärin / Geprüfter Sekretär" bezüglich der jeweiligen Inhalte zeigt, daß wesentliche Inhalte der alten Rechtsverordnung in die Neuordnung der bürowirtschaftlichen Ausbildungsberufe aufgenommen wurden und somit die alte Rechtsverordnung auch um ihres weiterbildenden Charakters willen, überar-

---

[50] Die Gleichwertigkeit beider Ausbildungsgänge kann jedoch angezweifelt werden, vergegenwärtigt man sich die Tatsache, daß Stenografie als fachspezifische Qualifikation der Kauffrau für Bürokommunikation gilt, d.h. in der Ausbildung zum Bürokaufmann nicht verlangt wird und verdeutlicht man sich ferner die Berufswahlen von Männern und Frauen im Bereich der Büroberufe, nämlich daß Männer in den absolut seltensten Fällen Ausbildungen im Bürobereich beginnen, die die Qualifikation 'Steno' beinhalten. Daraus erwachsen Zweifel an der Ernsthaftigkeit der Beteuerungen, die Ausbildungen seien gleichwertig und würden zur Verbesserung der beruflichen Chancengleichheit von Frauen beitragen.

beitet werden muß. Die Lerninhalte der Ausbildung zum 'Kaufmann' bzw. zur 'Kauffrau für Bürokommunikation', auf die es hier ankommt, sind im einzelnen:

- **Der Ausbildungsbetrieb**
  Seine Stellung in der Gesamtwirtschaft, Berufsbildung, Arbeitssicherheit, Umweltschutz und rationelle Energieverwendung;
- **Organisation und Leistungen**
  Leistungserstellung und -verwertung, Betriebliche Organisation und Funktionszusammenhänge;
- **Bürowirtschaft und Statistik**
  Organisation des Arbeitsplatzes, Arbeits- und Organisationsmittel, Bürowirtschaftliche Abläufe, Statistik;
- **Informationsverarbeitung**
  Textverarbeitung, Schreibtechnische Qualifikationen (80 Silben Steno pro Minute bzw. 180 Anschläge pro Minute), Textformulierung und -gestaltung, Bürokommunikationstechniken, Automatisierte Textverarbeitung;
- **Bereichsbezogenes Rechnungswesen**
  Kaufmännische Steuerung und Kontrolle, Aufgaben des bereichsbezogenen Rechnungswesens;
- **Bereichsbezogene Personalverwaltung**
  Grundlagen des betrieblichen Personalwesens, Aufgaben der bereichsbezogenen Personalverwaltung,
- **Assistenz- und Sekretariatsaufgaben**
  Kommunikation und Kooperation im Büro und Bürokoordination, Bereichsbezogene Organisationsaufgaben;
- **Fachaufgaben aus zwei der folgenden Sacharbeitsgebieten:**
  Allgemeine Verwaltung, Berufsbildung, Öffentlichkeitsarbeit, Umweltschutz, Betriebsratsbüro, Kundendienst, Mitgliederverwaltung, Forschung.

Vergleicht man diese Ausbildungsinhalte mit denen der Rechtsverordnung, so wird deutlich, daß die Inhalte bis auf die Schreibtechnik von dem neuen Ausbildungsberuf absorbiert wurde. Hier stellt sich die Frage, wie zukünftig Fortbildung im Sekretariatsbereich gestaltet werden muß, um auch den veränderten betrieblichen und technischen Anforderungen gerecht zu werden.

8 Situation heute – Wechselspiel zwischen Organisationskonzepten und Technikeinfluß

Die obigen Kapitel haben verdeutlicht, daß in der Vergangenheit die Technik und die Management- und Organisationskonzepte eine große Rolle bei der Ausbildung und Gestaltung von Sekretariatsarbeitsplätzen spielten. Wie sieht das heute aus? Welche Konzepte werden diskutiert? Vergegenwärtigt man sich die historische Entwicklung der Leitbilder, so ist heute ein Wandel zum Leitbild des "komplexen Mensch" zu konstatieren wie folgende Abbildung zeigt.

Entwicklungs-tendenzen des allgemeinen Bedingungs-rahmens	Mechanisierung. Massenproduktion. Routinetätigkeiten	Wachsen des Verwaltungs-apparates	zunehmender Anteil an Problemlösungs-aufgaben	Automation
	niedriges Ausbildungsniveau	steigendes Lohnniveau	steigendes Ausbildungsniveau	fortschreitende informations- und kommunikationstechnische Durchdringung der Lebenswelten
	Löhne am Existenzminimum	Prestige- und Aufstiegsdenken (beim Angestellten)	steigendes Motivationsniveau	zunehmende Dynamik und Komplexitat von System und Umwelt
	Dominanz von Existenz- und Sicherheitsbedürfnissen			Wertewandel
				Vorherrschen hoherer Motivationsschichten (Ego-Bedürfnisse, Selbstverwirklichung)
				wachsende Bedeutung unternehmensubergreifender Kooperation
Menschenbild	mechanistischer Mensch (homo oeconomicus)		(sozial) motivierter Mensch	"administrative person"	"complex person"
Ansatz	Physiologischer Ansatz:	Bürokratisch-administrativer Ansatz:	Motivationsorientierter Ansatz:	Entscheidungsorientierter Ansatz:	Systemorientierter Ansatz:	Integrationsorientierter Ansatz:
	Scientific Management	1 Bürokratische Variante	1 Human-Relations-Variante	1 Mathematische Variante	1. Organisations-soziologische Variante	z.B. Lean Management
		2 Administrative Variante	2 Motivationstheoretische Variante	2 Verhaltenswissenschaftliche Variante	2 Systemtheoretische kybernetische Variante	
					3. Integrierendes Konzept des sozio-technischen Systems	

| 1900 | 1930 | 1940 | 1950 | 1970 | 1980 | t |

Abb. 28: Chronologie der organisationstheoretischen Ansätze

Ausgehend von den Entwicklungen in den letzten Jahren hat sich gezeigt, daß das bislang erfolgreiche Vorgehen des Managements, eine steigende Komplexität durch Arbeitsteilung und Spezialisierung beherrschbar zu machen, zunehmend an die Grenzen gestoßen ist (Bleicher 1991).

8.1 Lean Management

Seit einiger Zeit versprechen Konzepte wie "Lean Management", "Lean Verwaltung", "Geschäftsprozeßorientierung" als eine Art "eierlegende Wollmilchsau" die Lösung sämtlicher Probleme in Unternehmungen und Verwaltungen zu sein. Doch was verbirgt sich hinter diesen Konzepten?

116

Auslöser der Diskussion um Lean Management war eine Studie des Massachusetts-Institutes for Technology (MIT) (vgl. Womack et al. 1991), die anhand einer internationalen Untersuchung im Automobilsektor zeigte, daß in Japan schneller, billiger, besser sowie mit geringerem Personaleinsatz produziert wird. Dahinter stecken jedoch nicht unbedingt neue Produktionsverfahren, sondern eine andere Art und Weise mit der Arbeit und mit den Beschäftigten umzugehen – hier vereinfacht Lean Management genannt.

Ausgangspunkt war in den 50er Jahren eine Wirtschaftskrise bei Toyota, die dazu führte, daß ein Teil der Belegschaft entlassen, dem verbleibenden Personal jedoch eine lebenslange Anstellung gewährleistet wurde. Die Gewerkschaften begrüßten dieses Modell, das sukzessive von allen größeren Unternehmen übernommen wurde. Neben der lebenslangen Anstellung gibt es ein Lohn-Anreiz-System, wobei sich die Entlohnung zum einen nach der Dauer der Betriebszugehörigkeit richtet und zum anderen an ein Bonus-System geknüpft ist. So ist verständlich, daß der Mensch die Rolle eines zu maximierenden Produktionsfaktors einnimmt.

Folgende Komponenten spielen in einem Lean Management eine Rolle (vgl. Bullinger, Fähnrich, Niemeier 1993):

• **Unternehmenssegmentierung durch dezentrale Strukturen**
Die meisten heutigen Organisationsmodelle beruhen noch immer auf eindeutig hierarchischen Strukturen mit einer ausgeprägten vertikalen Steuerung und Kontrolle. Daraus resultiert eine funktionale Aufgabengliederung, die eine hohe Spezialisierung und über den Technikeinsatz auch ein hohes Rationalisierungspotential ermöglicht.

Eine horizontale Integration von Aktivitäten im Sinne funktionsübergreifender, ganzheitlich segmentierter Einheiten tritt in der Regel in den Hintergrund.

Folgen dieser funktionalen Aufgabengliederung sind bürokratische Arbeitsmethoden sowie mangelnde Reaktionsfähigkeit auf veränderte Anforderungen. Die tayloristische Arbeitsteilung mit der ihr eigenen Trennung in planende, steuernde, ausführende und kontrollierende Funktionen führt zu vielen Schnittstellen im Auftragsdurchlauf. Reibungsverluste an den Schnittstellen führen zu langen Durchlaufzeiten durch Liege-, Warte-, Transportzeiten sowie Doppel- und "Aneinandervorbei"-Arbeiten.

In einem Lean Management führt das zur Forderung nach einer Aufhebung des Fachbereichsdenkens und der Realisierung dezentraler Verantwortungsbereiche.

• **Humanzentriertes Management**
Zielgerichtete Einbeziehung der Mitarbeitern in Problemlösungsprozesse ist das Ziel der schlanken Unternehmung. Beispiele für humanzentriertes Lean Management sind soziale Netzwerke, Teamwork, Gruppenarbeit etc..

Von allen Mitarbeitern wird eine hohe Kompetenz- und Problemlösungsfähigkeit sowie unternehmerisches (eigenverantwortliches) und kooperatives Verhalten erwartet.

Für die gezielte Förderung der Leistungsmotivation und die Entfaltung der Kreativität ist eine unternehmensweite Verwirklichung des Kaizen-Prozesses notwendig. Kaizen beschreibt den Prozeß der ständigen Verbesserung in kleinen Schritten, der alle Mitarbeiter und Mitarbeiterinnen miteinbezieht (vgl. Imai 1991) und auf nahezu alle Tätigkeitsbereiche übertragen werden kann (vgl. Bullinger, Bonnet, Klein 1994). Dabei wird eine Unterscheidung zwischen

- personenorientiertem Kaizen
- gruppenorientiertem Kaizen
- managementorientiertem Kaizen

getroffen (vgl. Bullinger, Fähnrich, Niemeier 1993).

- *personenorientiertes Kaizen*
  Das personenorientierte Kaizen bedeutet eine Internalisierung des Gedankens der ständigen kontinuierlichen Verbesserung. In Japan werden pro Mitarbeiter zwischen 30-35 Verbesserungsvorschläge im Jahr gemacht, wobei die Vorschläge i.d.R. nur eine geringe Reichweite haben. Sie werden jedoch in hohem Umfang übernommen und soweit möglich von den Mitarbeitern selbst realisiert.

- *gruppenorientiertes Kaizen*
  Hierunter fallen alle Aktivitäten von Kleingruppen wie z. B. Qualitätszirkel. 5-8 Personen setzen sich für ca. zwei Stunden während der Arbeitszeit zusammen und arbeiten an einem selbst gewählten Thema. Jeder Mitarbeiter beteiligt sich in dieser Form an zwei bis drei Verbesserungen pro Jahr wie z. B. Aufspüren von Fehlerquellen, Verbesserung der Produktqualität, Verringerung des Ausschusses, Vorschläge zur Energiereduzierung. Auch hier sollen Lösungsvorschläge selbst umgesetzt werden können, wobei kein Erfolgszwang vorhanden ist.

- *managementorientiertes Kaizen*
  Bezieht sich auf funktionsübergreifende Aufgabenstellungen mit Zielvorgaben wie Verbesserung der Qualität, Reduktion der Kosten und Erhöhung der Geschwindigkeiten. Hierbei wird ein Projektteam bestehend aus Linie und Stab eingesetzt. Verbesserungsvorschläge sind auch hier an den gegebenen betrieblichen Möglichkeiten ausgerichtet, so daß deren schnelle Umsetzung mit geringen finanziellen Mitteln möglich ist.

- **Wertschöpfungsmaximierende Zulieferer- und Kundenintegration und kundendominiertes Qualitätsmanagement**
  Wichtiger Faktor für den Erfolg einer schlanken Unternehmung ist die Integration externer Beteiligter, das heißt die Integration von Zulieferern und Kunden. Hierbei gilt es alle beteiligten Parteien in der Gestaltung des Lean Management-Prozesses zu berücksichtigen. Angestrebt wird eine Harmonisierung der Beziehungen.

Der Grund für das – im Vergleich zu früher – ausgeprägte Interesse am Kunden und den nächsten Arbeitspartner/ -kollegen liegt im neuerdings erweiterten Qualitätsansatz. Qualitätssicherung wird als umfassende Aufgabe aller am Wertschöpfungsprozeß beteiligten Parteien betrachtet ("Qualität ist jedermanns Sache"). Der Wertschöpfungsprozeß ist als Prozeßkette aufzufassen, die sowohl die produktionsvorgelagerten Bereiche wie Marketing, Forschung und Entwicklung als auch produktions-

nachgelagerte Bereiche wie Vertrieb, Service und Kundendienst mit in die Qualitätsverantwortung zieht. Die Ausrichtung des Qualitätsgedankens auf die Wertschöpfungskette schließt somit auch externe Partner wie Lieferanten, Ausrüstungshersteller
sowie die Kunden in die Betrachtung mit ein.

Die Delegation von Qualitätsverantwortung auf eine Vielzahl funktionaler Einheiten
inner- und außerhalb eines Unternehmens ist dann sinnvoll, wenn die einzelnen quali-
tätssichernden Aufgaben in sich verschränkt und interdisziplinär gelöst werden.
Motto ist dabei: "Baue Qualität in den Prozeß" sowie "Der nächste Prozeß ist der
Kunde" Zu den Kunden zählen also auch die Kollegen in den nachgelagerten Bereichen. Dieses Konzept des internen Kunden führt dazu, daß kontrollierte Qualität vom
eigenen zum nächsten Arbeitsplatz und so weiter bis hin zum externen Kunden entsteht.

Schlüssel zum Erfolg im Qualitätsmanagement ist die konsequente Umsetzung be-
kannter und allgemeinverfügbarer Verfahren wie kooperative Arbeitsgestaltung,
Qualitätszirkel und -gruppen etc.. Im Blickwinkel stehen sowohl eine Verbesserung
der Qualität von Produkten und Dienstleistungen im Sinne eines ergebnisorientierten
Ansatzes und der Verbesserung der Qualität von Arbeitsabläufen und -verfahren als
auch der Beitrag zur Qualitätsverbesserung der Arbeit.

• **Geschäftsprozeßorientiertes Technologiemanagement**
Angestrebt wird eine objektorientierte Arbeitsteilung, die die fachlichen Kompetenzen der Mitarbeiter nutzt und somit zu weniger zeitaufwendigen Kommunikations-,
Kontroll- und Abstimmungsprozessen, verkürzten geistigen Rüstzeiten sowie weniger Transport- und Liegezeiten führt.

Die Umsetzung eines strategischen Informationsmanagements erfordert neue Denk-
weisen bei Anwendern und Systementwicklern, methodisches Vorgehen und von der
Unternehmensleitung getragenes Handeln.

Lean Management verlangt dabei in höherem Maße die Bereitstellung zielgerichteter
Informationen und setzt die wirtschaftliche Bereitstellung von richtigen Informationen zum richtigen Zeitpunkt in der richtigen Form am richtigen Platz voraus. Dafür
sind Mechanismen erforderlich, die eine Informationsüberflutung bei der Informa-
tionsverdichtung und -aufbereitung verhindern und gleichzeitig für eine gezielte
Informationsverteilung sorgen.

8.2 Auswirkungen des Lean Managements auf den Sekretariatsbereich

Die sukzessive Umsetzung der Komponenten des Lean Managements beeinflußt
auch die Strukturen und Aufgaben im Sekretariatsbereich.

Die Aufhebung tayloristischer Strukturen und die Umsetzung eines prozeßorientier-
ten Arbeitens bei einer Unternehmenssegmentierung durch dezentrale Strukturen bedeutet einen Funktionsverlust im Sekretariatsbereich. Bei dem Prozeßgedanken geht

es in erster Linie darum, dem (Büro-)Produkt an jeder zu bearbeitenden Stelle einen Mehrwert zuzufügen. Bezieht sich das auf die Unterstützungsfunktionen im Sekretariat, so verlagert sich der Mehrwert – aufgrund moderner Technologien – zunehmend auf die Verursacher und Autoren. Vorgangsunterstützungssysteme / -Software benötigen in der Regel keine Unterstützung bei der Dokumentenerstellung, da die Prozesse schneller und kostengünstiger ablaufen, wenn die jeweilige Instanz sie erledigt. Rationalisierungstrends werden in diesem Bereich aufgrund eines zunehmenden Kosten- und Wettbewerbsdrucks verstärkt werden.

Eine weitere Folge der Geschäftsprozeßorientierung ist die damit einhergehende Verflachung von Hierarchien, die in bundesdeutschen Unternehmen zum Teil als einzige Komponente des Lean Managements umgesetzt wird. Damit einher geht eine Auflösung von Einzelsekretariaten, bei denen die Sekretärin einer Führungskraft zugeordnet war. Statt dessen werden organisatorische Formen eingerichtet, bei denen mehrere Sekretärinnen für eine Abteilung, einen Bereich oder auch für das ganze Unternehmen tätig sind. Arbeitsorganisatorische Auswirkungen hängen dabei von den Rahmenbedingungen und der Realisierung der Gestaltungsoptionen ab.

Während die Prozeßorientierung durch dezentrale Strukturen eher zu einem Rationalisierungsfaktor im Sekretariatsbereich wird (vgl. Reiß 1992), eröffnen Aspekte wie Kaizen, kundendominiertes Qualitätsmanagement und der Stellenwert der Kundenorientierung neue Handlungs- und Aufgabenfelder:

- Kundenorientierung nach innen und außen
  Das Konzept des "internen Kunden" kann zu einer Neuorientierung bei den Serviceleistungen führen. Transparenz des Serviceangebotes und der Nachfragebedingungen tragen dabei nicht nur zu einem verbesserten Unternehmensklima bei. Über Kostentransparenz wird auch der Wert der Arbeit im Sekretariat deutlich gestellt. Ein Ausbau der Kundenorientierung nach außen geht mit zeitintensiven Prozessen einher, die auf der organisatorischen Seite verstärkt vom Sekretariatsbereich übernommen werden können. Bestimmte Prozesse der Kundenbetreuung können verantwortlich im Sekretariatsbereich angesiedelt sein.

- Erarbeitung und Umsetzung von Qualitätskriterien für die Innen- und Außendarstellung
  Die Rolle des Sekretariates als "Visitenkarte" eines Unternehmens wird weiter ausgebaut. Hier können im Sinne einer Corporate Identity unternehmensverbindliche Standards aufgebaut sowie ihre Umsetzung und Anwendung auf allen Ebenen vorangetrieben werden.

- Assistenzfunktionen in virtuellen Projektgruppen
  Team- / Gruppenarbeit, bei der die Mitarbeiter zielgerichtet in Prozesse einbezogen werden, bedeutet in der Regel eine projektbezogene Zusammenstellung und Zusammenarbeit, bei der die Bearbeiter nach der Beendigung des Projektes wieder in ihre Abteilungen eingebunden sind. In einer solchen virtuellen Projektgruppe kann die Einbeziehung einer Sekretärin in der Funktion als Assistentin von großem Nutzen sein. Als Qualifizierte Assistenz kann sie über die Projektdauer hinweg eine fachliche und organisatorische Kontinuität gewährleisten.

- Schulungs- und Beratungsfunktionen auf Anwenderebene
Gerade der Sekretariatsbereich zeichnet sich durch Anwenderkenntnisse in Softwareprogrammen aus. Auf der Basis ausreichender IuK-technischer Kenntnisse können zum einen Standards für die Dokumentenerstellung für den Geschäftsbereich oder auch für die Unternehmung entwickelt und umgesetzt werden. Da Sekretariate in Bezug auf den Technikeinsatz oftmals eine Vorreiterrolle spielten, kann bei entsprechend vorhandenen Qualifikationen Schulungs- und Beratungsservice angeboten werden. Somit zeichnen sich aus den organisatorischen Entwicklungen und dem Einsatz von modernen Informations- und Kommunikationstechnologien folgende neue Aufgabenfelder im Sekretariat ab:

  - Qualitätsmanagement im Büro (Stichworte: Garantie für Standards bzgl. der Qualität und Schnelligkeit bei der Brieferstellung, Foliengestaltung, Sekretariat als Visitenkarte des Unternehmens etc.)
  - Dokumentenmanagement
  - Übernahme zusätzlicher Informationsaufgaben wie z. B. Aufbau, Pflege und Recherche von und in Datenbanken, Informationsselektion, -aufbereitung
  - Bearbeitung von Sonder- und Problemfällen
  - Erstellen von hochwertigen Dokumenten (Desktop-Publishing)
  - Unterstützung der elektronischen Kommunikation

- Umreißt man die Veränderung der Arbeitsteilung und der Aufgabeninhalte, so kann die Zukunft des Sekretariates folgendermaßen proklamiert werden:

  - Nicht länger Unterstützung und Zuarbeit, sondern Teilnahme an der Wertschöpfungskette
  - Sekretariate als Servicezentren für das ganze Unternehmen
  - Kundenorientierung nach innen und nach außen
  - Internalisierung und Umsetzung des Kaizen-Gedankens
  - erhöhte Verantwortlichkeit und Eigenständigkeit /ständiger Nachweis des sich Rechnens und damit auch eine erhöhte Eigenkontrolle.

Werden diese Punkte umgesetzt, so geht damit ein Funktions- und Bedeutungswandel des Sekretariats einher. Eigenverantwortung und ganzheitliche Aufgabengebiete spielen in Zukunft eine größere Rolle. Hier birgt sich die Chance, eine Durchlässigkeit zu anderen Fach- und Unternehmensbereichen zu erzielen und weiterführende Berufsperspektiven zu entwickeln.

8.3 Techniktrends – heute

Schaut man sich die rasanten technischen Entwicklungen heute an, so sind einige Trends und Auswirkungen auf die Basisaufgaben unverkennbar. Nicht geklärt ist, ob diese Basisaufgaben weiterhin vom Sekretariatsbereich übernommen werden, oder ob nicht andere Stellen im Unternehmen sie übernehmen.

Auswirkungen neuer Technologien auf das Aufgabenprofil ⟍ Aufgaben	Technologien im Sekretariatsbereich	Auswirkungen
Dokumente erstellen	Scanner, Notepads, Spracheingabe	⇩
Dokumente bearbeiten	DTP, anspruchsvolle Textverarbeitung, Grafik-,Statistikprogramme	⇧
Dokumente verwalten	leicht bedienbare, schnelle Datenbanken, CD-ROM, optische Speichermedien	⇧
Planung	Informationstechnologien, Projekt Management, intelligente Terminkalender	⇧
Kommunikation	ISDN, Elektronische Post,	?

Abb. 29: Auswirkungen neuer Technologien auf das Tätigkeitsprofil

Speicherfähige Medien führten bislang zur Reduzierung des Anteils an Texterstellung. Der Zeitanteil für Korrekturen, Überarbeitung und Gestaltung eines Textes stieg jedoch immens in die Höhe.

- Dokumentenerstellung als eigenständige Aufgabe losgelöst von der Konzeption wird sich in Zukunft aufgrund der technischen Entwicklung drastisch reduzieren: Mit einem Scanner können schon vorhandene Texte so einfach wie beim Kopieren eingelesen und anschließend weiter bearbeitet werden. Notepads erleichtern die Dokumenteneingabe z.B. auch für Tastatur ungewohnte Führungskräfte. Die rasante Weiterentwicklung auf dem Gebiet der Spracheingabe läßt vermuten, daß spätestens in fünf Jahren die Eingabe so bedienerfreundlich ist wie das Diktaphon[51].

- Bei der Dokumentenbearbeitung sind die Trends nicht so eindeutig vorhersehbar: Moderne Software-Pakete wie Word, Excel, Lotus etc. ermöglichen Objekteinbettungen, daß heißt durch Verknüpfungen unterschiedlicher Software-Anwendungen werden die Dokumente automatisch aktualisiert. Folge ist eine weitere Reduktion von Doppelerfassungen. Gleichzeitig erleichtern sie die Sachbearbeitung und könnten damit zusätzliche Aufgabenfelder eröffnen. Desktop-Publishing-Programme können durch die Gestaltung hochwertiger Text- und Grafikdokumente zusätzliche Aufgabenfelder im Sekretariat eröffnen.

- Der Bedarf an Dokumenten- und Informationsverwaltung wird exorbitant in die Höhe gehen. Gerade die Umstellung auf optische Speichermedien verlangt nach technischem und informationsverarbeitenden Know-how. Nicht geklärt ist, ob solche Funktionen im Sekretariat angesiedelt sein werden.

---

[51] Mit der Spracheingabesoftware "DragonDictate" und "DictiMed"von IBM ist seit 1993 eine einsatzfähige Software auf dem Markt, die im Moment vor allem im medizinischen Bereich Verbreitung findet.

- Der Bedarf an Planungs- und Organisationsaufgaben wird ansteigen, da die zunehmende Komplexität entsprechend verwaltet werden muß.
- Die Trends im Kommunikationsbereich sind nicht abschließend geklärt. Es sind auch hier Trends sichtbar, die in eine Verlagerung der Funktionen, an die Instanzen geht, die es betrifft. So zeigten die Fallstudien, daß bei einem unternehmensweiten Einsatz der Electronic Mail die Kommunikationsfunktionen nicht mehr über das Sekretariat gehen, sondern in der Regel ausschließlich zwischen den Teilnehmern, die es betrifft. Denkbar ist jedoch aufgrund organisatorischer Maßnahmen, Abschirmungs- und Selektionsfunktionen im Sekretariatsbereich zu stärken.

"Global communication" schon in den achtziger Jahren in der Zukunftsvision von Toffler (1980) diskutiert, wird heute auf internationaler Ebene geplant und umgesetzt. So wurde in den USA ein Programm und Mittel für den "Information Highway" verabschiedet (The National Information Infrastructure: Agenda for Action 15.09.93). Zielsetzungen des Programmes in den USA ist die Versorgung aller gesellschaftlichen Ebenen mit Zugangsmöglichkeiten zu Netzwerken und Informationsdiensten. Die Visionen Tofflers im Laufe der achtziger als nicht machbar erkannt, scheinen wieder näher zu rücken (Newsweek 06.06.94) Sollten sie umgesetzt werden, so sind auch wieder Arbeitsformen wie Telearbeit / Telekooperation denkbar (zur Zeit sind solche Arbeitsformen wieder verstärkt in der Diskussion). Telearbeiter haben aufgrund ihrer technologischen Kompetenzen einen geringen Bedarf an Sekretariatsunterstützung (vgl. Klein (Telearbeit) 1992). Auf der anderen Seite wird das Sekretariat als eine der letzten Bastionen im Unternehmen gesehen. Der Arbeitsmarktexperte Werner Dostal sieht Sekretariate als ein Kern des Unternehmens, das als Informations- und Organisationszentrale fungiert, während der Großteil der Belegschaft als Telearbeiter in virtuellen Projektgruppen oder gar in virtuellen Unternehmen arbeitet (Telefoninterview im Juli 1994).

Als generelle Techniktrends sind auszumachen:

- Monofunktionale Hardware entwickelt sich zu multifunktionaler Hardware. Brauchte man früher mehrere Geräte, gibt es heute "kombinierte" Geräte, die z. B. drucken, kopieren und scannen können. Gleichzeitig wird ihre Portabilität, der Einsatz an jedem Ort und zu jeder Zeit, erreicht, was sich in einer zunehmenden Flexibilisierung von Arbeitszeit und Arbeitsort niederschlagen kann.

- Die Software wird zum einen bedienerfreundlicher in den Basisfunktionen (Windows / OS/2), zum anderen werden die Programme mit immer mehr Funktionalitäten ausgestattet. Der Durchschnittsanwender muß zur Nutzung dieser Funktionalitäten geschult werden. Erfahrungen in diesem Bereich zeigen, daß viele Anwender lediglich die Basisfunktionalitäten nutzen können, da in der Regel nicht für ausreichende Qualifizierung in den Unternehmen gesorgt wird und Handbücher oft unüberschaubar und schwer verständlich sind. Inwieweit sich das durch die Veränderungen auf dem Herstellermarkt ändern wird, muß abgewartet werden. Bislang kostenlose Softwareberatungen werden zukünftig zugunsten einer drastischen Senkung der Softwarepreise abgeschafft. Kostenpflichtige Schulungen sollen die "Mindereinnahmen" (die Preisreduzierung wurde vor allem wegen der Raubkopierei durchgeführt) ausgleichen und ein neues Geschäftsfeld schaffen.

- Eine zunehmende Vernetzung auf allen Ebenen findet statt. Um auch in globalen Märkten wettbewerbsfähig zu sein, sind Unternehmen zukünftig auf mehr Telekommunikationsmöglichkeiten angewiesen. Die Anforderungen richten sich auf

höhere Kapazitäten, größere räumliche Ausdehnung der Netze, höhere Teilneh-
merfrequenz, Netzstabilität und -sicherheit sowie mehr preiswerte Dienste der
Netzbetreiber aus (vgl. Becker 1994; S. 193)

Im folgenden wird kurz auf das Dokumentenmanagement und die Vorgangsbearbeitung eingegangen, da sie wesentliche Auswirkungen auf die Aufgabenstrukturen haben werden.

Aufgabe des Dokumentenmanagements ist die sinnvolle Verwaltung und Bearbeitung aller im Unternehmen vorhandenen Dokumente, wobei es das Eingeben, Erstellen, Verwalten, Weiterleiten, Ablegen und Wiederfinden von Dokumenten umfaßt.

Die unterschiedlichen Klassen von Dokumentenmanagementsystemen können unterteilt werden in (vgl. Reim 1993; Jander et al. Strategiepapier 1994))

• Recherche-/Retrieval Systeme
• Archivierungssysteme
• Workflow-Systeme und
• Groupware Systeme

Recherche- oder Retrieval Systeme (vgl. Reim 1993) unterstützen Zielsetzungen
wie die Beherrschung der Informationsflut, Verkürzung von Suchzeiten oder eine
bessere und genauere Informationsversorgung. Funktionen, die sie bieten, umfassen
die Verschlagwortung auf Datenbankbasis, komplexe Suchmöglichkeiten, Volltextre-
trieval, Bearbeitungsfunktionen und die Integration von Papier durch Imaging. An-
wendungsbeispiele sind die Suche nach Literaturreferenzen oder chemischen Verbindungen. Dokumente werden indexiert und mit Deskriptoren beschrieben. Bei der Suche werden diese Informationen mit der Suchanfrage verglichen und als Resultat
werden alle auf die Suchanfrage passenden Dokumente geliefert.

Archivierungssysteme dienen der Papierentsorgung, der Senkung von Archivkos-
ten und Wahrung von Aufbewahrungspflichten. Funktionen, die hier geboten werden, können Imaging, einfache Verschlagwortung, einfache Suchmöglichkeiten, Verwaltungsfunktionen und speziellen Datenschutz und -sicherheit umfassen. Sie dienen
vor allem der Ablage von (Massen-)Belegen. Archivierungssysteme bieten eine Scan-
nerschnittstelle, legen eingescannte oder selbst erstellte Dokumente auf optischen
Platten ab und bieten einige Verwaltungsfunktionen an. Sie sind auch unter der Bezeichnung Document Imaging Systeme zu finden, wenn sie bildlich übereinstimmende Kopien (Images) der Originale archivieren.

Workflow-Systeme können zu einer Verkürzung der Durchlaufzeiten, einer Optimie-
rung der Informationslogistik und zur Effizienzsteigerung verhelfen. Ihre Funktionen
können die integrierte Bearbeitung von Vorgängen, Arbeitsflußsteuerung, Integration
von Datenverarbeitung und Bürokommunikation, Verwaltungsfunktionen und die
Integration von Papier durch Imaging umfassen. Diese Systeme steuern und kontrol-
lieren dabei den den Arbeitsfluß zwischen beteiligten Stellen entsprechend einer zuvor festgelegten Prozedur.

Groupware-Systeme (vgl. Computer Zeitung 41 / 14.10.93) unterstützen den Arbeitsteamgedanken auf der Basis von Computernetzwerken und fördern die Zusammenarbeit bzw. gruppendynamische Prozesse innerhalb von Arbeitsgruppen. Sie setzen sich zusammen aus Textverarbeitungsfunktionen, Gruppenterminkalendern, gemeinsamer Informationsnutzung von Datenbanken, automatisierter Vorgangsbearbeitung und elektronischen Konferenzen. Dabei wird zwischen unterschiedlichen Groupwaredimensionen unterschieden:

- Dokumente können von mehreren Benutzern erstellt und interaktiv zur gleichen Zeit bearbeitet werden. Diese Dokumente können strukturiert oder unstrukturiert sein und aus mehreren Einzelteilen bestehen.

- Hinzu kommen Terminplanung und Gruppenkalender. Die Teamsoftware ermöglicht die Abstimmung von Terminen über mehrere elektronische Kalender hinweg.

- Als weitere Dimension können Bulletin Boards und Online Konferenzen hinzukommen. Zielsetzung ist das Sammeln und Austauschen von Informationen innerhalb einer Personengruppe. Elektronische Bretter erlauben die anonyme Kommunikation ohne vorgegebene Qualtitätsstandards. Bei Online-Konferenzen können ausgewählte Teilnehmer zu bestimmten Aufgabenstellungen zu bestimmten Terminen kommunizieren, was zu einer Reduktion von Reise- sowie Koordinations- und Besprechungszeiten führen kann.

- Gruppenentscheidungsprozesse Group Decision Systems (GDSS) führen zu einer effektiveren und schnelleren Entscheidungsfindung in einer Gruppe. Sie enthalten Module für das Finden, Diskutieren, Modifizieren und Bewerten von Ideen, die flexibel kombiniert werden können.

8.4 Der Einfluß von Techniktrends und Managementkonzepten auf die Berufsperspektiven im Sekretariatsbereich

In ihren Funktionen beeinflußen diese Systeme sowohl die Aufgaben- als auch die Kooperationsstrukturen. Ihr umfassender Einsatz wirkt sich auf den Sekretariatsbereich vor allem dahingehend aus, daß Zuarbeitsfunktionen von der Technik erledigt werden können. So kann z. B. die Koordination und Organisation von unternehmensübergreifenden Arbeitstreffen über E-Mail- und Kalenderfunktionen erledigt werden. Hier eröffnen sich weitere Freiräume für die Übernahme anderer Aufgaben im Sekretariatsbereich.

Diese Entwicklungen verweisen darauf, daß man sich von einem Denken in traditionellen Strukturen lösen muß und Sekretariate in anderen Aufgabenzusammenhängen angesiedelt werden müssen. Dieses Ende des "traditionellen Sekretariats" wurde auch von anderen Autoren prognostiziert (vgl. Katz et al. 1987; S. 104; Mussmann 1992; S. 79 ff.)

Chancen eröffnen sich, wenn andere Aufgabenbereiche verstärkt in Angriff genommen werden. Eine prozeßorientierte Arbeitsabwicklung bietet prinzipiell Möglichkeiten, stärker mit qualifizierteren Aufgaben betraut zu werden und eigenverantwortlich zu arbeiten. Deutlich wird dieser Trend in der zunehmenden Bedeutung der Sachbearbeitung im Sekretariatsbereich.

Moderne Aufgabentypen im Sekretariat können neue Arbeitsformen wie "virtuelle Projektgruppen" unterstützen. "Virtuelle Projektgruppen" bilden sich aufgabenorientiert und lösen sich dann wieder auf, um sich für nachfolgende Projekte neu zu strukturieren. Sie können

- die (vermutlich hohen) Planungs- und Organisationsanteile übernehmen,
- Aufgaben aus dem Bereich Informationsmanagement bearbeiten,
- Informationen mittels elektronischer Archive- und Datenbanken beschaffen und aufbereiten sowie
- für den Informationstransfer mittels Telekommunikationstechnologien sorgen.

Gleichfalls bietet sich die Option, in einer solchen Arbeitsform die Funktion des "ruhenden Pols" zu übernehmen und Wissensvermittlerin an die ständig wechselnden Projektmitglieder zu sein.

Wird eine Prozeßorientierung in den Unternehmen realisiert, so muß es für den Sekretariatsbereich bedeuten, daß ein Umstieg auf andere Ebenen möglich ist und für Sekretärinnen vergleichbare Aufstiegschancen wie für die übrigen Beschäftigten vorhanden sind.

Mit dem Ausbildungsberuf "Kaufmann / Kauffrau für Bürokommunikation" wurde ein weiterer Schritt in Richtung Professionalisierung des Berufsbildes Sekretärin unternommen, wobei es über die Annahme und Umsetzung dieses Ausbildungsberufes in den Unternehmen und Verwaltungen noch keine gesicherten Erkenntnisse gibt[52]. Ausgehend von der Annahme, daß der Ausbildungsberuf "Kaufmann / Kauffrau für Bürokommunikation" die Einstiegsqualifizierung für den Sekretariatsbereich wird, so sind Auswirkungen auf das Berufsbild der Sekretärin zu erwarten:

- Ein Schritt in Richtung Professionalisierung[53] erfolgt hinsichtlich der Abgrenzung gegenüber geringer Qualifzierten. Ihnen wird der Zugang zum Berufsfeld Sekretariat erschwert.
- In der Vergangenheit ging man vor allem davon aus, daß eine "richtige" Sekretärin entsprechende Berufserfahrungen nachweisen muß. Festgelegt wurde das u. a. durch die Rechtsverordnung "Geprüfte Sekretärin / Geprüfter Sekretär", bei der die Prüfungszulassung erst nach entsprechender Berufserfahrung erfolgte. Be-

---

[52] Während des Forschungsprojektes "Sekretariat der Zukunft" gaben einige der im Rahmen der Fallstudien befragten Unternehmen an, die Entwicklungen im Ausbildungsbereich erst einmal abzuwarten, bevor dieser neue Ausbildungsberuf in ihrem Unternehmen angeboten wird. Bei einer Veranstaltung der Deutschen Angestellten Akademie, DAA, zu den neuen Büroberufen am 01.03.94 wurde deutlich, daß zumindest im Raum Niedersachsen die Ausbildung selten angeboten wird. Ein anderes Bild bot sich auf einer Veranstaltung der HAB (Hessische Akademie für Bürowirtschaft e. V.) am 06. / 07.05.1994. Hier herrschte allgemeiner Konsens, daß die neue Ausbildung im Frankfurter Raum angenommen wird.

[53] So wird in Beck et al. (1980) die Herausbildung der Berufsformen u. a. dadurch erklärt, daß eine Abschottung gegen Konkurrenz stattfindet. Qualifikationsbündel differenzieren dabei gegenüber "Jedermannsqualifikationen".

gründet, war dies u. a., daß diese Prüfung für viele Frauen als ein erster Qualifikationsnachweis diente. Das heißt, im Sekretariatsbereich war das entsprechende fachliche und methodische Know-how nicht vorauszusetzen, sondern mußte häufig durch on-the-job-training erarbeitet werden.

- Für die Unternehmen entsteht ein verstärkter Druck, Arbeitsplätze mit entsprechenden Qualifikationsanforderungen zu gestalten, die der Ausbildung gerecht werden.
- Tätigkeitsfelder und Aufgabengebiete für Personen, die die Ausbildung absolviert haben, sind relativ offen, da neben dem Sekretariatswesen auch Kenntnisse in der computerunterstützten Sachbearbeitung vermittelt werden. Durch diese Grundqualifikationen wird der Wechsel in die Sachbearbeitung erleichtert.

Systematische Personalentwicklungskonzepte für den Sekretariatsbereich liegen in den wenigsten Fällen in den Unternehmen und im Verwaltungsbereich vor. Ansatzpunkte dafür werden im folgenden aufgezeigt:

Von der Sekretärin bzw. Kaufmann / Kauffrau für Bürokommunikation zur qualifizierten Assistenz
Von der Einstiegsposition als Sekretärin wird der Bereich Sachbearbeitung zunehmend ausgebaut. Dabei finden die Sachbearbeitungstätigkeiten im Rahmen einer Teamarbeit mit einem Servicenehmer statt (z. B. qualifizierte sachbearbeitungsbezogene Tätigkeiten wie die Budgetplanung und -überwachung). Es erfolgt kein Aufstieg in der Hierarchie. Vielmehr erfolgt eine Ausweitung und Anreicherung des Tätigkeitsspektrums mit der Übernahme von mehr Verantwortung. Die Sekretärin wächst quasi in die Rolle einer Referentin. Inwieweit diese Vorstellungen realistisch sind, bleibt abzuwarten. Es gibt jedoch Indikatoren[54], daß das Hineinwachsen in die Rolle eines Referenten bislang nur in den allerseltensten Fällen gelingt, zumal die Konkurrenz aus dem Hochschul- und Fachhochschulbereich groß ist.

Von der Sekretärin bzw. Kaufmann / Kauffrau für Bürokommunikation zur Office Managerin
Von der Einstiegsposition als Sekretärin bietet das Berufsbild "Office Manager" Entwicklungsperspektiven in Richtung mittlere / gehobene Führungskräfteebene. Ein "Office Manager" hat Leitungsfunktionen gegenüber dem Sekretariatsbereich und ist verantwortlich für dessen Gestaltung. Enge Zusammenarbeit mit der informationstechnischen Abteilung und dem Bereich Aus- und Weiterbildung scheinen unerläßlich, um ein optimales Funktionieren dieses Bereiches zu erzielen. Chancen für dieses Berufsbild werden vor allem in großen Unternehmen und im Bereich der öffentlichen Verwaltung gesehen, wobei eine flächendeckende Umsetzung vorerst nicht zu erwarten ist. Gründe sind vor allem die Streichung von Sekretariatsstellen, die Umsetzung flacher Hierarchiestrukturen im Rahmen von Lean Management und die bislang kaum vorhandenen Erfahrungen mit dieser Entwicklungsmöglichkeit im Sekretariatsbereich.

---

54 So verweist Huber (o. J.) in ihrer Untersuchung des Sekretariatsbereiches eines großen Automobilunternehmens auf Stigmatisierungsprozesse, die dort selbst Akademikerinnen den Wechsel vom Sekretariat in die Sachbearbeitung erschweren bzw. unmöglich machen.

Von der Sekretärin bzw. Kaufmann / Kauffrau für Bürokommunikation zur Sachbearbeitung
Die Einstiegspositon als Sekretärin wird in Zukunft bei der Realisierung des Berufsbildes Kaufmann / Kauffrau für Bürokommunikation noch verbreiteter Sachbearbeitung als Aufgabengebiet beinhalten. Hier bietet sich zum einen durch on-the-job-training, zum anderen durch den Besuch gezielter Fortbildungsmaßnahmen der Umstieg in die qualifzierte Sachbearbeitung. Diesem Entwicklungsmodell werden dabei die größten Verbreitungschancen gegeben (vgl. Workshop-Protokolle).

Zukunftsbezogene Fortbildung bedeutet die Vermittlung von Qualifikationen, die nicht schon der nächsten Rationalisierungswelle zum Opfer fallen und eine Option zum Aufstieg beinhalten. Für eine Überarbeitung der Rechtsverordnung "Geprüfte Sekretärin / Geprüfter Sekretär" bedeutet das eine Gleichstellung mit fachkaufmännischen und Fachwirt-Fortbildungen. Der lange Zeitraum, der bislang in die Überarbeitung investiert wurde[55], aber auch die Empfehlungen, die im Rahmen des Forschungsprojektes "Sekretariat der Zukunft" gegeben wurden, verdeutlichen das prinzipielle Dilemma:

• Zukünftige Einsatz- und Aufgabenfelder müssen erst geschaffen bzw. definiert werden. Selbst dann stellt sich die Frage, inwieweit sie von den Unternehmen und Verwaltungen angenommen werden und in welcher Quantität sie realisiert werden können.
• Was bislang an Inhalten für eine überarbeitete Rechtsverordnung bzw. neue Fortbildung diskutiert wurde, ist eher eine Auffrischung der Rechtsverordnung "Geprüfte Sekretärin / Geprüfter Sekretär"[56],

---

[55] Ein Ende ist entgegen aller Zusicherungen nicht abzusehen, schließlich wurde angekündigt, daß das Berufsbildungsinstitut jetzt auch mit einbezogen wird, was erfahrungsgemäß die Verabschiedung weiter hinauszögern wird.
[56] Der Vorschlag, der im Rahmen des Forschungsprojektes "Sekretariat der Zukunft" gegeben wurde, beinhaltete bezogen auf die Basisaufgaben im Sekretariat (vgl. Klein et al. (Sekretariat der Zukunft) 1994; S. 93 ff.):
  • Anpassung der Sekretariatskenntnisse an veränderte Gegebenheiten
  • Grundlagen und Anwendungskenntnisse neuer Informations- und Kommunikationstechnologien
  • Fachkenntnisse im jeweiligen Einsatzgebiet, betriebs- und volkswirtschaftliche sowie rechtskundliche Grundkenntisse
  • Sprachkenntnisse
  • Schlüsselqualifkationen und Sozialkompetenzen

Der Vorschlag der Sozialpartner zu einer Verordnung über die Prüfung zum anerkannten Abschluß "Geprüfter Sekretariatsfachkaufmann" /Geprüfte Sekretariatsfachkauffrau" / "Geprüfte Sekretärin" (Arbeitstitel) beinhaltet folgende Prüfungsfächer (Stand: 16.02.1994):
1. Volks- und Betriebswirtschaft
2. Personalwirtschaft und Arbeitsrecht
3. Informations- und Büromanagement
4. Informationsverarbeitung und Bürokommunikation
5. Kurzschrift und maschinelle Texterstellung
6. Situationsbezogenes Fachgespräch / Projektarbeit (AN-Vorschlag) (aus: Entwurf einer Verordnung über die Prüfung zum anerkannten Abschluß "Geprüfter Sekretariatsfachkaufmann" / "Geprüfte Sekretariatsfachkauffrau" / "Geprüfte Sekretärin" (Arbeitstitel) vom 16.02.1994).

Der diskutierte Vorschlag der Sozialpartner zur Kurzschrift verdeutlicht, daß vor allem die Arbeitgeberseite die Funktion der Sekretärin als Statussymbol aufrechterhalten will. Trotz der ra-

- Funktionen auf der mittleren Führungsebene sind vor allem vorstellbar als Office Managerin. Dabei ist die direkte Zuordnung der Sekretärin zur Führungskraft nicht mehr gegeben, was zu verstärkten Konfliktpotentialen in den Unternehmen führen kann[57].
- Die Einrichtung einer Position auf der mittleren Führungsebene widerspricht zugleich dem Lean-Management Gedanken.
- Berufsperspektiven bieten sich vor allem über die qualifizierte Sachbearbeitung. Die heute verfügbaren Fortbildungen im kaufmännischen und Fachwirt-Bereich decken den fachlichen Bedarf weitgehend ab.
- Zu klären ist, welchen Stellenwert der Abschluß "Geprüfte Sekretärin / Geprüfter Sekretär" zukünftig haben soll. Bleibt er als Qualifikationsnachweis für Personen ohne Ausbildung und Umsteigerinnen? Gibt es eine Möglichkeit für bisherige Absolventinnen der Rechtsverordnung "Geprüfte Sekretärin / Geprüfter Sekretär" den Anschluß nicht zu verlieren?

Folgende Abbildung zeigt eine mögliche Form der zukünftigen Qualifizierung und der entsprechenden Aufstiegsmöglichkeiten auf.

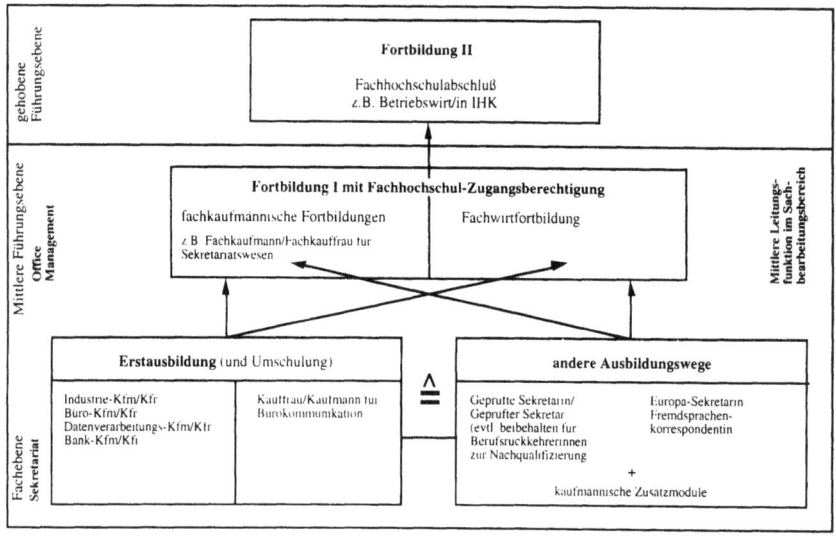

Abb. 30: Qualifizierungsmodell

---

santen technischen Entwicklung im Bereich der Spracheingabe und obwohl Stenographie vor allem als Notizschrift eingesetzt wird, soll Stenographie als Abgrenzungsmerkmal zu anderen Berufsgruppen im Bürobereich beibehalten werden.

[57] Im Rahmen der Fallstudien berichteten alle Vertreter aus den Unternehmen, die eine solche Reorganisation durchgeführt hatten, von massiven Akzeptanzproblemen bei den Führungskräften, die durch die Wegnahme der "eigenen" Sekretärin Macht- und Statusverluste und mehr Eigenaufwand befürchteten.

Mit diesem durchlässigen Modell sollen Berufsperspektiven für den Sekretariatsbereich geschaffen werden, die einen Aufstieg im Sekretariatsbereich in die mittlere Führungsebene bieten, aber auch die Möglichkeit offenlassen, sich in Richtung qualitative Sachbearbeitung weiterzuentwickeln. Mit der Realisierung einer offenen Lösung wird den im Sekretariat Beschäftigten eine reelle Berufsperspektive eröffnet. Das Sekretariat stellt sich dann nicht länger als eine Sackgasse dar, sondern verdeutlicht, daß es als Einstiegsposition dient, dem vielfältige Weiterentwicklungsmöglichkeiten offenstehen.

Im folgenden wird am Beispiel der Personalberatung aufgezeigt, wie eine Berufsperspektive in Richtung qualifizierter Sachbearbeitung aussehen kann.

8.5 Neue Wege für Sekretariate? – Beispiel Personalberatung

Weiterentwicklungsmöglichkeiten bieten sich häufig in Bereichen, in denen Arbeitsfelder nicht eindeutig definiert sind und die bestimmte Grauzonen aufweisen. In einem solchen Bereich – so die Annahme – ergeben sich eher Entwicklungsmöglichkei-ten für neue Aufgabenfelder und Berufsperspektiven als in Bereichen, in denen Strukturen und Arbeitsweisen festgelegt sind. Gerade die Personalberatung ist heute ein Bereich, der starken Veränderungen unterworfen ist. So berichtet Capital, daß die Zahl der Personalberater in den letzten Monaten von 3000 auf 4000 stieg bei einem gleichzeitigen Umsatzrückgang um fast die Hälfte (Lentz et al. 1994).

Der Bereich der Personalberatung wurde anhand von Literaturanalysen, einer Fallstudie bei einer Unternehmensberatung, einem Expertengespräch mit dem Geschäftsführer des Bundesverbands Deutscher Unternehmensberater sowie ergänzenden Expertengesprächen mit Personalberatern und Searchern näher beleuchtet, um die Entwicklungspotentiale für den Sekretariatsbereich aufzeigen zu können.

Personalberatung stellt einen mit Mythen umrankten Berufszweig dar, bei dem es um Macht und Geld geht, der sich beim näheren Hinsehen als prosaischer und komplexer zugleich entpuppt (vgl. Gazdar 1992; S. 12).

8.5.1 Welches Anforderungsprofil muß ein Personalberater haben?

Die Bundesrepublik verfügt, anders als Großbritannien und Frankreich, über keine durch Elternhaus und Ausbildung geprägte Elite. Zwar ist ein Doktortitel sozial angesehen, er bildet jedoch keine Zugangsvoraussetzung für Top-Positionen. Diese werden am ehesten im MBA-Diplom gesehen (vgl. Gazdar 1992; S. 15).

Sachkenntnis und Integrität auf der einen Seite, persönliche Zusammenarbeit zwischen Klienten und Kandidaten auf der anderen Seite prägen die Anforderungen an den Berater. Ein Zitat verdeutlicht, daß auch hier zur Mystifizierung des Berufsbildes beigetragen wird:

"Altmeister James Fulhum betont, daß Executive Search sei eine Kunst und keine Wissenschaft. Die Behauptung erscheint stimmig, denn anders als in der Unternehmensberatung kann der Executive Searcher keine Methode vorweisen wie zum Beispiel Portfolio-Planung. Seine Intelligenz und sein Instinkt, seine Branchenkenntnis und sein Funktionsverständnis, seine Urteilskraft und sein Einfühlungsvermögen sind ausschlaggebend." (Gazdar 1992; S. 36)

Die befragten Experten sahen als unumgängliche Voraussetzung im Beratungsbereich einen akademischen Abschluß, wobei z. B. eines der befragten Unternehmen pädagogische und sozialwissenschaftliche Abschlüsse in der Beratung nicht vertreten hat. Hinzu kommen Berufserfahrungen außerhalb der Personalberatung und dadurch bedingt, ein Alter von mindestens 35 Jahren.

In allen Gesprächen wurde immer wieder betont, daß das Fachwissen für den Berater unumgänglich sei. Ohne dieses würde man im Führungskräftebereich nicht als gleichwertiger Gesprächspartner akzeptiert und erhalte somit auch keine Interessenten. Zu den Zugangsvoraussetzungen konstatiert Freedman

"Sie sind und waren vor ihrem Einstieg in die Branche in der Regel selbst Führungskräfte. Die Teilhaber und leitenden Mitarbeiter der meisten Search-Firmen haben ihre berufliche Laufbahn in einem anderen Industriezweig begonnen und dort im Management auf verschiedenen Ebenen Karriere gemacht - bis hin zum Rang des Vice President, Executive Vice President oder sogar Präsidenten eines börsengängigen Unternehmens. Sie sind mit bestimmten Tätigkeitsfeldern besonders gründlich vertraut und waren den darin beschäftigten, langjährigen und / oder leitenden Mitarbeitern persönlich bekannt." (Freedman 1991: S. 17)

Lentz et al. (1994) sehen den Beruf des Personalberaters ohne klares Anforderungsprofil als Auffangbecken für "gescheiterte und geschaßte Manager". Um auf diesen zur Zeit heiß umkämpften Markt ein Standing bewahren zu können, sichern sich die anerkannten Personalberatungen gegen die schwarzen Schafe mit einem Mehr an Professionalität auf dem Markt ab.

8.5.2 Arbeitsfelder in der Personalberatung

Im Personalberatungswesen gibt es prinzipiell zwei Vorgehensweisen der Bearbeitung: die Direktansprache und die Insertion (vgl. Baumgartner 1989).

• die Direktansprache
Die Direktansprache firmiert sowohl unter dem bekannteren Begriff des "Headhuntings", als auch unter Formulierungen wie "Excecutive Search", "Systematic Search", "Direktsuche" und "Systematische Suche" (Thorborg 1989; S. 209). Die Idee der Direktansprache wurde vor 30 Jahren aus den USA importiert. Während die Fürsprecher der Direktansprache vor allem die Vorteile und den Nutzen anpreisen wie z. B., daß die "seriöse und professionell durchgeführte Direktansprache eine volkswirtschaftliche Aufgabe erfüllt: Sie trägt dazu bei, den richtigen Mann (die richtige Frau) zum richtigen Zeitpunkt für die richtige Aufgabe zu identifizieren." (Thorborg 1989; S. 210), sehen ihre Kritiker in ihr vor allem eine Führungsschwäche des Managements. Derschka (Derschka 1992; S. 159 ff.) kritisiert vor allem die mangelnde Verantwortungsbereitschaft (nicht der Manager, sondern der Headhunter ist schuld, wenn

131

die Position falsch besetzt wird), Faulheit und zu hohe Eigenkosten, wobei er in der sozialen Funktion des Headhunters den eigentlichen Erfolgsfaktor sieht[58]. Die Direktansprache wird vor allem für die Besetzung der "Top-Positionen", Positionen mit schwierigen unternehmerischen Randbedingungen (z. B. ein Standortproblem), Spezialistenpositionen und bei der Erschließung neuer Märkte angewandt, bei der der externe Personalberater die Rolle des "neutralen Vermittlers" zukommt (vgl. Heilgenthal et al. 1992 S. 46 f.).

• **Die Insertion**
Bei der Suche nach Führungskräften der mittleren und oberen Führungsebene werden von Personalberatern und Unternehmen auch Stellenanzeigen genutzt (vgl. Liebrecht 1992; S. 50 ff.), wobei eine Umfrage unter 600 Führungskräften zeigte, daß sich 48% der Befragten auf eine Unternehmensanzeige bewerben würden und 36% einer Ausschreibung durch einen Personalberater den Vorzug geben.

Schaut man sich das Aufgaben- und Tätigkeitsprofil eines Headhunters oder Personalberaters an, so wird dieses folgendermaßen umrissen (vgl. Hampe 1992):

• Zu Beginn stehen *Basisgespräche und Problemanalysen*, um kritische Fragen zu Organisationsstruktur, Führungsstil und Aufgabenstellung zu klären.

• Die *Spezifikation von Anforderungen und Erwartungen* erfolgt, wenn die Suche als durchführbar und erfolgversprechend erscheint. Hier geht es neben der Darstellung der Firma, Funktion und Aufgaben in erster Linie um die Beschreibung des gesuchten Kandidaten, welchen "Muß", "Soll" und "Kann"-Erwartungen er entsprechen soll. Diese Profil ist nach der Besprechung von Auftraggeber und Berater die Basis des Suchauftrags.

• Die *Kontaktaufnahme und Gespräch mit dem Kandidaten* ist vor allem eine Telefonarbeit, bei der mögliche Kandidaten angesprochen und Referenzen über die Einschätzung des Kandidaten eingeholt werden. Für eine einzige Aufgabe kön-

---

[58] Derschka (1992; S. 159 ff.)beschreibt drei wesentliche Funktionen.
• Headhunter helfen ihren Klienten, das Gesicht zu wahren, indem zum einen die formale Macht des Managers unterstrichen wird (da er den Auftrag herausgeben kann); zum anderen indem die persönliche Schwäche kaschiert wird (selbst Führungskräfte auszuwählen).
• Headhunter schmeicheln den Eitelkeiten der Manager, da das mit Headhunter akquirierte Personal gegenüber dem per Stellenanzeige gewonnenen Personal als überlegen gilt. Gleichzeitig stärken sie natürlich auch das Selbstbewußtsein der angesprochenen Manager, suggerieren sie doch das Vorhandensein von Berufschancen und Sicherheit.
• Headhunter bekräftigen die organisatorischen Normen und behindern deren Wandel. Ihr eigenes Geschäftsinteresse ist der Weg des geringsten Widerstandes.

"Sie bekräftigen die Vorurteile ihrer Kundschaft und suchen deshalb Kandidaten, die das Klischee vom dynamischen, entscheidungssicheren und verantwortungsbewußten Manager am elegantesten zur Schau stellen. ... Indem Headhunter nicht an der zur Schau getragenen, polierten Oberfläche der Unternehmen kratzen, sondern im Gegenteil den Wunschtraum des von fachlich wie sozial überaus kompetenten Managern rational und zugleich mit hoher Verantwortung gegenüber Mitarbeitern und Gesellschaft geführten Unternehmens als Realität ausgeben, verklären sie ein Managerbild, das ihren Auftraggebern sehr gefällt. Deshalb führen sie ihren Klienten nur solche Kandidaten vor, die mit den erwarteten Klischees am überzeugendsten spielen können. So reproduzieren Headhunter immer nur bereits vorhandenes Führungspersonal in den Firmen und stärken damit deren Autoimmunsystem gegen Veränderungen." (Derschka 1992; S. 161 f.)

132

nen mehrere hundert persönliche Kontakte am Telefon zustande kommen. In Frage kommende Kandidaten, die selbst Interesse bekunden, werden zu einem persönlichen Gespräch eingeladen, wobei das Interview ein aufwendiger und sehr entscheidender Schritt im "(Re)Searchprozeß"[59] ist.

- Die *Auswahl der Kandidaten* erfolgt, nachdem ausreichend Gespräche geführt und ein Kreis interessanter Kandidaten zusammengestellt werden kann, wobei nicht von einer vollständigen Übereinstimmung mit dem Anforderungsprofil auszugehen ist.

- Das *Referenzverfahren* dient dazu, die bisherigen Leistungen und auch das Potential des Kandidaten noch einmal über Personen, die den Kandidaten besser kennen, abzuklären.

- Die *Präsentation der Kandidaten* beim Auftraggeber dient der Vorstellung von zwei bis vier Kandidaten in einem relativ kurzen Zeitraum, um einen fundierten Vergleich zu ermöglichen. Am Ende einer Gesprächsrunde wird dabei mit dem Auftraggeber ein Resümee gezogen.

- Die *Unterstützung bei der Vertragsverhandlung* dient dazu, Schmerzgrenzen und absolut notwendige Bedingungen neutral zu beurteilen und in persönlichen Gesprächen für einen Ausgleich der Interessen zu sorgen. Ziel ist der von beiden Seiten unterzeichnete Vertrag.

- Die *Integrationsunterstützung* geht über das Vertragsende hinaus. Hier hilft der Berater bei unvorhergesehenen Fragen und er kann seinen Einfluß unproblematischer geltend machen als der "Frischling". Nach den ersten hundert Tagen in der neuen Aufgabe ist das Projekt in aller Regel abgeschlossen.

Die oben genannten Schritte kommen mehr oder weniger ausgeprägt bei jedem Vermittlungsprojekt zum Tragen.

Im täglichen Arbeitsablauf haben die unterschiedlichen Unternehmensberatungen differierende Ansätze der Arbeitsgestaltung und Arbeitsteilung, die folgendermaßen charakterisiert werden können:

Der "Allround-Berater"
Der Berater übernimmt von den Briefings, bis zum Search und der eigentlichen Beratung alle Aufgaben. Eine Sekretärin unterstützt ihn beim Schreiben, Telefonieren und den organisatorisch-administrativen Aufgaben.

In Personalberatung A werden Briefings und Search über die Berater durchgeführt. Sekretärinnen – wenn sie mehr als das "klassische Aufgabenprofil" anstreben – haben hier eine unterstützende Funktion und werden insofern eingebunden, daß sie Branchenübersichten erstellen mit Informationen wie Art und Größe von Firmen etc. Die Sekretärin erstellt dann eine Dokumentation und bereitet die Ergebnisse auf. Der Search wird allerdings von den Beratern selbst durchgeführt, da diese entsprechendes Hintergrundwissen mitbringen und aufgrund ihrer Erfahrungen vernetzt denken können.

---

59 In der Literatur werden die Begriffe "Search" und "Research" wechselseitig verwandt. In dieser Phase geht es vor allem darum, die Führungskräfte namentlich zu identifizieren (vgl. Freedman 1991; S. 29).

133

Arbeitsteilung zwischen Search und Beratung
Es gibt eine Arbeitsteilung zwischen Search und Beratung. Dabei kann der Search innerhalb der Unternehmensberatung eigenständig organisiert sein. Es gibt aber auch eine Reihe von Unternehmen, die den Search als Dienstleistung für Personalberatungen anbieten.

Im Search werden dabei zwei Ziele verfolgt (vgl. Johannsmann 1992; S. 70)

• Schnell und auf kürzestem Wege sollen zwei bis drei mit dem Anforderungsprofil optimal übereinstimmende Kandidaten ausfindig gemacht werden.
• Ein vollständiger Überblick über das zuvor definierte Suchfeld soll verschafft werden.

Grundvoraussetzung für ein effizientes Research ist das Briefing über alle wesentlichen Punkte der Suche (vgl. Johannsmann 1992; S. 70): Unternehmen, Position, Qualifikationsprofil, Aufstiegsmöglichkeiten, Perspektiven, Führungsstil, Unternehmenskultur, Abgrenzung des Suchfelds. Mit Hilfe von branchengegliederten Industriehandbüchern, Messekatalogen, Verbandsmitgliederverzeichnissen wird eine lückenlose Zielfirmenliste erstellt und mit Hilfe von ABC-Kriterien gegliedert. Darüber hinaus wird eine "Source-Liste" zusammengestellt mit Branchenkennern, Insidern, Lieferanten, Kunden und Geschäftspartnern der Zielfirmen.

Als Anforderungsprofil im Research-Bereich gelten neben den kommunikativen Fähigkeiten vor allem auch Branchenkenntnisse und Insiderwissen, Flexibilität und Sensibilität für Telefonsituationen. Headhunting wird dabei als eminent personengebunden gesehen.

"...der Aufbau einer großen Organisation kann sich auf die Suchleistung durchaus negativ auswirken. Denn je mehr sich der Berater von der Durchführung des Auftrags distanziert, sich hauptsächlich als Akquisiteur und Koordinator begreift und die Feldarbeit von Researchern, Kontaktern und sonstigen Supportpersonal auf der Basis eines nur ihm persönlich übermittelten Anforderungsprofils ausführen läßt, desto weniger bürgt er real für die Übereinstimmung von Suchwunsch und Kandidatenauswahl." (Gazdar 1992; S. 31)

8.5.3 Aufgabenfelder und Berufsperspektiven für die Sekretärin

"Klassische" Sekretariatsunterstützung
Ohne Zweifel gibt es in diesem Bereich einen hohen Bedarf an "klassischer" Sekretariatsunterstützung, der auch bei den Zahlenverhältnissen deutlich wird. In der Regel hat eine Sekretärin einen oder zwei Berater zu betreuen. Das Aufgabenspektrum deckt hier vor allem

• das Schreiben nach Vorlage
• Telefondienst
• Organisation (z. B. für Kundenbetreuung, Konzertkarten besorgen etc.)
• Ablage
• Verwalten der Projekte ab.

In einem Expertengespräch wurde angedeutet, daß im klassischem Sekretariat dann ein Strukturwandel beginnt, wenn die Berater in den PC diktieren können.

Projektassistenz
Bei der Projektassistenz handelt es sich um erweiterte Aufgabenbereiche im Sekretariat, bei denen Sachbearbeitungsaufgaben hinzukommen und eine engagierte Persönlichkeit gefragt ist.

• Das Schreiben wird weniger nach Vorgaben als eigenständige erledigt.
• Der zeitliche und organisatorische Ablauf der Projekte wird erledigt, wobei die Projektassisstentin für den internen Bereich zuständig ist. Hier fallen natürlich vergleichbare Aufgaben wie im "klassischen" Sekretariat an. Hinzu kommen Sachbearbeitungsaufgaben wie:
  – die Erstellung von Markt- / Branchenübersichten
  – Dokumentation und Aufbereitung
  – Aufbereitung und Administration der anzeigengestützten Bewerbungen
  – Erstellung von Übersichten der wichtigsten Daten

Searcherin
Stellt sich der Bereich des Search als ein mögliches Entwicklungsfeld für die Sekretärin dar? Die Aussagen zu dieser Frage waren durchaus geteilt. Zweifel wurden geäußert, ob eine Sekretärin mit "klassischen" Aufgabenspektrum überhaupt in dieses Feld hineinwachsen kann, da ihr die notwendigen Fachkenntnisse fehlen.

Für die ambitionierte, selbstbewußte, schlagfertige Sekretärin, die nach Möglichkeit schon im Vorstandsbereich gearbeitet hat und über eine entsprechend lange Berufserfahrung verfügt, wurden durchaus Möglichkeiten für den Einsatz im Bereich Search gesehen.

Eines der befragten Unternehmen postulierte diese berufliche Entwicklungsmöglichkeit schon umgesetzt zu haben. Hier besteht die Möglichkeit von der Projektassistenz (Sekretärinnen gibt es dort allein schon vom Begriff her nicht) zum Search zu wechseln, was in einem Fall auch schon realisiert wurde.

Als Anforderungen für den Search werden dabei Flexibilität, gewandtes Auftreten, Kommunikationsfähigkeit, schnelles Reaktionsvermögen, Sensibilität für Telefonsituationen und – natürlich – Fachwissen formuliert. Auch das befragte Search-Institut hob die Notwendigkeit fachlicher Qualifikationen hervor. In diesem Unternehmen wurde zudem versucht Sekretärinnen für Search-Aktivitäten einzusetzen, wobei dies vor allem wegen mangelnden Selbstvertrauen und fehlender fachlicher Kompetenz scheiterte. Zwar werden – auf Nachfrage – soziale Kompetenzen durchaus als förderlich angesehen, aber diese allein reichen nicht aus, um im Search tätig zu sein. Betont wurde von allen Befragten, daß die Sekretärin sich das notwendige Fachwissen (z. B. über Abläufe, Organisationsstrukturen, Arbeitsbereiche etc.) aneignen müsse. In der Regel seien auch im Search akademisch vorgebildete Personen tätig, wobei hier viele einen pädagogischen und sozialwissenschaftlichen Hintergrund aufweisen.

Alle Befragten verneinten jedoch einen weiteren Aufstieg in die Personalberatung. Hier wird ein akademischer Abschluß als nicht zu übergehende Notwendigkeit gesehen, um als gleichwertiger Gesprächspartner für die Führungskräfte zu gelten und adäquat auf unterschiedlichste Situationen reagieren zu können. Das Studium gilt hier als unabdingbare Qualifikationsvoraussetzung.

8.6 Fazit

Eine Analyse des Bereichs Personalberatung zeigte, daß Betätigungsfelder für die Sekretärin vor allem in der "klassischen" Sekretariatsunterstützung liegen und eine Weiterentwicklung zur Projektassistentin möglich ist. Projektassistenz bedeutet hier neben mehr Eigenverantwortung die Bearbeitung sachbezogener Aufgaben. Eine Weiterentwicklung in den Search bietet sich sehr engagierten, selbstbewußten, flexiblen und weiterbildungswilligen Sekretärinnen an. Für das Gros der Sekretärinnen wird dieser Bereich verschlossen bleiben, fehlen doch die fachlichen Voraussetzungen. Ob die Betonung der fachlichen Voraussetzungen u. a. auch auf den Mythos der Elite, der mit dem Headhunting einhergeht, zurückzuführen ist, konnte nicht geklärt werden.

9 Resümee

Ausgangspunkt dieser Arbeit war es, anhand des Mikrokosmos Sekretariat zu zeigen, daß Management- und Organisationskonzepte, die zur Verfügung stehenden Technologien und daraus resultierende Qualifikationsanforderungen in einem engen Wechselverhältnis stehen und die arbeitsorganisatorische Gestaltung übergreifend beeinflussen.

Im Rahmen des Forschungsprojektes "Sekretariat der Zukunft" wurde ein umfangreiches methodisches Instrumentarium entwickelt, das es erlaubt, den Sekretariatsbereich mit seinen Aufgaben-, Kooperations- und Einbindungsstrukturen sowie den Qualifikationsanforderungen zu untersuchen. Wesentliche Ergebnisse dieser Untersuchungen waren:

- Es gibt einen Mythos "Sekretärin", der mit pompösen Begrifflichkeiten und Funktionsbeschreibungen die tatsächliche Stellung des Sekretariatsbereiches verschleiert und den dort Beschäftigten eine "geheime Macht" vorgaukelt.
- Jedes Sekretariat hat ein Set aus Basisaufgaben, die die Dokumentenerstellung, -bearbeitung und -verwaltung, Kommunikation, Organisation und Planung sowie Bewirtung und Betreuung umfassen.
- Die zunehmende Ausstattung und Nutzung moderner Bürokommunikationstechnologien auf allen Ebenen führt zu Aufgabenverlagerung und Funktionsverlusten im Sekretariat.
- Neben Rationalisierungseffekten bilden sich zusehends moderne Aufgabentypen im Sekretariatsbereich aus, die sich durch veränderte Aufgabenprofile, Sachbearbeitungsaufgaben und umfangreichere Verantwortungsbereiche auszeichnen.
- Es bilden sich neuerdings Kooperationsformen heraus, die mehr auf Flexibilität, denn auf Statuserhalt ausgerichtet sind.
- Die Nachfrage nach "traditioneller" Sekretariatsunterstützung geht im Zuge neuer Kooperationsformen und einer auf allen Ebenen verbreiteten Nutzung moderner Technologien stark zurück.

Um die Bedeutung dieses zur Zeit stattfindenden Wandels ermessen zu können, wurden die geschichtliche Entwicklung und mögliche Einflußfaktoren auf den Sekretariatsbereich analysiert. Erst um die Jahrhundertwende stieg die Frauenbeschäftigung in den Bürobereichen nennenswert an, was durch eine Vielzahl von Faktoren beeinflußt wurde, die konjktureller, wirtschaftlicher, struktureller, technologischer und qualifikatorischer Art waren. Selbst das Frauenbild der Nationalsozialisten tat dieser Entwicklung keinen Abbruch, verfestigte allerdings mit der Institutionalisierung des Anlernberufs "Bürogehilfin", die subordinate Stellung der Frauen im Bürobereich. Auch nach dem zweiten Weltkrieg hielt der Vormarsch der Frauen im Angestelltenbereich an und sie haben heute einen Anteil von 56%. Der Anteil der Frauen im Sekretariatsbereich ist durch die Geschichte hindurch nicht bestimmbar: Definition, Abgrenzung und Erhebungssystematiken sind bis heute für dieses Berufsbild nicht festgelegt. Die Annäherung an das Feld durch die Klassifikation der "Stenographen, Stenotypisten und Maschinenschreiber" weisen einen leichten Rückgang dieser Arbeitsplätze für die letzten Jahre auf und liegen im Trend der Prognosen, daß die Nachfrage nach Unterstützungstätigkeiten zukünftig zurückgehen wird.

Da der Sekretariatsbereich schon immer vom Technikeinsatz geprägt war, wurde die Entwicklung der Technik und ihr Einfluß auf die Basisaufgaben des Sekretariatsbereiches aufgezeigt. Bedeutenden Einfluß auf das Tätigkeitsfeld, Funktionen und organisatorische Einbindung hatten hierbei vor allem Techniken und Technologien, die zur Unterstützung der Dokumentenerstellung konzipiert waren wie Schreibmaschine, Stenographie und Diktiergeräte. In den letzten Jahren wirkte sich hier vor allem der Einsatz von modernen Bürokommunikationstechnologien aus, der darüber hinaus Kommunikations- und Kooperationsstrukturen beeinflußte.

Ein Blick auf Management- und Organisationskonzepte als Einflußfaktor zeigte, daß das Arbeitsleben dieses Jahrhunderts durch zwei große Leitbilder geprägt wurde: zum einen das Konzept der "wissenschaftlichen Betriebsführung" mit den Leitbildern des "homo oeconomicus" und der Arbeitsteilung, zum anderen sind es die Gedanken der Human Relations-Bewegung, die die Berücksichtigung menschlicher Bedürfnisse in den Vordergrund der Arbeitsgestaltung rückten.

Schon recht bald nach der Herausbildung der Frauenarbeit im Bürobereich bildeten sich Strukturen des Sekretariatsbereiches heraus, die heute noch Parallelen in den Unternehmen haben: Sekretariate für die oberen Leitungsebenen, die sich arbeitswissenschaftlichen und organisationsspezifischen Einflüssen mehr oder weniger bis heute entziehen konnten und Sekretariate für die unteren und mittleren Leitungsebenen, die im Verlaufe des Jahrhunderts arbeitsorganisatorischen Wechseln unterlagen.

Arbeitsteilung und die Human Factors-Bewegung führten dazu, daß in den zwanziger Jahren Schreibsäle eingeführt wurden, die die Teilarbeiten für Frauen forcierten. Verstärkt wurde diese Rolle der Zuarbeiterin und Gehilfin durch die zweijährige Ausbildung der "Bürogehilfin", die die Zuarbeitsfunktionen und fehlenden Aufstiegschancen im Berufsbild festschrieben. Gleichzeitig bildete sich das Berufsbild der Privatsekretärin heraus, deren Berufsqualifikationen sich vor allem durch das weibliche Rollenbild bestimmten.

Nach dem zweiten Weltkrieg wurde mit dem Konzept der "rationellen Büroarbeit" die fordistische Arbeitsorganisation auf den Bürobereich übertragen. Damit einher kam das Großraumbüro, das es ermöglichte, Aufgaben dem Arbeitsfluß nach zu ordnen. Im Sekretariatsbereich fand durch die Zusammenstreichung von Sekretariatsstellen eine Rationalisierung statt, die von einem Funktionsverlust begleitet wurde. Mit dem Konzept der organisierten Textverarbeitung und der zunehmenden Einrichtung von Schreibpools in den siebziger Jahren erfuhr die fordistische "rationelle Büroarbeit" ihren Höhepunkt.

Das Harzburger Modell wurde vor allem in den fünfziger bis siebziger Jahren vorangetrieben. Es gilt als eine Weiterentwicklung der "wissenschaftlichen Betriebsführung" und beinhaltet vor allem die "Führung im Mitarbeiterverhältnis", bei der die Umsetzung von Unternehmensentscheidungen auf die mittlere und untere Führungsebene delegiert wird. Die Rolle der Sekretärin geht auch hier nicht über die einer zuarbeitenden Gehilfin hinaus.

Motivationsorientierte Ansätze traten durch das Mitte der siebziger Jahre lancierte Programm "Humanisierung der Arbeit" wieder in den Vordergrund. Anfang der achtziger Jahre wurde im Sekretariatsbereich im Rahmen eines in diesem Programm durchgeführten Modellversuches das arbeitsplatzsichernde Modell der "Qualifizierten Assistenz" entwickelt. Eine teamartige Kooperation zwischen Auftraggeber und Assistenz sollte zu einer effizienteren Aufgabenabwicklung und mehr Qualität führen. Über den geförderten Modellversuch hinaus fand dieses Modell kaum Verbreitung.

Weiterhin gab es in den achtziger Jahren eine Reihe betrieblicher Projekte im Sekretariatsbereich, die vor allem die Frage nach den Wirkungsdimensionen moderner Technologien untersuchten. Diese Projekte zeigten, daß die Sekretariatsgestaltung und die dort wahrgenommenen Aufgaben von den zur Verfügung stehenden Technologien beeinflußt wurden. Gleichwohl zeigten sie, daß es Gestaltungsspielräume hinsichtlich des Aufgabenspektrums und der Kooperationsbeziehungen gibt.

Die neunziger Jahre stellen mit dem Konzept der Lean Production bzw. des Lean Managements den Menschen wieder verstärkt in den Mittelpunkt. Er wird jetzt als eine unerschöpfliche Ressource angesehen, der den wirtschaftlich schwachen Unternehmen zu neuen Ideen und zu Aufschwung verhelfen kann. Alle Mitarbeiter sollen durch ihre Arbeit zur Wertschöpfungskette beitragen, wobei diese durch leistungsfähige Bürokommunikationstechnik unterstützt wird. Folgen sind Aufgabenverlagerungen und zusehends neue Anforderungen, die an das Sekretariat gestellt werden. Schon heute werden in mehr als einem Drittel der Sekretariate Sachbearbeitungsaufgaben erledigt, wobei sich auch oftmals der Personenkreis, der Dienstleistungsfunktionen im Sekretariat nachfragt, erweitert hat. Die rasante technische Entwicklung trägt dazu bei, daß sich das Berufsbild der Sekretärin weiter wandeln wird. Wurden Sekretärinnenpositionen in der Vergangenheit u. a. durch ausreichend lange Erfahrungen erreicht, so vermittelt heute das neugeordnete Berufsbild "Kaufmann / Kauffrau für Bürokommunikation" das notwendige fachliche und methodische Know-how. Das Sekretariat wird sich zukünftig verstärkt als Eingangsposition für die Absolventen und Absolventinnen dieses Ausbildungsberufes darstellen und den Zugang für geringer Qualifizierte erschweren. Großunternehmen und große öffentliche Verwaltungen können durch die Umsetzung eines Berufsbildes Office Manager und der Gestaltung des Sekretariatsbereiches als eigene Abteilung / Bereich auch zur Entwicklung in die mittlere Führungsebene beitragen. Entwicklungsmöglichkeiten bieten sich vor allem in Richtung qualifizierte Sachbearbeitung an.

Anhand des Beispiels Personalberatung, einem Bereich, der sich heute im Umbruch befindet, werden die Entwicklungsmöglichkeiten für Sekretärinnen aufgezeigt. Der "klassischen" Sekretärin bietet sich die Weiterentwicklung zur "Projektassistentin" mit Sachbearbeitungsanteilen. Engagement und ausreichendes Fachwissen bieten die Weiterentwicklung in den Search-Bereich mit einem vielfältigen Aufgabenfeld.

Die fehlenden Entwicklungsangebote und die fehlenden Berufsperspektiven im Sekretariatsbereich in den Unternehmen und Verwaltungen sowie die zur Zeit stattfindenden Rationalisierungen im Sekretariatsbereich sind Indikatoren dafür, daß die geplante Überarbeitung der Rechtsverordnung "Geprüfte Sekretärin / Geprüfter Sekretär" ihren Aktualisierungscharakter beibehält. Ein Aufbrechen dieses "Teufelskreises" kann über Modellversuche angegangen werden, bei denen die Realisierungschancen der vorgeschlagenen Entwicklungsperspektiven überprüft werden. Hier ist neuer Forschungsbedarf vorhanden. Diese Arbeit bietet durch die Bereitstellung der notwendigen empirischen Methoden und Instrumentarien sowie des historisch-soziologischen Überblicks die Grundlagen für diese notwendigen Forschungsarbeiten.

10 Literatur

30 Jahre Deutscher Sekretärinnen-Verband EV. Chronik 1956 - 1986

Allerbeck, Klaus R.: Big Business und kleine Computer. unveröffentlichte Manuskripte. Fachbereich Gesellschaftswissenschaften der J. W. Goethe Universität, Frankfurt, o. Jg.

Baethge, Martin; Oberbeck, Herbert: Zukunft der Angestellten - Neue Technologien und berufliche Perspektiven in Büro und Verwaltung. Frankfurt/M.; New York: Campus Verlag, 1986

Baumgartner, Karl: Personalberatung. in: Strutz, Hans (Hrsg.): Handbuch Personalmarketing. Wiesbaden: Gabler, 1989

BDS, DSV: Bund Deutscher Sekretärinnen e. V. (BDS); Deutscher Sekretärinnen-Verband e. V. (DSV) (Hrsg.): Anforderungsprofil und Berufsbild der Sekretärin. März 1990

Beck, Ulrich; Brater, Michael; Daheim, Hansjürgen: Soziologie der Arbeit und der Berufe. Grundlagen, Problemfelder, Forschungsergebnisse. Reinbeck bei Hamburg: Rowohlt, 1980

Becker, Jörg: Informationsmanagement und -controlling. Würzburg: Vogel Buchverlag, 1994

Beckurts; Karl Heinz; Reichwald, Ralf: Kooperation im Management mit integrierter Bürotechnik. München: CW-Publikationen 1984

Benét, Mary Kathleen: Die Sekretärinnen: Frauen im goldenen Käfig. Frankfurt: Fischer Taschenbuch Verlag, 1975

Biallo, Horst: Von der Sekretärin zur Führungskraft. Wien: Wirtschaftsverlag Carl Ueberreuter, 1992

Bleicher, Knut: Organisation: Strategien - Strukturen - Kulturen. 2., vollständig neu bearb. und erw. Aufl. Wiesbaden: Gabler, 1991

Böhrs, Hermann: Produktive Büroarbeit. 2., überarbeitete und zusammengefaßte Auflage der Schriften "Grundfragen und Methoden der Bürorationalisierung" und "Organisation und Gestaltung der Büroarbeit". München; Bern: Paul Haupt, 1972

Böhrs, Hermann: Die wachsenden Büros und der Strukturwandel der menschlichen Arbeit. München: Carl Hanser Verlag, 1960

Böhrs, Hermann: Grundfragen und Methoden der Bürorationalisierung. München: 1958

Böhrs, Herrmann: Rationelle Büroarbeit. München: Carl Hanser Verlag, 1953

142

Bollinger, Heinrich Weltz, Friedrich (1986); ASTEX und die Neuordnung der büro-wirtschaftlichen Ausbildungsberufe; unveröffentlichtes Manuskript, München 1986

Böttcher, Joachim; Haupt, Heinz (Hrsg.): Sekretariatspraxis Chef-Assistenz. 7., neu bearbeitete und erweiterte Aufl. Darmstadt: Winklers Verlag, 1992

Braun, Siegfried: Zur Soziologie der Angestellten. Frankfurt/Main: Europäische Verlagsanstalt 1964

Bruhn-Jade, Christa (Hg.): Chefentlastung durch die qualifizierte Sekretärin; Loseblatt-Sammlung; Weka-Verlag 1992

Bruhn-Jade, Christa: Kein Job für nebenher. in: Sekretariat 3/1985

Bullinger, H.-J. (1982): Bullinger, H.-J.; Fähnrich, K.-P.; Fauser, A.; Heller, N.:Das Ausmaß der Einführung von Elektronik im Bürobereich. unveröffentlichter Bericht des Fraunhofer-Institutes für Arbeitswirtschaft und Organisation, IAO, Stuttgart, 1982

Bullinger, Hans-Jörg (1987): Bullinger, Hans-Jörg; Fröschle, Hans-Peter; Klein, Barbara (1987); Telearbeit: Schaffung dezentraler Arbeitsplätze unter Einsatz von Teletex, Hallbergmoos 1987

Bullinger, Hans-Jörg (1992) (Hrsg.): Marktgerechte Produktentwicklung, Berlin 1992

Bullinger, Hans-Jörg (1993): Bullinger, Hans-Jörg; Fähnrich, Klaus-Peter; Niemeier, Joachim; Informations- und Kommunikationssysteme für "schlanke Unterneh-mungen"; in: Office Management 1-2/1993

Bullinger, Hans-Jörg (1994): Bullinger, Hans-Jörg; Bonnet, Petra; Klein, Barbara: Büro der Zukunft – Aufgaben- und Wertewandel im Büro- und Verwaltungsbereich. in: Bullinger, Hans-Jörg; Klein, Barbara (Hrsg.) : Sekretariat der Zukunft - Organisationsgestaltung und Qualifizierung im Sekretariats- und Assistenzbereich. Baden-Baden: FBO-Verlag, 1994

Bullinger, Hans-Jörg (1994): Bullinger, Hans-Jörg; Klein, Barbara (Hrsg.): Sekretariat der Zukunft - Organisationsgestaltung und Qualifizierung im Sekretariats- und Assistenzbereich. Baden-Baden: FBO-Verlag, 1994

Bundesanstalt für Arbeit (Hrsg.) (1989): Ihre berufliche Zukunft, Heft 2: Informatio-nen über Weiterbildungsberufe, 2. Aufl., Nürnberg 1989

Bundesanstalt für Arbeit (Hrsg.) (1990): Blätter zur Berufskunde: Sekretärin/Sekretär, 5. Auflage, Nürnberg 1990

Bundesminister der Justiz (Hrsg.): Bekanntmachung der Verordnung über die Prü-fung zum anerkannten Abschluß Geprüfte Sekretärin / Geprüfter Sekretär sowie der Empfehlung für die Durchführung von Fortbildungslehrgängen zur Vorberei-tung auf die Prüfung zum anerkannten Abschluß Geprüfte Sekretärin / Geprüfter Sekretär vom 17. September 1978. Bundesanzeiger 30. Jg. 11.10.1978

Bundesminister für Forschung und Technologie; Forschungs- und Entwicklungsprogramm "Arbeit und Technik"; 2. Aufl. 1991

Büro 1880-1930 - Frauenarbeit und Rationalisierung. Arbeitsheft der IG Metall. Frankfurt: IGM, 1984

Büroarbeit 2000 - Protokoll Fachtagung Frankfurt. Frankfurt: IG Chemie, Papier, Keramik, 1989

Derschka, Peter: Honig und Balsam – Über die sozialen Funktionen von Headhuntern. in: Gazdar, Kaevan (Hrsg.): Köpfe jagen. Mythos und Realität der Personalberatung. Wiesbaden: Gabler, 1992

Dittrich, Manfred: Die Entstehung der Angestelltenschaft in Deutschland. Stuttgart; Berlin: Kohlhammer, 1939

Döring, Peter; Krüger, Martin: Realisierung der Organisierten Textverarbeitung. Stuttgart: Deutscher Sparkassenverlag, 1978

Dostal, Werner: Bestand an Sekretärinnen aus statistischer Analyse. Institut für Arbeitsmarkt und Berufsforschung. unveröffentlichtes Papier. Nürnberg 15.04.1992

Dostal, Werner: Computer im Sekretariat - Ratgeber für die Sekretärin. Baden-Baden: FBO-Verlag, 1989

Drechsler, Ursula: Die erfolgreiche Sekretärin. München: Wilhelm Heyne Verlag, 1989

Ebers, Mark: Organisationskultur: Ein neues Forschungsprogramm? Wiesbaden: Gabler, 1985

Endres, Albert; Reetz, Jürgen (Hrsg.): Textverarbeitung und Bürosysteme. München; Wien: Oldenbourg, 1982

Entwurf einer Verordnung über die Prüfung zum anerkannten Abschluß "Geprüfter Sekretariatsfachkaufmann" / "Geprüfte Sekretariatsfachkauffrau" / "Geprüfte Sekretärin" (Arbeitstitel) vom 16.02.1994

Faulstich-Wieland, Hannelore; Horstkemper Marianne: Der Weg zur modernen Bürokommunikation - Historische Aspekte des Verhältnisses von Frauen und neuen Technologien. Bielefeld: Kleine Verlag, 1987

Fehrmann, Eberhard; Metzner, Ulrike: Angestellte und Gewerkschaften: Ein historischer Abriß. Köln: Bund-Verlag, 1981

Feix, Wilfried E.: Personal 2000 - Visionen und Strategien erfolgreicher Personalarbeit. Frankfurt/M.: FAZ, 1991

Freedman, Howard S.: Wie man Headhunter auf sich aufmerksam macht. Stuttgart: Poeschel, 1991

Fritz, Hans-Joachim: Menschen in Büroarbeitsräumen. Über langfristige Struktur-
wandlungen büroräumlicher Arbeitsbedingungen mit einem Vergleich von Klein-
und Großraumbüros. München: Heinz Moos, 1982

Fuhrmann, Susanne; Pietsch, Thomas (Hrsg.): Praktische Anwendungen moderner
Bürotechnologien. Berlin: Erich Schmidt Verlag, 1989

Fußgang, Brigitte: Zwischen Servicezentrum und Managementassistenz.
Erfahrungen aus der IBM-Hauptverwaltung. in: Bullinger H.-J.; Klein, B. (Hrsg.):
Sekretariat der Zukunft. Baden-Baden: FBO-Verlag, 1994

Garson, Barbara: Schöne neue Arbeitswelt - Wie Computer das Büro von morgen zur
Fabrik von gestern machen. Frankfurt/M.; New York: Campus, 1990

Gazdar, Kaevan (Hrsg.): Köpfe jagen. Mythos und Realität der Personalberatung.
Wiesbaden: Gabler, 1992

Gehrke, Martha Maria; Joachim, Walter: Hohe Schule der Sekretärin. 5., völlig neu
bearbeitete Auflage. München: Verlag Mensch und Arbeit, 1966

Guserl, Richard: Das Harzburger Modell: Idee und Wirklichkeit. Wiesbaden: Betriebswirtschaftlicher Verlag Dr.Th.Gabler, 1973

Haeger, Fritz: Methodik des Kurzschrift-Unterrichts. 4. Auflage. Wolfenbüttel: Heck-
ners Verlag, 1969

Hampe, Axel: Ein geregelter Ablauf. in: Gazdar, Kaevan (Hrsg.): Köpfe jagen. Mythos
und Realität der Personalberatung. Wiesbaden: Gabler, 1992

Hartfiel, Günter: Angestellte und Angestelltengewerkschaften in Deutschland. Entwicklung und gegenwärtige Situation von beruflicher Tätigkeit, sozialer Stellung
und Verbandswesen der Angestellten in der gewerblichen Wirtschaft. Berlin:
Duncker und Humblot, 1961

Haupt, Heinz: Moderne Nachrichtenmittel im Büro und Betrieb. München: Verlag
Moderne Industrie, 1961

Hausen, Karin; Rürup, Reinhard (Hrsg.): Moderne Technikgeschichte. Köln:
Kiepenhauer & Witsch, 1975

Heilgenthal, Ernst; Spreter-Müller, Birgit: Direktansprache oder Anzeigensuche –
Argumente gegen Vorurteile. in: Gazdar, Kaevan (Hrsg.): Köpfe jagen. Mythos
und Realität der Personalberatung. Wiesbaden: Gabler, 1992

Held, Monika: Beruf: Sekretärin. Reportagen -Protokolle - Analysen. München:
Mosaik Verlag, 1982

Herz, Stefanie: Zur Typologie der kaufmännischen weiblichen Angestellten. Berlin
1931

Herzog, Hans-Henning; Arbeit und Technik; Chancen und Risiken für die
Arbeitswelt von morgen; (Hrsg.) Projektträgerschaft "Arbeit und Technik", Bonn
1990

Hinrichs, Peter: Um die Seele des Arbeiters: Arbeitspsychologie, Industrie- und Betriebssoziologie in Deutschland 1871-1945. Köln: Pahl-Rugenstein, 1981

Höhn, Reinhard: Führungsbrevier der Wirtschaft. 8., durchgesehene Auflage. Bad Harzburg: Verlag f. Wissenschaft, Wirtschaft und Technik, 1966 und 1969

Höhn, Reinhard; Böhme, Gisela: Die Sekretärin im Management. 3., gegenüber der 2. unveränderte Auflage. Bad Harzburg: Verlag f. Wissenschaft, Wirtschaft und Technik, 1964 und 1976

Höhn, Reinhard; Böhme, Gisela: Die Sekretärin im Management. Die Sekretärin in der Führungsordnung eines modernen Unternehmens. 3. Aufl. Bad Harzburg: Verlag für Wissenschaft, Wirtschaft und Technik, 1984

Höhn, Reinhard; Böhme, Gisela: Von der Chefsekretärin zur Chefassistentin. Bad Harzburg: Verlag f. Wissenschaft, Wirtschaft und Technik, 1982

Holtgrewe, Ursula: Schreib-Dienst: Frauenarbeit im Büro. Marburg: SP-Verlag Norbert Schüren GmbH, 1989

Homburg, Heidrun: Anfänge des Taylorsystems in Deutschland vor dem Ersten Weltkrieg: Eine Problemskizze unter besonderer Berücksichtigung der Arbeitskämpfe bei Bosch 1913. In: Geschichte und Gesellschaft 4. Jahrgang (1978) Nr. 2 S.170-194

Huber, Simone: Bildungsbedarfsanalyse – Arbeitsplatz Sekretariat. unveröffentlichtes Manuskript. Stuttgart, o. J.

IG Metall: Industriegewerkschaft Metall (Hrsg.) (1990); Die neuen Büroberufe. Kaufmann/Kauffrau für Organisation; Kaufmann/Kauffrau für Bürokommunikation, Frankfurt 1990

Imai, Masaaki: Kaizen. Der Schlüssel zum Erfolg der Japaner im Wettbewerb. München: Wirtschaftsverlag Langen Müller Herbig, 1992

Jacobi, Ursula; Lullies, Veronika; Weltz, Friedrich (1980); Textverarbeitung im Büro. Alternativen der Arbeitsgestaltung, Frankfurt/ New York 1980

Jahrbuch 1914 für Deutschnationale Handlungsgehilfen. Hamburg: Verlag der Buchhandlung des Deutschnationalen Handlungsgehilfen-Verbandes, 1914

Jahrbuch Sekretariat: 1987/1988. Wiesbaden: Gabler, 1987

Jander, Gernot; Klein, Barbara; Rathgeb, Michael; Hahn, Hans-Dieter: Strategiepapier für die Deutsche Forschungsgesellschaft. unveröffentlichter Abschlußbericht des Fraunhofer-Institutes für Arbeitswirtschaft und Organisation, Stuttgart, 1994

Johannsmann, Hubert: Ohne Research kein Ergebnis. in: Gazdar, Kaevan (Hrsg.): Köpfe jagen. Mythos und Realität der Personalberatung. Wiesbaden: Gabler, 1992

146

Katz, Christian; Ruch, Luzian; Betschart, Hanspeter; Ulich, Eberhard: Arbeit im Büro von Morgen.Technologie, Organisation, Arbeitsinhalte und Qualifikationsanforderungen.Zürich: Verlag des Schweizerischen Kaufmännischen Verbandes, 1987

Kieser, Alfred (Hrsg.) Organisationstheorien. Stuttgart u.a.: Kohlhammer, 1993

Kiesmüller, T.; Weltz, F.; Bollinger, H.; Ehrmüller, F.; Sahelijo, T. (1987); Arbeitsstrukturierung in typischen Bürobereichen eines Industriebetriebes (ASTEX). Praktische Lösungsansätze bei technisch-organisatorischen Veränderungen aus einem Pilotprojekt, Bonn 1987

Kisker, Ida: Die Frauenarbeit in den Kontoren einer Grossstadt. Eine Studie über die Leipziger Kontoristinnen. Mit einem Anhang über die Berufsvereine der Handlungsgehilfinnen. Tübingen: J. C. B. Mohr (Paul Siebeck), 1911

Klein Barbara. Verfrühte Euphorie um das mobile Büro. in: Die Furche, Nr. 22/3. Juni 1993, 49. Jg. S.11

Klein Barbara: Das Sekretariat ist tot! – Es lebe das Sekretariat?! in: ASSISTENZ, 2/1992, S. 38

Klein Barbara: Gibt es in Zukunft noch Sekretärinnen? in: SEKRETARIAT 1/91, S. 10-11

Klein Barbara: Managerin für das Büro gesucht. in: ORGADATA 8/93 S. 28-29

Klein Barbara: Office Managerin – ein Modebegriff? Editorial in: ORGADATA 8/93; S. 3

Klein Barbara: Organisational Design for Secretaries. in: H.-J. Bullinger (ed.); Human Aspects in Computing, Proceedings of the Fourth International Conference on Human-Computer Interaction, Stuttgart, Sept. 1-6, 1991, Vol. 2: Design and Use of Interactive Systems and Information Management, Amsterdam u. a. :Elsevier: 1991 S. 1085-1089

Klein Barbara: Reine Texterfassung geht immer mehr zurück, Forschungsprojekt "Sekretariat der Zukunft". in: SEKRETARIAT, 3/92, S. 22-26

Klein Barbara: Sekretariat der Zukunft. in: CHEFBÜRO 1/91; S. 54-66

Klein Barbara: Von der klassischen Sekretärin hin zur Office Managerin. in EDV & Kommunikation 2/1993; S. 8-10

Klein, Barbara (Telearbeit): Telearbeit – eine Arbeitsform für alle Bürobeschäftigten? in: Der Büro-Kommunikationsberater; Loseblatt-Sammlung; März 1992

Klein, Barbara et al. (AFAS): Sekretariat der Zukunft, Arbeitsfeldanalyse von Sekretariatsarbeitsplätzen, unveröffentlichter Zwischenbericht des Fraunhofer-Instituts für Arbeitswirtschaft und Organisation, IAO, Stuttgart 1992

Klein, Barbara et al. (Auswertung der Verbandsorgane): Klein, B.; Bonnet, Petra: Auswertung der Verbandsorgane. unveröffentlichtes Manuskript. IAO, Stuttgart 16.11. 1990

Klein, Barbara et al. (Eingesetzte Instrumentarien): Sekretariat der Zukunft, Eingesetzte Instrumentarien, unveröffentlichter Zwischenbericht des Fraunhofer-Instituts für Arbeitswirtschaft und Organisation, IAO, Stuttgart 1991

Klein, Barbara et al. (Eingesetzte Instrumentarien): Sekretariat der Zukunft, Eingesetzte Instrumentarien, unveröffentlichter Zwischenbericht des Fraunhofer-Instituts für Arbeitswirtschaft und Organisation, IAO, Stuttgart 1992

Klein, Barbara et al. (Empfehlungen): Sekretariat der Zukunft, Empfehlungen, unveröffentlichter Zwischenbericht des Fraunhofer-Instituts für Arbeitswirtschaft und Organisation, IAO, Stuttgart 1992

Klein, Barbara et al. (Evaluation durch Experten-Workshops): Sekretariat der Zukunft, Evaluation durch Experten-Workshops, unveröffentlichte Ergebnisse und Protokolle des Fraunhofer-Instituts für Arbeitswirtschaft und Organisation, IAO, Stuttgart 1992

Klein, Barbara et al. (Fallstudien): Sekretariat der Zukunft, Fallstudien, unveröffentlicher Zwischenbericht des Fraunhofer-Instituts für Arbeitswirtschaft und Organisation, IAO, Stuttgart 1991

Klein, Barbara et al. (Materialienband): Sekretariat der Zukunft, Materialienband, unveröffentlichter Zwischenbericht des Fraunhofer-Instituts für Arbeitswirtschaft und Organisation, IAO, Stuttgart 1992

Klein, Barbara et al. (Zwischenbericht): Sckretariat der Zukunft, unveröffentlichter Zwischenbericht des Fraunhofer-Instituts für Arbeitswirtschaft und Organisation, IAO, Stuttgart 1991

Klein, Barbara: Office Management – Organisationsgestaltung und Qualifizierung im Sekretariats- und Assistenzbereich. in ASSISTENZ 3/1993; S. 30-32

Klein, Barbara: Organisationsgestaltung und Qualifizierung, Forschungsprojekt "Sekretariat der Zukunft" in: Mitteilungen des Fachausschusses 2.3 "Ergonomie in der Informatik"; Nr. 15; März 1992

Klein, Barbara: Sekretariate im Wandel. in: Bruhn-Jade, Christa (Hg.): Chefentlastung durch die qualifizierte Sekretärin; Loseblatt-Sammlung; Weka-Verlag 1992

Klein, Barbara: Technik-Vision 2000. Sekretariat der Zukunft. in: SEKRETARIAT Special; S. 6 - 15; Mai 1993

Klein, Barbara; Bonnet Petra; Schneider Ulrike: Sekretariat der Zukunft - Organisationsgestaltung und Qualifizierung, Ergebnisse eines Forschungsprojektes. in: Bullinger H.-J.; Klein, B. (Hrsg.): Sekretariat der Zukunft. Baden-Baden: FBO-Verlag, 1994

148

Kocka, Jürgen (1969): Industrielles Management: Konzeptionen und Modelle in Deutschland vor 1914. In: Vierteljahresschrift für Sozial- und Wirtschaftsgeschichte 56. Band (1969) Heft 1, S. 332-372

Kocka, Jürgen (1981) (Hrsg.): Angestellte im europäischen Vergleich. Die Herausbildung angestellter Mittelschichten seit dem späten 19. Jahrhundert. Göttingen: Vandenhoeck & Ruprecht, 1981

Krüger, Detlef; Nagel, Alfred: Mischarbeitim Büro- und Verwaltungsbereich beim Einsatz neuer Technolgogien. Dortmund: Wirtschaftsverlag NW, 1988

Lassek, Waltraud: Die Ausbildung im Sekretariat - Band 1: Sekretariatskunde - Bürowirtschaft. 3., neu bearbeitete und erweiterte Auflage. Bad Homburg v.d.H.: Verlag Dr. Max Gehlen, 1987

Lentz, Brigitta; Eckstein, Daniela: Vorsicht nicht jeder Headhunter arbeitet seriös. in: Capital 1/1994

Levy-Rathenau, Jenny; Wilbrandt, Lisbeth: Die deutsche Frau im Beruf. Praktische Ratschläge zur Berufswahl. Handbuch der Frauenbewegung V.Teil; Lange H.; Bäumer G. (Hrsg.). Berlin S., 1906

Liebrecht, H. C.: Direktansprache oder Anzeigensuche – Die persönlichen Präferenzen von Managern. in: Gazdar, Kaevan (Hrsg.): Köpfe jagen. Mythos und Realität der Personalberatung. Wiesbaden: Gabler, 1992

Lorentz, Ellen: Aufbruch oder Rückschritt? Arbeit, Alltag und Organisation weiblicher Angestellter in der Kaiserzeit und Weimarer Republik. Bielefeld: Kleine Verlag, 1988

Lullies, Veronika (1985); Zum Problem zukunftsbezogener Qualifizierung von Frauen in assistierenden Bürotätigkeiten, München 1985

Lullies, Veronika; u.a.: Einsatz neuer Technik im Büro- Arbeitswissenschaftliche Erkenntnisse für die Praxis. Gestaltungsempfehlungen - Beispiele. Baden-Baden: FBO-Verlag, 1988

Martin, Ernst: Die Schreibmaschine und ihre Entwicklungsgeschichte. Pappenheim, 1949

Maurer, Elisabeth: Sekretärinnen auf dem Weg ins Kader? Welche Aufgaben und Probleme stellen sich einer Sekretärin, die sich auf die Übernahme einer Kaderfunktion vorbereitet? unveröffentlichte Literaturarbeit. Psychologisches Institut der Universität Zürich. 1991

Mildenberger, Jörg: Europa '93, moderne Techniken, veränderte Aufgabenprofile - Was heißt das für die Weiterbildung? in: Bullinger H.-J.; Klein, B. (Hrsg.): Sekretariat der Zukunft. Baden-Baden 1994

Moritz, Michaela; Tepperberg, Eva: Frauen an Textautomaten - Rationalisierung im Büro. Wien: Bundesministerium für soziale Verwaltung, 1986

Mussmann, Carin: Frauen im Sekretariat: Zwischen Einflußnahme und Ambivalenz. Eine qualitative Untersuchung über berufliche Bewältigungsstrategien. Zürich 1992

Nienhaus, Ursula: Berufsstand weiblich - Die ersten weiblichen Angestellten. Berlin: Transit, 1982

Nienhaus, Ursula: Von Töchtern und Schwestern. Zur vergessenen Geschichte der weiblichen Angestellten im deutschen Kaiserreich. in: Kocka, Jürgen (Hrsg.): Angestellte im europäischen Vergleich. Die Herausbildung angestellter Mittelschichten seit dem späten 19. Jahrhundert. Göttingen: Vandenhoeck und Ruprecht, 1981

Peters, Klaus: Dezentraler Sekretariatsdienst und Bereichssekretariate in einem Finanzdienstleistungsunternehmen. Aufgabenspektrum und Einbindung. Wohin geht die Zukkunft? in: Bullinger H.-J.; Klein, B. (Hrsg.): Sekretariat der Zukunft. Baden-Baden 1994

Pierenkemper, Toni: Arbeitsmarkt und Angestellte im Deutschen Kaiserreich 1880-1913. Stuttgart: Franz Steiner Verlag Wiesbaden, 1987

Pirker, Theo: Büro und Maschine. Tübingen: J.C.B. Mohr (Paul Siebeck), 1962

Poppinga, Anneliese: Im Vorzimmer der Macht. in: Sekretärin 4/1980

Preller, Ludwig: Sozialpolitik in der Weimarer Republik. Stuttgart: Franz Mittelbach, 1949

Reichwald, Ralf (1984); Der Einsatz neuer Kommunikationsmedien auf das Büro der Zukunft - Einsatzmodelle und ihre betriebswirtschaftlichen und sozialen Folgen, in: Ulrich, Otto (Hrsg.): Die Informationsgesellschaft als Herausforderung an den Menschen, Frankfurt/ Main 1984, S.55-78

Reim, Friedemann; Dokumentenmanagement als Basis der Qualitätssicherung. Beitrag zum IAO-Forum "Qualität im Büro" 12/1993

Reiners, Ludwig: Fräulein, bitte zum Diktat. Hand- und Wörterbuch der Sekretärin. München: Paul List Verlag, 1953

Reiß, Michael: Personalstruktur meistern: Gemeinkostenmanagement. in: Personalwirtschaft 4/1992

Ruch, Luzian; Troy, Norbert: Traditionelle Sekretariatsarbeit und die Anwendung neuer Technik im Vergleich. Zürich: Verlag der Fachvereine an den Schweizerischen Hochschulen und Techniken, 1986

Ruffer, W. ; Rationalisierung der Büroarbeit; Ein Beispiel aus einem Großbetrieb aus: RKW-Nachrichten; September 1938; 12. Jg. Heft 6; S. 111 ff.

Ruhland, Erich (Hrsg.) : Die Sekretärin - Ein Nachschlagewerk in Frage und Antwort. Frankfurt/M.: Verlag für Bürotechnik, 1970

S.P.G. – Sozialwissenschaftliche Projektgruppe (1990); Nachwirkungen eines HdA-Projektes; Ergebnisse einer Evaluierung des ASTEX-Projektes bei der BMW-AG, 1, 1990

Schellhaas, Holger; Schönecker, Horst (1983); Kommunikationstechnik und Anwender. Akzeptanzbarrieren, Bedarfsstrukturen, Einsatzbedingungen, München 1983

Schliz, Annelore; Winter, Hannelore: Karriere im Sekretariat. 4. Auflage. München: Wirtschaftsverlag Langen-Müller/Herbig, 1980

Scott, W. Richard: Grundlagen der Organisationstheorie: Frankfurt; New York: Campus Verlag, 1986

Segelken, Sabine: Stenographie und Schreibmaschine. Bad Salzdetfurth: Franzbecker, 1991

Sekretärinnen-Handbuch. 4., völlig überarbeitete Auflage. Wiesbaden: Gabler, 1982

Steiner, Walter: Die Ausbildung im Sekretariat - Band 3: Wirtschaftskunde. 5., überarbeitete Auflage. Bad Homburg v.d.H.: Verlag Dr. Max Gehlen, 1992

Stiller, Ingrid (1989); "Zum Stand der Neuordnung", in: Bundesinstitut für Berufsbildung (Hrsg.): Neue Entwicklungen in den kaufmännischen Berufen, Dokumentation des Fachkongresses "Neue Berufe in der Praxis" des BIBB 1988, Nürnberg 1989, S.141-144.

Stiller, Ingrid: Zukunft der Büroarbeit. in: Frackmann, Margit (Hrsg.): Ein Schritt vorwärts... Frauen in Ausbildung und Beruf. Hamburg 1990

Stooß, Friedemann; Weidig, Inge: Der Wandel der Tätigkeitsfelder und -profile bis zum Jahre 2010. in: MittAB 1/90

Strauss, Anselm; Corbin, Juliet: Basics of qualitative research. Newbury Park, London, New Delhi: SAGE Publications, 1990

Strauss-Fehlberg, G.: Die Forderung nach Humanisierung der Arbeitswelt. Köln 1978

Strutz, Hans (Hrsg.): Handbuch Personalmarketing. Wiesbaden: Gabler, 1989

Stümpel, Rolf: Vom Sekretär zur Sekretärin. Mainz: Ausstellungskataolg, 1985

Suhr, Susanne: Die weiblichen Angestellten. Arbeits- und Lebensverhältnisse. Eine Umfrage des Zentralverbandes der Angestellten. Berlin: Zentralverband der Angestellten, 1930

Thorborg, Heiner: Direktansprache. in: Strutz, Hans (Hrsg.): Handbuch Personalmarketing. Wiesbaden: Gabler, 1989

Trischler; J.; Eisenhardt, G.; Mehlich, H.; Aus- und Bewertung (Evaluation) des Arbeitsschwerpunktes "Menschengerechte Anwendung neuer Technologien in Büro- und Verwaltung", Bericht für den Projektträger Arbeit-Umwelt-Gesundheit bei der DLR, Batelle-Institut e. V. Frankfurt 1989

Troy, Norbert; Baitsch, Christof; Katz, Christian: Bürocomputer - Chance für die Organisationsgestaltung?. Zürich: Verlag der Fachvereine, 1986

Wäscher, Johanna; Die Frau im Handel; in: von Soden; Eugenie (Hrsg.) Das Frauenbuch; Eine allgemeinverständliche EInführung in alle Gebiete des Frauenlebens der Gegenwart; Band 1: Frauenberufe und Ausbildungsstätten; Stuttgart 1913

Weighardt, Annemarie: Der Sekretärinnenberuf: Anforderungen und Möglichkeiten. in: management heute 1/1983

Weis, A. Berlin: Geregelter Schreibdienst und Diktiermaschinen; Mittel zur Leistungssteigerung im Büro. in: RKW-Nachrichten, 13. Jg.; August 1939; Heft 5 S. 105 - 109:

Weltz, Friedrich (1966): Arbeit im Großraumbüro. 1966

Weltz, Friedrich (1979): Weltz, F.; Diezinger, A.; Lullies, V.; Marquardt, R.: Junge Frauen zwischen Beruf und Familie. Frankfurt/M.; New York: Campus, 1979

Weltz, Friedrich (1979): Weltz, Friedrich; Jacobi, Ursula; Lullies, Veronika; Becker, Wolfgang (1979); Menschengerechte Arbeitsgestaltung in der Textverarbeitung, Bd.1-3, München 1979

Weltz, Friedrich (1983): Weltz, Friedrich; Lullies, Veronika; Innovation im Büro. Das Beispiel Textverarbeitung, Frankfurt/New York 1983

Weltz, Friedrich (1988): Die doppelte Wirklichkeit der Unternehmen und ihre Konsequenzen für die Industriesoziologie. in: Soziale Welt (39) 1988, Heft 1, S. 97-103

Weltz, Friedrich (1989): Weltz, Friedrich; Bollinger, Heinrich; Ortmann, Rolf G.(1989); Qualitätsförderung im Büro, Frankfurt 1989

Wichardt-Laub, Ingrid: Chefloyalität – Tugend im Sekretariat. in: Sekretariat 4/1987

Winkler, Dörte: Frauenarbeit im "Dritten Reich". Hamburg: Hoffmann und Campe, 1977

Winkler, Heinz: Textverarbeitung und Bürosysteme – eine Einführung. in: Endres, A.; Reetz, J. (Hrsg.): Textverarbeitung und Bürosysteme. IBM-Informatik-Symposium, 28. -30. September 1981 in Bad Neuenahr. München Wien: R. Oldenbourg, 1982

Wolf-Pommrich: Sekretärinnen-Handbuch - Handbuch für Sekretariatstechnik. Wiesbaden: Gabler, 1958

Womack, Jones P; Jones, Daniel T.; Roos, Daniel: Die zweite Revolution in der Automobilindustrie. Konsequenzen aus der weltweiten Studie aus dem Massachusetts Institute of Technology. Frankfurt, New York: Campus, 1991

Zahn-Harnack, Agnes von: Die Frauenbewegung: Geschichte, Probleme, Ziele. Berlin: Deutsche Buchgemeinschaft, 1928

10.1   Durchsicht von Zeitschriften

Assistenz: Jahrgänge 1982 - 1990

Büropraxis. Die Hauszeitschrift eines fortschrittlichen Bürobedarfsfachmannes. Für alle, die in Wirtschaft und Verwaltung stehen und auch im Büro wirtschaftliches Arbeiten für notwendig halten und erstreben. 1. 1949 - 7. 1956

Das FRAUENBUCH. Eine allgemeinverständliche Einführung in alle Gebiete des Frauenlebens der Gegenwart. von Sodonie, Eugenie (Hrsg.) BD. 1-3, 1914

Der FRAUEN-ANWALT; Organ des Verbandes deutscher Frauenbildungs- und Erwerbs-Vereine 1873 - 1876 (Hirsch, Jenny (Hrsg.)

Der FREIE ANGESTELLTE; früher Handlungsgehilfen-Zeitung und der Bureau-angestellte; Zeitschrift des Zentralverbandes der Angestellten. 23. Jahrgang 1919

FRAUENBERUF; Blätter für Fragen der weiblichen Erziehung, Ausbildung, Berufs-und Hilfstätigkeit. Jahrgänge 1897 - 1906

Gabriele: Jahrgänge 1955 - 1978

HANDLUNGSGEHILFEN-ZEITUNG; Organ des Zentralverbandes der Handlungs-gehilfen und Gehilfinnen Deutschlands; 13. Jahrgang 1909

JAHRBUCH FÜR FRAUENARBEIT: im Auftrag des Verbandes der weiblichen Han-dels- und Büroangestellten E. V.; Silbermann, Joseph (Hrsg.) 3.-5. Bd. 1927-1929

RKW-Nachrichten. Reichskuratorium für Wirtschaftlichkeit (Hrsg.) August 1927, Heft 1. 1. JG - März 1944, Heft 2. 18. Jg

Sekretariat:Jahrgänge 1979 - 1990

Sekretärin: Jahrgänge 1960 - 1981

Aus unserem Programm

Bettina Dilcher
Das Büro als Milieu
Der Einfluß der Lebenswelt auf Beruf und Weiterbildung
1995. 312 Seiten, 7 Abb., Broschur DM 59,-/ ÖS 437,-/ SFr 56,-
ISBN 3-8244-4182-9
Es zeigt sich, daß Milieuanalysen einen genaueren Einblick in die Lern-
und/oder Abschottungsprozesse von Arbeitsgruppen gestatten. Sie lassen
sich deshalb zur Ausgangsdiagnose bei anstehenden Strukturveränderungen heranziehen.

Volker Eichener/Manfred Mai/Barbara Klein
Leitbilder der Büro- und Verwaltungsorganisation
1995. 270 Seiten, 21 Abb. und Tab.,
Broschur DM 56,-/ ÖS 437,-/ SFr 56,-
ISBN 3-8244-4175-6
In den neunziger Jahren sind Büro und Verwaltung in das Visier der Organi-
sationsreform geraten. Dieser Sammelband diskutiert Konzepte für "lean
management" und die Verwaltungsreform.

Christel Frey
Die intrapersonelle Balance-Theorie im Führungsverhalten
Voraussetzungen für die Entwicklung von Führungspersönlichkeit
1995. XXII, 396 Seiten, Broschur DM 118,-/ ÖS 921,-/ SFr 118,-
GABLER EDITION WISSENSCHAFT
ISBN 3-8244-6171-4
Bei Verhaltensbeobachtungen von Führungskräften ist auffallend, daß im-
mer noch geschlechtsspezifische Denk- und Handlungsweisen vorherr-
schen. Im Mittelpunkt dieser Arbeit steht die Erforschung eines intraperso-
nell ausbalancierten Verhaltensrepertoires.

Eric Haase
Organisationskonzepte im 19. und 20. Jahrhundert
Entwicklungen und Tendenzen
1995. XXI, 307 Seiten, Broschur DM 98,-/ ÖS 765,-/ SFr 98,-
GABLER EDITION WISSENSCHAFT
ISBN 3-8244-6120-X
Das Buch stellt die Entwicklungen im Bereich Management und Organisati-
on dar und entwickelt aus der historischen Übersicht Ansätze zur Interpreta-
tion des aktuellen Geschehens.

DUV DeutscherUniversitätsVerlag
GABLER·VIEWEG·WESTDEUTSCHER VERLAG

Christa Hobmaier
Personalwirtschaft zwischen Bindung und Autonomie
Möglichkeiten und Grenzen der Anwendung eines Profit Center-Konzeptes
auf die Personalabteilung
1995. XII, 212 Seiten, Broschur DM 89,-/ ÖS 659,-/ SFr 84,-
GABLER EDITION WISSENSCHAFT
ISBN 3-8244-6217-6
Bemühungen, sogenannte Profit- oder Investment-Centers als Unternehmen
im Unternehmen zu konstituieren, berühren zunehmend auch Querschnitt-
funktionen wie die Personalwirtschaft.

Hans Koller
Die Integration von Textverarbeitung und Datenverarbeitung
Analyse des Bedarfs und seiner Determinanten aus betriebswirtschaftlicher
Sicht
1994. XVII, 333 Seiten, Broschur DM 118,-/ ÖS 921,-/ SFr 118,-
GABLER EDITION WISSENSCHAFT
"Markt- und Unternehmensentwicklung",
hrsg. von Prof. Dr. Arnold Picot und Prof. Dr. Dr. h.c. Ralf Reichwald
ISBN 3-8244-6117-X
Dieses Buch liefert eine allgemeingültige Grundlage für die Gestaltung des
betrieblichen Informationsaustausches und seiner technischen Unterstüt-
zung im Spannungsfeld zwischen Automatisierung und Individualisierung.

Martina Stangel-Meseke
Schlüsselqualifikation in der betrieblichen Praxis
Ein Ansatz in der Psychologie
1994. XVII, 328 Seiten, 11 Abb., 58 Tab.,
Broschur DM 98,-/ ÖS 765,-/ SFr 98,-
ISBN 3-8244-0214-9
Schlüsselqualifikationen erleichtern für Mitarbeiter die Umstellung, Einarbei-
tung und Aufgabenbewältigung in sich verändernden Tätigkeitsbereichen.
Hier wird ein Ansatz zur theoretischen Einbettung und zur Bestimmung die-
ser Qualifikationen im Unternehmungskontext dargestellt.

Die Bücher erhalten Sie in Ihrer Buchhandlung!
Unser Verlagsverzeichnis können Sie anfordern bei:

Deutscher Universitäts-Verlag
Postfach 30 09 44
51338 Leverkusen

If you have any concerns about our products,
you can contact us on
ProductSafety@springernature.com

In case Publisher is established outside the EU,
the EU authorized representative is:
Springer Nature Customer Service Center GmbH
Europaplatz 3, 69115 Heidelberg, Germany

Printed by Libri Plureos GmbH
in Hamburg, Germany